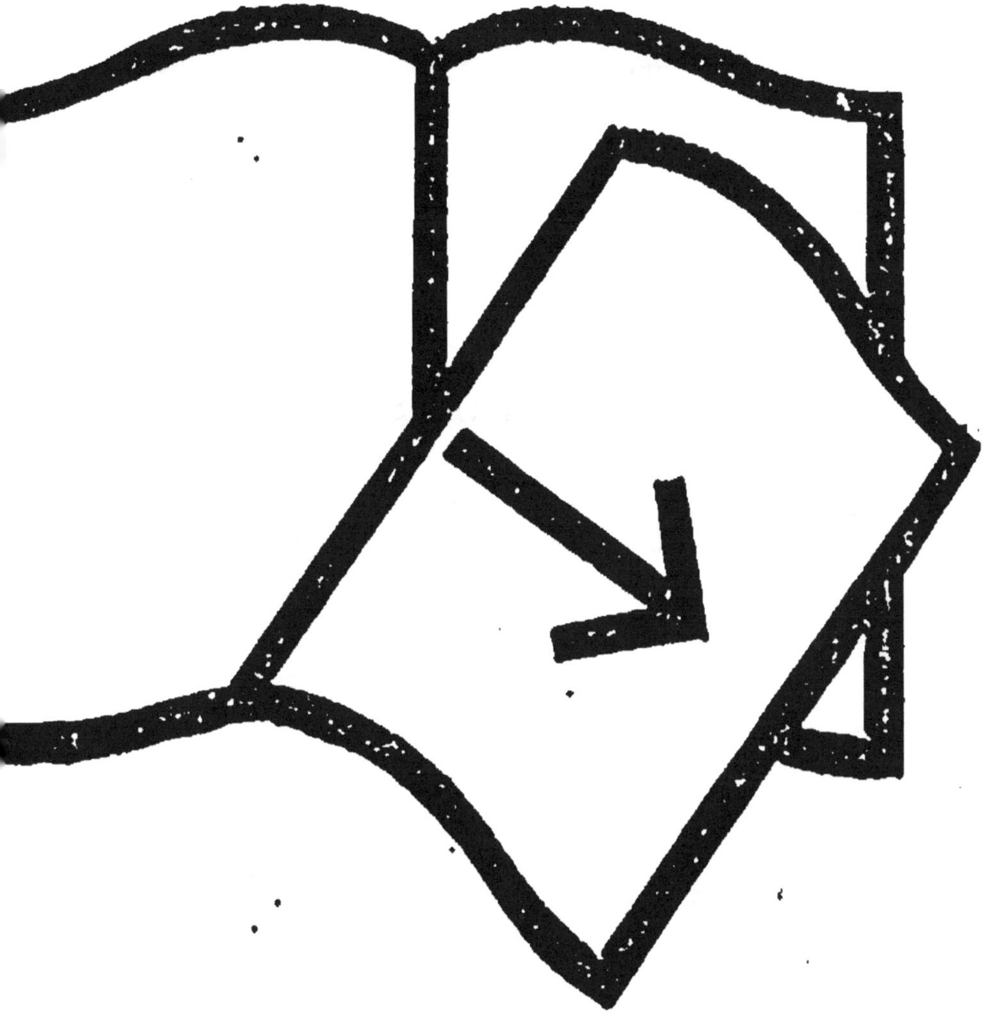

Couvertures supérieure et inférieure
manquantes

THÉORIES NATURALISTES

DU MONDE ET DE LA VIE

DANS L'ANTIQUITÉ

PARIS
IMPRIMERIE E. CAPIOMONT ET V. RENAULT
6, RUE DES POITEVINS, 6.

THÉORIES NATURALISTES
DU MONDE ET DE LA VIE
DANS L'ANTIQUITÉ

THÈSE PRÉSENTÉE A LA FACULTÉ DES LETTRES DE PARIS

PAR

JULES SOURY

PARIS

G. CHARPENTIER, ÉDITEUR

13, RUE DE GRENELLE SAINT-GERMAIN, 13

1881

A

M. ERNEST RENAN

HOMMAGE

D'AFFECTION ET DE RECONNAISSANCE

PRÉFACE

Il est d'heureux esprits, des âmes fortes et saines, que n'effraie point le silence éternel de ces espaces infinis où s'anéantissait la raison de Pascal. C'est grâce à ces naïves et robustes natures que notre espèce s'est perpétuée à travers les âges, et s'étend de plus en plus sur la face rugueuse de cette petite planète encroûtée. Il est de mâles et vigoureux penseurs qui gardent toute la vie quelque chose des dons charmants de la jeunesse, de l'enfance même, une foi vive dans le témoignage immédiat de nos sens et de notre conscience, une humeur alerte, toute de joyeuse ardeur, et comme une intrépidité d'esprit que rien n'arrête. Pour eux, tout est clair et uni, ou à peu près, et là où d'aventure ils soupçonnent quelque bas-fond insondable, ils se détournent et poursuivent fièrement leur chemin. Comme cet épicurien dont parle Cicéron au commencement du *De natura deorum*[1], ils ont toujours l'air de sortir de l'assemblée des dieux et de descendre des intermondes d'Épicure.

Notre point de vue en ces études est un peu différent. Les choses nous semblent infiniment moins claires et plus complexes, et c'est aller un peu bien vite que d'aborder, comme ils le font, l'étude de l'univers et de l'homme, sans daigner même s'enquérir de la nature et des limites de notre intelligence. La critique de la connaissance, voilà quel est aujourd'hui le fondement nécessaire de toute conception du monde et de la vie, voilà la préparation indispensable et comme l'introduction à toute philosophie. Après quoi, la qualité des doctrines

---

1. Tum Vellelus, fidenter sane, ut solent isti, nihil tam verens quam ne dubitare aliqua de re videretur, tanquam modo ex deorum concilio et ex Epicuri intermundiis descendisset : « Audite, inquit, ... » *De nat. deor.*, I, 7.

nous touche fort peu. Ainsi, le naturalisme compte au nombre de ses sages les plus hautes intelligences, les plus sereines figures de tous les siècles, un Démocrite, un Épicure, un Lucrèce, un Gassendi. Toutes les doctrines philosophiques ont été nécessaires, partant légitimes, à leur heure. Elles ont été vraies aussi longtemps qu'elles ont reflété les divers états de l'esprit humain, qui se contemplait en elles. Puis les hypothèses vieillies ont fait place à de plus jeunes. Nos théories auront le sort de celles qui les ont précédées; elles nous occupent, nous passionnent : nos descendants souriront avec compassion de notre simplicité. Ainsi va le monde.

L'esprit, l'ironie vive et légère, le dédain des formules et la défiance des systèmes, le don de sourire de soi-même d'abord, et un peu des autres ensuite, que de qualités charmantes qu'on prisait autrefois chez les philosophes, et chez les plus savants, tels que Gassendi, par exemple, et qu'on n'a plus guère revues ! Idéalistes et matérialistes se défient, de nos jours, avec des mines d'Ajax, également convaincus de posséder la vérité. On rencontre encore, surtout en France, le matérialiste classique, formé à l'école de La Mettrie, du baron d'Holbach et de Condorcet. Dans cette école du dix-huitième siècle, on exalte la nature, on voue un culte à l'humanité, enfin délivrée de ses chaînes, c'est-à-dire des tyrans et de la superstition; on ne croit qu'au témoignage des sens et de l'expérience ; on n'éprouve plus de haine que contre les sceptiques et les métaphysiciens. Démocrite, l'ancêtre vénéré de la doctrine, doit avoir fondé sa physique sur « l'autorité unique de la sensation et de l'expérience. » Il ne saurait avoir été ni sceptique ni métaphysicien.

Eh bien, pour peu que l'on connaisse Démocrite et ses théories du monde et de la vie, j'ose dire que l'on sera d'un autre sentiment. On sait que toute la doctrine philosophique du philo-

...phe d'Abdère se résume, comme aujourd'hui encore toute science de la nature, en ces deux mots : « Il n'y a que les atomes et le vide. » Mais qui a révélé l'existence de ces deux êtres absolus et infinis? A coup sûr, ce ne sont ni les sens ni l'expérience. Ce n'est pas que les atomes fussent des points mathématiques. Mais, tandis que toute substance sensible est divisible, et de nature diverse, les atomes étaient, et sont encore, par définition, physiquement indivisibles, simples et homogènes quant à la substance, mais de formes et de grandeurs différentes. « Nous dirions aujourd'hui, écrit Duehring, le savant auteur de l'*Histoire critique des principes généraux de la mécanique*, nous dirions que ces dernières particules de Démocrite sont de petites masses tout à fait homogènes qui ne se distinguent les unes des autres que par le volume et la forme[1]. »

---

[1] Kritische Geschichte der Philosophie von ihren Anfaengen bis zur gegenwart. Von Dr. E. Duehring (Leipzig, 1878), p. 60.

Puisque la substance de l'atome est partout et toujours identique, aucune des qualités, au moins des qualités dites secondaires, que nous découvrons dans la matière — la chaleur et le froid, le goût, les couleurs, etc. — ne saurait y exister réellement. Seules, la forme géométrique, l'étendue et la solidité ont paru à quelques-uns des propriétés objectives des éléments. Une force unique, la pesanteur, explique la rencontre des atomes, partant la genèse des mondes, leur évolution et leur dissolution. Les rapports réciproques des atomes dans le vide dépendaient de leur masse (on l'a cru jusqu'à Aristote), et celle-ci de leur volume. Les corps tombent; ils tomberaient éternellement comme des gouttes de pluie si les atomes plus gros et plus lourds, rebondissant sur les plus légers, ne faisaient naître des tourbillons, sortes de nébuleuses, d'où résultent, par suite de différenciations et de condensations successives, des mondes analogues au nôtre ou différents de celui-ci.

Car, quoiqu'il n'y ait aucune place pour le hasard dans cette conception des choses, strictement mécanique, tout pourrait être autrement dans l'univers. Ainsi, la forme, la grandeur et la situation des éléments dans l'espace vide, voilà quels seraient les trois facteurs du problème cosmologique. Mais si la pesanteur est un fait, que l'on n'explique pas, d'ailleurs, dans son essence, quoiqu'on la constate, les formes et les grandeurs des particules ultimes de la matière ne sont pas objet d'expérience.

Les philosophes de l'école d'Élée, à qui Leucippe et Démocrite doivent beaucoup, on le sait, avaient enseigné que le monde réel est autre que le monde des phénomènes, le seul que nous connaissions. Là il n'y a que quantités pures, ici que qualités relatives. C'est l'éternel honneur de ces doctes Hellènes d'avoir ramené la qualité à la quantité : nos savants tiennent encore un fait pour expliqué quand ils en ont exprimé la nature dans une formule mathématique, c'est-à-dire dans un nombre. Cette réduction de la qualité à la quantité, de la physique à la mathématique, est l'idéal le plus élevé de la science ; elle n'y atteindra probablement jamais, bien qu'elle s'en soit fort approchée, en optique par exemple. Mais supposons cette perfection réalisée. Outre que les relations mécaniques, comme toutes les autres relations, ne sont pour nous que des modes de sensation, les objets dont nous mesurons les mouvements ne nous en demeureraient pas moins inconnus et inconnaissables.

Toutes les sciences sont réductibles à la mécanique, parce que tous les processus de la nature sont pour nous des mouvements. Mais le mouvement n'est pas un être : c'est l'état d'un être, qu'on appelle la matière. Ainsi la science n'atteint, en dernière analyse, que des relations dans l'espace. Quant à ce qui se meut ou est mû, quant aux corps, elle ne les perçoit que par l'intermédiaire des sens, véritable prison dans laquelle nous sommes enfermés de la naissance à la mort. En poussant encore plus loin l'analyse, comme l'a fait Lewes, on reconnaîtra même que ce n'est que par un artifice logique que l'on sépare de leurs représentations subjectives les processus purement mécaniques de la nature, en d'autres termes, l'aspect quantitatif des phénomènes de leur aspect qualitatif, les propriétés primaires des corps de leurs propriétés secondaires.

Cette fameuse distinction de Locke, qui en réalité remonte aux Éléates et aux atomistes, est donc une concession aux dernières illusions de la sensibilité. Nous ne saurions parler ni de la solidité, ni de l'étendue comme de propriétés objectives de la matière ; car, au fond de ces prétendues propriétés de la substance universelle, il n'y a rien de plus que nos expériences subjectives de force, des états de notre sensibilité musculaire. Quelle est la cause de ces modifications subjectives que nous éprouvons au contact du monde extérieur? Pour les uns, ce sont les atomes et leurs combinaisons; pour les autres, des centres de force. Faraday, l'illustre physicien anglais, a écrit ceci : « Que savons-nous de l'atome indépendamment de sa force ? Vous imaginez un noyau que vous appelez A, et vous l'entourez de forces que vous appelez M. Pour mon esprit le noyau A s'évanouit, et la *substance* consiste dans les *actions* de M. En effet, quelle notion pouvons-nous nous former du noyau, c'est-à-dire de l'atome, indépendamment de ses actions ? quelle pensée restera-t-il à laquelle on puisse suspendre l'idée de A séparé de ses forces ? » Faraday aboutit ainsi à la théorie de Boscowich; il perd de vue l'atome, et ne distingue plus qu'un centre de forces.

Il est évident que nous ne pouvons nous former une idée exacte de la cause de nos sensations. Quelle que soit la conception de cette cause à laquelle on s'arrête, elle sera toujours saturée d'intelligence. Mais n'y a-t-il pas plus de naïveté à se représenter cette cause comme une force que comme un monde d'atomes et de molécules en mouvement? Point de notion où paraisse plus clairement l'origine toute sensible, tout humaine, de nos idées. Sans doûte, nous avons immédiatement conscience de ce qu'on appelle force. Toute contraction musculaire, tout effort pour porter ou soulever un objet, sont pour nous des expériences tellement familières que, transportant ces façons d'être à la nature, nous parlons d'attraction et de répulsion des corps. Ces imaginations puériles, qui ont abaissé tant d'hommes, d'ailleurs fort instruits, au niveau mental des sauvages, ont été de plus en plus abandonnées des savants modernes. Toutes les forces, en effet, ont été trouvées réductibles à des mouvements ; or, un mouvement, je le répète, n'est rien de plus que l'état de quelque chose qui se meut ou qui est mû. Ce quelque chose échappe absolument aux prises de notre sensibilité; nous n'en pouvons rien dire qu'en manière d'hypothèse. Et si la force se résout en mouvement, il ne reste plus que l'hypothétique atome.

De toutes les questions qui font le tourment de l'homme en lui découvrant sa misère, l'irrémédiable impuissance de son esprit et la vanité de sa science, quelque parfaite qu'elle devienne jamais, il n'en est point qui poursuive d'une obsession plus cruelle l'intelligence des penseurs de notre époque. Au fond, c'est là toute la philosophie; il n'y en a pas d'autre. Rien ne montre mieux la nature différente de la philosophie et de la science. Le monde est plein de gens, en effet, qui, sous prétexte que la philosophie doit être la plus haute synthèse du savoir humain (ce qui est vrai), confondent la science et la philosophie. C'est peut-être faire à celle-ci beaucoup d'honneur; mais, quelque honorée qu'elle soit d'être prise parfois pour l'une de ces filles qui sont sorties d'elle (car la philosophie est la mère de toutes les sciences), elle tient à garder son rang d'aïeule, et ne saurait s'accommoder de n'être qu'un résumé de connaissances empiriques.

On le voit, les atomes de Leucippe et de Démocrite, les atomes de la philosophie matérialiste, ne sont, sous un autre nom, que l'être en soi des Éléates : invisibles et situés bien au delà des prises de nos sens, les atomes sont objet de foi, non d'expérience. C'est une hypothèse imaginée pour rendre raison de la réalité inconnue, et sans doute inconnaissable, de l'univers. Cette hypothèse, qu'aucune autre n'a encore pu remplacer, nous sommes loin d'en médire. Nous n'avons fait que rappeler ses titres historiques. Mais nous avons surtout voulu établir, dans cet essai sur le naturalisme antique, que cette grande discipline de l'esprit humain, pour être plus que toute autre doctrine en harmonie avec les résultats de la science de notre époque, n'échappe pas plus que l'idéalisme à la métaphysique.

L'atomisme est la métaphysique de la physique. L'homme est par excellence un animal métaphysicien. Ne connaissant en soi ni les corps ni les esprits, mais seulement leurs phénomènes et les relations de ces phénomènes, il essaie, au moyen de ceux-ci, fondement de la science expérimentale, de construire la science idéale.

J. S.

THÉORIES NATURALISTES
DU MONDE ET DE LA VIE
DANS L'ANTIQUITÉ

INTRODUCTION

L'homme a longtemps désiré de connaître la vérité; dans ses rêves grandioses, il a cru concevoir l'absolu et penser l'infini. Déchu de tant d'orgueil, convaincu de son néant, il ne cherche plus dans les choses que le vraisemblable et le relatif. L'histoire de ces ardeurs juvéniles, de ces désespérances et de cette résignation de l'entendement humain est toute l'histoire de la philosophie. Toutes les vues de l'homme sur l'univers ont été nécessaires, partant légitimes, puisqu'elles correspondaient à des états de conscience définis, et qu'il n'y a rien de plus dans la vie intellectuelle de l'espèce comme dans celle do l'individu. Dans la lutte des idées pour l'existence, les théories de notre âge n'ont pu apparaître et vaincre en l'universelle mêlée qu'après la défaite et la ruine des anciennes. Ce qui tombe et se décompose par le progrès naturel du temps est à bon droit condamné, et ne saurait renaître que sous d'autres formes éternellement éphémères et périssables.

De là la vanité, mais aussi la nécessité des doctrines extrêmes dans l'évolution de l'esprit, du matérialisme et de l'idéalisme, de l'empirisme et de la spéculation. La période des grandes constructions métaphysiques, des systèmes *à priori*, paraît être passée. Noter et classer les faits avec exactitude, dans tous les ordres de la connaissance, voilà la plus haute visée des hommes de ce temps. Il faut pourtant convenir qu'une intelligence bien douée ne pénètre dans le détail des choses que pour y découvrir des affinités secrètes et en dégager des lois. La description exacte d'un phénomène est chose délicate ; mais un fait bien décrit est-il expliqué ? La méthode graphique, appliquée à l'étude clinique des maladies, présente aux yeux un tableau exact des courbes de la fréquence du pouls et de la température dans les accès de fièvre : nous apprend-elle ce qu'est la fièvre, dont elle montre l'évolution ? Substituer l'objet au sujet dans la nature, réduire l'homme au rôle passif d'instrument enregistreur, tel est l'idéal d'une certaine philosophie qui veut qu'on aille, non pas de l'homme aux choses, mais des choses à l'homme. A ne considérer que la place de notre espèce dans le temps et dans l'espace, rien ne paraît plus logique; cependant, quoi qu'il fasse, l'homme ne connaîtra jamais que lui-même. Ses sensations sont de purs symboles. Des choses qui l'entourent, il ne possède que des signes. C'est lui qui fait ruisseler la lumière et retentir mille bruits terribles ou harmonieux dans cet univers où tout est ténèbres et silence.

Ce qu'on appelle la nature est une création de notre esprit. Certes notre conception du monde répond à quelque chose de réel. On peut avoir pleine confiance dans l'observation et dans l'expérience. Toute notion n'est pourtant qu'une représentation subjective, une fille de l'imagination, et, en croyant connaître les choses, nous ne connaissons que la manière dont elles nous affectent. Il faut laisser à certains philosophes la conviction naïve qu'ils voient le monde tel qu'il est, non tel qu'il leur semble être. La vérité, comme le disait naguère Carpenter après Helmholtz, Spencer, Tyndall, est que, pour le peintre, la nature est ce qu'il voit, pour le poète ce qu'il sent, pour le savant ce qu'il croit. Tous les raisonnements scientifiques reposent sur des images et sur des interprétations intellectuelles d'une réalité inconnue et inaccessible. On aimerait à croire à la nécessité et à l'universalité des grandes lois cosmiques que l'homme a découvertes en son coin d'univers : mais le moyen de les vérifier jamais dans l'infini ?

Qui sait découvrir les vices de l'idéalisme doit apercevoir ceux du matérialisme. Albert Lange, l'éminent historien de cette doctrine, ne les a pas dissimulés : il appartenait à cette grande famille d'esprits judicieux, chaque jour plus nombreux en Europe, qui avouent qu'en toute science le réel et l'idéal ne sont pas plus séparables que dans l'esprit de l'homme. Mais, si dans la science, dans l'art et dans la vie, Lange rendait à l'idéal la part que lui refuse le commun des matérialistes, il savait bien que cet idéal n'a aucune réalité hors de notre esprit, et que l'expérience ne nous révèle d'autre existence dans l'univers que celle de l'esprit et de la matière en mouvement.

Le monde reverra l'antique alliance de la science

et de la philosophie, car si toute hypothèse n'est qu'une vue de l'esprit, des listes et des catalogues de faits ne constituent pas une science. Il n'y a point de physique sans métaphysique. Quoique distinctes, ces deux disciplines doivent partir du même principe, j'entends de l'expérience, et la méthode doit être la même pour construire la science et la théorie de la science. Néanmoins, toutes les conquêtes de la science, accomplies en ces derniers siècles dans le domaine de la nature, de l'intelligence, du langage et de l'histoire, reposent sur quelques notions fondamentales — l'uniformité de la nature, la conservation et l'équivalence des forces, etc. — qu'il faut admettre comme postulat universel, sans se flatter d'en apporter une preuve qui dépasse notre champ d'expérience. Toute démonstration s'appuie en dernière analyse sur quelque principe qu'on ne peut démontrer.

Les plus grands poèmes ne sont pas ceux d'Homère. Le système atomistique de Démocrite, l'hypothèse newtonienne de la gravitation, l'hypothèse nébulaire de Kant et de Laplace, l'hypothèse darwinienne du transformisme et de la pangenèse, sont de sublimes fictions qui deviendront peut-être des vérités, mais dont la plupart seront à jamais invérifiables. C'est pour élever ces immenses constructions que les hommes pensent depuis des centaines de mille ans ; mais les faits innombrables et laborieusement rassemblés seraient demeurés stériles comme le chaos sans l'imagination créatrice du génie. C'est surtout à cet égard qu'on peut dire que les philosophes de génie sont la conscience vivante de l'humanité, le lieu où elle s'éveille et regarde passer les grandes ombres de ses rêves.

CHAPITRE PREMIER

THÉORIES COSMOGONIQUES DE L'ASIE OCCIDENTALE

Ce n'est qu'à un moment assez avancé de son développement intellectuel que l'homme, parvenu en apparence à se détacher de la nature, rapporte tous les phénomènes qu'il observe, d'abord à des causes surnaturelles, puis à des causes naturelles. Le premier mode de spéculer a nom mythologie; le second s'appelle philosophie. Les cosmogonies présentent la transition. L'état actuel de la science nous permet d'indiquer, avec la nature des idées que les peuples de l'Asie occidentale et de la Grèce se sont faites, il y a trois ou quatre mille ans, des commencements de l'univers et de l'apparition des premiers êtres vivants, la genèse, la filiation et la marche historiques de ces idées, depuis les plaines du bas Euphrate jusqu'aux rivages de l'Asie Mineure et aux îles de la mer d'Ionie.

La Babylonie et la Chaldée apparaissent de plus en plus comme une sorte de Chine dont la rédaction des livres sacrés était définitivement fixée, de dix-huit à vingt siècles avant notre ère, et dont la civilisation s'est immobilisée à partir de cette époque. L'Assyrie est le Japon de cette Chine : cette nation de rudes conquérants adopta, avec les dieux et les livres saints de la Chaldée, les idées mythologiques et cosmologiques de ce berceau de toute science et de toute civilisation. Au nombre des traités que possédait la bibliothèque palatine d'Assourbanipal, sur ses tablettes d'argile, on a lu des recueils d'hymnes et d'incantations magiques, des fragments d'épopées et de cosmogonies. Ces derniers écrits nous ont paru de beaucoup les plus importants pour l'histoire du naturalisme antique.

Les grandes et éternelles questions d'origine dominent tous les domaines de la connaissance ; elles s'imposent aux méditations de l'homme de science ; elles feront à jamais le tourment des penseurs. Les cosmogonies sémitiques ont un avantage sur celles de toutes les autres races : elles remontent à un passé incomparablement plus reculé et, en dépit des différences, elles présentent toutes un air de famille qu'il est impossible de méconnaître. Sans rechercher si les traditions chaldéo-babyloniennes sont ou non, en dernière analyse, d'origine sémitique, il demeure constant que toutes les nations de Sem, comme on les appelle, se sont fait des commencements de l'univers et de la vie sur cette terre des idées essentiellement semblables. Avec le sang et le langage, cette famille a eu en commun une façon de concevoir le monde et les êtres vivants. Naturellement cette commune façon de penser s'est peu à peu modifiée au cours des émigrations des Sémites dans l'Aramée, la vallée du Jourdain, la Phénicie, l'Asie Mineure et les pays méditerranéens. Ce n'est aussi qu'une imperceptible minorité de prêtres ou de penseurs qui réfléchit à ces matières. Néanmoins, les idées dont nous parlons ont laissé des traces dans les livres et sur les monuments figurés des peuples sémitiques et des Hellènes.

Le caractère fondamental de toutes les cosmogonies sémitiques ou de provenance sémitique peut se résumer en ces deux propositions : 1° Éternité d'une matière primordiale incréée, d'où est sorti l'univers actuel, le cosmos, avec ses cieux étoilés et son soleil ; 2° génération spontanée, au sein de l'élément humide, dans la boue féconde du chaos, non seulement des dieux, mais, avec les dieux mêmes, des premiers êtres vivants, des premiers êtres informes et monstrueux, dont la plupart, incapables de s'adapter aux conditions changeantes de l'évolution du monde, périrent ou furent refoulés dans la lutte pour l'existence.

Les rapprochements qu'on peut faire entre cette antique conception du monde et la nôtre se pressent en foule. Ce ne sont rien de moins que les titres de la théorie de l'évolution qu'on a retrouvés dans les sanctuaires de la Chaldée, dans des livres et sur des bas-reliefs inspirés par des pensées vieilles de quatre mille ans. Les esprits à courte vue, plus frappés d'ordinaire par les différences que par les ressemblances, et auxquels la préoccupation des détails dérobe l'ensemble, verront avec défiance de pareils rapprochements. En traduisant dans une langue moderne des conceptions si lointaines, nous ne prétendons pas identifier des doctrines qui demeurent nécessairement fort diverses d'aspect, sinon de nature. Nous nous servons tous des mêmes mots; cependant il n'y a pas deux hommes qui donnent à ces mots une acception de tous points identique. Qu'est-ce donc, lorsqu'il s'agit d'exprimer dans la langue courante les idées d'une race étrangère et d'une civilisation disparue depuis des milliers d'années ?

Laissons les mots, je le veux, et ne voyons que les choses. Les anciens peuples sémitiques et les vieux Hellènes ont-ils cru ce monde créé ou éternel ? La matière, c'est-à-dire ce dont les choses sont ou paraissent faites, a-t-elle été considérée par les anciens hommes comme la cause efficiente de tout ce qui existe, et non seulement des animaux et des végétaux, mais des dieux eux-mêmes ? La vie a-t-elle été conçue à ces hautes époques comme un principe distinct des corps vivants, ou l'a-t-on simplement regardée comme un mode de la matière, de l'eau boueuse du chaos, lieu des formations primordiales, où s'engendrèrent spontanément les premiers êtres animés ? Sous l'action fatale du milieu cosmique et de la lutte pour l'existence, ces premiers êtres n'ont-ils pas en partie disparu ? Ceux qui ont vaincu, n'étaient-ils pas les mieux doués, les plus capables de s'adapter aux changements survenus sur la terre, et de transmettre à leurs descendants les caractères avantageux ainsi acquis et fixés par l'hérédité?

Voilà des faits, et que l'on prononce ou non les mots d'évolution, de descendance, de sélection, de concurrence vitale, il reste que, dans les collèges de prêtres de la Babylonie, dans les livres des Hébreux, sur les stèles des temples de la Phénicie et dans les premières spéculations des poètes et des philosophes grecs, la matière du monde a été considérée comme éternelle et la production des êtres vivants comme une génération spontanée au sein des mers primordiales, comme le résultat d'essais et de tâtonnements séculaires d'une nature aveugle, inconsciente, dominée par les lois d'airain du déterminisme ou de la mécanique.

Qui peut dire dans quelle mesure ces antiques associations d'idées ont survécu et revivent dans la conscience des hommes de ce temps? Si rien ne se perd, il est évident que ces cosmogonies oubliées, rejetées dans une ombre séculaire par les dogmes postérieurs des religions monothéistes, sont demeurées dans nos ancêtres et chez nous à l'état latent jusqu'au jour où les conditions nécessaires à eur reviviscence se sont trouvées réalisées. En ce domaine de la science, comme en tant d'autres, il appartient aux hommes de notre époque d'établir scientifiquement, s'il y a lieu, des conceptions qui ne paraissent avoir été, chez les anciens, que des intuitions plus ou moins vagues. Mais, outre que les problèmes fondamentaux qui nous tourmentent assiégeaient déjà l'âme des anciens, il s'en faut bien que nous soyons mieux placés qu'eux, dans la plupart des cas, pour soumettre à une vérification expérimentale des théories qui échappent par leur nature à ce genre de preuve, et dont il nous est pourtant aussi impossible de nous passer aujourd'hui qu'il y a dix mille ans.

Ainsi, non seulement nous aurions tort de dédaigner l'héritage scientifique de nos plus lointains ancêtres, car nous ne sommes guère, et, vraisemblablement, nous ne serons jamais beaucoup plus avancés qu'eux sur beaucoup de points; mais, que nous le voulions ou non, la forme de notre esprit n'est, comme celle de notre corps, qu'un legs de ces vieux pères des races humaines actuelles, et le réveil des théories évolutionnistes en ce siècle pourrait bien n'être qu'un curieux cas d'atavisme.

« Il y eut un temps où tout était ténèbres et eau, lit-on dans l'un des fragments cosmogoniques de Bérose, et dans ce milieu s'engendrèrent spontanément des animaux monstrueux et des figures les plus particulières : des hommes à deux ailes, et quelques-uns avec quatre, à deux faces, à deux têtes, l'une d'homme et l'autre de femme, sur un seul corps, et avec les deux sexes en même temps ; des hommes avec des jambes et des cornes de chèvres ou des pieds de cheval ; d'autres avec les membres postérieurs d'un cheval et ceux de devant d'un homme, semblables aux hippocentaures. Il y avait aussi des taureaux à tête humaine, des chiens à quatre corps et à queue de poisson, des chevaux à tête de chien, des hommes également à tête de chien, des animaux à tête et à corps de cheval et à queue de poisson, d'autres quadrupèdes où toutes les formes animales étaient confondues, des poissons, des reptiles, des serpents, et toutes sortes de monstres merveilleux présentant la plus grande variété dans leurs formes, dont on voit les images dans les peintures du temple de Bel à Babylone.

« Une femme nommée Omoroca présidait à toutes ces choses ; elle porte, dans la langue des Chaldéens, le nom de Thavatth, qui signifie en grec « la mer »; on l'identifiait aussi à la lune. Les choses étant en cet état, Bel survint et coupa la femme en deux; de la moitié inférieure de son corps il fit la terre, et de la moitié supérieure le ciel, et tous les êtres qui étaient en elle disparurent.

« Ceci est une manière figurée d'exprimer la production de l'univers et des êtres animés, de la matière humide... C'est ainsi que Bel, que les Grecs expliquent par Zeus, ayant divisé les ténèbres, sépara le ciel et la terre et ordonna le monde; et tous les êtres animés qui ne pouvaient pas supporter l'action de la lumière périrent. Bel... façonna les hommes ainsi que les animaux qui peuvent vivre au contact de l'air. Ensuite Bel forma aussi les étoiles, le soleil, la lune et les cinq planètes[1]. »

On le voit, c'est bien de la « matière humide », du chaos ténébreux des mers primordiales, qu'avec le monde tel que nous le voyons sont sortis tous les êtres vivants. Avant que Bel, le démiurge babylonien, qui divisa les ténèbres, sépara le ciel et la

---

1. Fragm. 1 *ap.* Syncell., p. 29, et Euseb., *Armen. Chron.*, p. 10.

terre et ordonna le monde, eût façonné les hommes
et les animaux capables de « supporter la lumière »
et de « vivre au contact de l'air », il existait déjà,
dans les « eaux troubles » de la mer primordiale,
dans le ténébreux Chaos de l'univers éternel, des
hommes et des animaux aux formes monstrueuses,
qui, faute de pouvoir s'adapter aux nouvelles conditions cosmiques du monde, rentrèrent dans le
sein de l'abîme : l'air et la lumière les firent
reculer, puis disparaître dans la lutte pour l'existence.

A l'époque où Bérose recueillit en grec ces récits
qu'on faisait dans l'école sacerdotale de Babylone
et de Borsippa, sous les premiers Séleucides, le
syncrétisme religieux avait depuis longtemps commencé. Peut-être même ce prêtre chaldéen a-t-il
reproduit avec plus de naïveté qu'il ne convient ces
peintures du temple de Bel à Babylone, c'est-à-dire
d'une des chambres ménagées dans la masse du
E-saggal, dans la fameuse pyramide sacrée de cette
grande cité. Et, en effet, comme l'a remarqué un
archéologue distingué, M. Mansell, M. Lenormant
a montré que les types étranges et monstrueux des
êtres nés au sein du chaos se retrouvaient presque

tous dans les représentations des cylindres babyloniens et assyriens[1].

Il paraît possible de distinguer au moins deux récits soudés bout à bout, à la manière de l'historiographie sémitique, dans ce fragment cosmogonique de Bérose, qui contient au fond deux versions juxtaposées de la production des hommes et des animaux.

Ces versions d'une même légende cosmogonique paraissent avoir été assez nombreuses. Chaque école de prêtres chaldéens avait la sienne. Mais, quelques différences que l'on constate dans les détails, le fond demeure identique en Babylonie comme en Phénicie, en Judée comme chez Hésiode et les philosophes de l'école d'Ionie. Partout et toujours, c'est d'une conception purement naturaliste du monde et des êtres vivants qu'il s'agit; conception au plus haut point exclusive de toute idée d'un dieu créateur, d'une providence, d'une origine surnaturelle de la vie et de la pensée. L'Océan, père

---

1. *Gazette archéologique. Recueil de monuments pour servir à la connaissance et à l'histoire de l'art antique*, publié par les soins de J. de Witte et François Lenormant. IV, 135. *Les premiers êtres vivants d'après la tradition chaldéo-babylonienne*, par C.-W. Mansell.

des êtres dans les poèmes ioniens homériques, demeura longtemps, aux yeux des nations de l'Asie sémitique, un reste de l'abîme primordial, encore rempli de ses créations étranges et monstrueuses, reptiles et poissons énormes, taureaux ailés à tête humaine, personnages à corps de poisson surmonté d'un buste d'homme[1].

Le récit cosmogonique des prêtres chaldéens d'Orchoé s'éloigne de la version babylonienne de Bérose pour se rapprocher de celle des Hébreux, ce qui est assez naturel, puisque les ancêtres de ceux-ci avaient émigré d'Our, en Chaldée, près d'Ourouk ou Orchoé. C'est sur des fragments, retrouvés par Georges Smith, de la bibliothèque palatine de Ninive, que le récit dont nous parlons a été lu. Les scribes d'Assourbanipal l'avaient copié, au septième siècle, sur les antiques tablettes d'Orchoé.

Ici chacun des dieux, issus de la mer primordiale, Tiamat, préside successivement, jour par jour, comme dans la *Genèse*, à la formation de l'univers. Sar sépare le ciel et la terre et établit le firmament ;

---

1. Voir, dans Botta, *Mon. de Ninive*, I, pl. 32-34, les bas-reliefs de Khorsabad représentant le transport de bois pour les constructions du roi Saryukin.

au quatrième jour apparaissent les grands luminaires célestes, œuvre de Bel l'ancien et de Éa; Mardouk produit les hommes et les autres êtres vivants.

« Mais Tiamat, la source encore confuse d'où toutes choses sont sorties, jalouse des dieux émanés d'elle, qui ont organisé l'univers et mis fin au chaos où elle régnait seule, se déclare leur ennemie. Elle tente les hommes et les induit à désobéir aux préceptes d'Éa. Le péché est ainsi introduit pour la première fois dans le monde. Il faut faire cesser ce désordre; et pour réduire à l'impuissance Tiamat, il s'engage une grande lutte entre les deux mondes du ciel et des enfers, de la lumière et des ténèbres, lutte qui est comme la Gigantomachie des traditions chaldéennes. Dans cette lutte, Mardouk, suscité par son père, est le champion des dieux. Ceux-ci l'arment du foudre et de la *harpé*, et, à la tête des légions des anges, il va combattre Tiamat, suivie de l'armée des démons et des êtres monstrueux nés dans le chaos. Tiamat est vaincue et rejetée dans l'abîme inférieur. »

M. Mansell a relevé la principale différence qu'offre avec ce récit d'Orchoé celui de Babylone et de Borsippa. Quant à la donnée commune aux deux récits, la voici : bien avant l'apparition des êtres vivants de la création actuelle, il y a eu une génération primitive d'êtres vivants, aux formes monstrueuses, développée au sein du chaos. Ces êtres monstrueux n'ont pas survécu à l'état de confusion dans lequel ils avaient pris naissance; incapables de supporter l'éclat de la lumière, ils se sont évanouis devant une organisation plus parfaite de l'univers. Tiamat, leur reine et leur mère, les a entraînés avec elle dans l'abîme infernal où elle est désormais reléguée. Là, au « centre de la terre », dans la « sombre forêt d'Eridhou », ils se confondent avec les démons. Une forme mythique de Tiamat, Zikoum, est appelée « la Mère primordiale de tous les dieux et de tous les êtres ». Comme « mère d'Erech », *um Uruch*, cette déesse aux noms innombrables est l'Omoroca du récit de Bérose, qui l'identifiait à la mer. Comme Nanat-Anat, elle est la matière primordiale, productrice de toutes choses, source de toutes les générations des dieux et des êtres vivants. Dans la cosmogonie d'Erech[1], elle est aussi antérieure aux dieux.

---

1. Ce fragment, traduit par G. Smith et étudié par Delitzsch (*The Chaldean account of Genesis*, p. 61 ; cf. Delitzsch, G. Smith's,

Jadis, ce qui est en haut ne s'appelait pas ciel,
Et ce qui est la terre en bas n'avait pas de nom.
Un abîme infini fut leur générateur,
Un chaos, la mer, fut la mère qui enfanta tout cet univers.
Les eaux qu'ils contenaient confluaient ensemble.
Il y eut des ténèbres sans rayon de lumière, un ouragan
[sans accalmie.
Jadis, les dieux furent sans aucune existence,
Un nom ne fut pas nommé, un destin ne fut pas fixé.
Les dieux Luhmu et Lahamu furent créés d'abord.
Un grand nombre d'années passèrent,
Jusqu'à ce que s'augmentât leur nombre.
Le dieu Assur et Ki-Assur...............
Le dieu Bel........................

Enfin, quand la déesse Istar descend dans la demeure des morts, au « Pays sans retour », pour y chercher l'époux de sa jeunesse, Doumouzi ou Tammouz, elle décrit ainsi les sombres lieux dans lesquels habitent les monstres de l'abîme, de l'abîme « d'où sont sortis les grands dieux [1]. »

J'ouvre mes ailes comme un oiseau ;
Je descends, je descends vers la demeure des ténèbres,
[le siège du dieu Irkalla,

Chaldæische Genesis), fait partie de la 1re tablette qui traite du chaos et de la création des dieux. Nous donnons ici la traduction de notre éminent assyriologue, M. Jules Oppert, le maître incontesté en ces études.

1. 7e tablette, colonne IV, de la légende d'Izdubar. On connaît l'admirable fragment épique de la *Descente d'Istar aux Enfers*, rhapsodie qui mériterait d'être classique.

La demeure où l'on entre sans pouvoir sortir,
Par le chemin où l'on va sans pouvoir revenir;
Dans la demeure dont les habitants soupirent après la
[lumière,
Le lieu où ils n'ont que de la poussière pour apaiser leur
[faim, de la boue pour nourriture,
Où ils sont vêtus, comme les oiseaux, d'un vêtement
[d'ailes,
Où l'on ne voit jamais la lumière, où l'on réside dans les
[ténèbres.
Dans cette demeure de mon ami où je vais entrer,
On me garde une couronne
Avec ceux qui, portant des couronnes, ont gouverné la
[terre aux jours du commencement;
Avec ceux à qui Anou et Bel ont donné un renom ter-
[rible,
Dont la nourriture était le limon putride, la boisson les
[eaux troubles.
Dans cette demeure de mon ami où je vais entrer,
Habitent les guerriers invaincus,
Habitent les bardes et les hommes fameux,
*Habitent les monstres de l'abîme, d'où sont sortis les grands
[dieux;*
Là est la demeure d'Etana, la demeure de Ner.....

Un troisième fragment cosmogonique, le fragment de Cutha, en Babylonie, qui se rapproche davantage du récit de Bérose, montre les premiers êtres nés de la terre encore à l'état chaotique, ainsi que leur destruction par la flamme ou la lumière du soleil. Ces fils de la ténébreuse Tiamat étaient des hommes aux corps d'oiseaux, aux « faces de corbeaux ». Les représentations de ces hommes ailés à têtes d'oiseaux ne sont pas rares sur les cylindres assyriens et babyloniens : on les voit au milieu des autres êtres monstrueux de la création primordiale qui existaient avant l'œuvre du démiurge, c'est-à-dire du soleil. Car le principe igné de la nature, le principe mâle, qui féconda le principe humide et féminin, j'entends le chaos, en était issu à l'origine : matière informe et ténébreuse, abîme des eaux primordiales, la déesse Anat préexiste au dieu Anou, le ciel ; c'est de son sein qu'il est sorti, et à son tour il la féconde. Cet antique hymen du ciel et de la terre, du soleil et de l'abîme, est devenu, dans les religions asiatiques et dans les légendes grecques, le mythe si connu du dieu mari de sa mère, de l'inceste sacré. C'est ce dieu, c'est Bel le démiurge qui détruisit les hommes ailés à tête d'oiseau dont il est question dans le fragment de Cutha :

Le soleil, seigneur, force des dieux...
....
Seigneur de la région supérieure et de la région infé-
 [rieure, Seigneur des Archanges célestes,
Ceux qui buvaient les eaux troubles du chaos et n'au-
 [raient pas pu boire une eau pure,

Ces hommes, avec sa flamme, son arme, il les poursuivit,
Les atteignit, les détruisit.
Rien n'avait encore été écrit sur des tablettes ; il n'y avait
[qu'un vide où rien n'était distingué ;
De la terre rien ne s'était élevé et aucune végétation
[n'avait poussé.
C'étaient des hommes aux corps d'oiseaux du désert,
Avec des faces de corbeaux,
Que les grands dieux avaient produits
Et pour qui ils avaient créé une habitation sur la terre.
Tiamat leur avait donné leur force,
La Dame, mère des dieux, avait suscité leur vie ;
Au milieu de la terre ils avaient pris naissance et grandi,
Et s'étaient multipliés en nombre.
C'étaient sept rois frères de la même famille,
Six mille en nombre était leur peuple.
Banini, leur père, était roi ; leur mère,
La reine, était Milili.....[1].

Ainsi, toutes les versions de la cosmogonie chaldéo-babylonienne parlent d'une première génération d'êtres monstrueux, engendrés de la matière humide, et vivant au sein des eaux troubles du chaos. Ces idées, on les retrouve exactement les mêmes pour le fond dans les cosmogonies de la Phénicie et de la Judée. Il ne saurait, d'ailleurs, en être autrement, les religions de la Syrie, de la

---

[1]. George Smith's, *Chaldæische Genesis*... Ubersetzung von H. Delitzsch, p. 95.

Phénicie et de la Judée étant réductibles, dans leurs éléments derniers, comme celles des Araméens et des populations sémitiques de l'Asie Mineure, aux mythes et aux légendes cosmogoniques de la Babylonie et de l'Assyrie. Les six cosmogonies sémitiques que l'on possédait avant le déchiffrement des écritures cunéiformes sont toutes calquées sur le même plan et présentent des affinités tout à fait décisives.

C'est sur les briques de Babylone, c'est sur les stèles des temples de la Phénicie qu'on a pu lire, pendant des siècles, ce qui forme le fond du premier récit de la création dans la *Genèse*. La principale des cosmogonies de Sanchoniathon, empruntées aux sources phéniciennes, encore visibles sous le grec et la couleur évhémériste de Philon de Byblos, commence par rappeler, ainsi que dans Bérose, qu'il fut un temps où tout était ténèbres et eau :

Au commencement était le Chaos (*bohu*, eau, flots, abîme), et le Chaos était ténébreux et troublé, et le Souffle (*ruah*) planait sur le Chaos.
Et le Chaos n'avait pas de fin, et il fut ainsi durant des [siècles de siècles...
Et le Souffle et le Chaos se mêlèrent, et Môt (élément [boueux) naquit.

Et de Môt sortit toute semence de création et la généra-
[tion de toute chose.

Il y avait alors dans le Chaos des êtres vivants privés de sentiment, et de ces êtres vivants sont nés des êtres intelligents ; on les appelle Zophesamim, c'est-à-dire contemplateurs du ciel, et leur figure était comparable à la forme d'un œuf.

Puis Môt s'illumina, et le soleil et la lune et les étoiles,
[et les grandes constellations brillèrent.

L'air étant ainsi devenu lumineux, la mer et la terre s'enflammèrent ; il se dégagea des vents et des nuages, et de formidables cataractes des eaux célestes se précipitèrent.

Et après que, sous l'action du feu solaire, toutes les parties de l'univers s'étant séparées et écartées de leur lieu, elles se rencontrèrent ensuite de nouveau dans l'air, dans le choc des éléments éclatèrent les tonnerres et les éclairs.

Le fracas de ces tonnerres éveilla les êtres intelligents, épouvantés de ce bruit.

Et tout ce qui est mâle et tout ce qui est femelle commença à se mouvoir dans la mer et sur la terre[1].

Quant au premier récit hébraïque de la création, on sait comment il commence en réalité :

---

1. Philonis Byblii fragm. II dans les *Fragmenta historicorum græcorum*, III. 565. Cf., pour une partie de cette cosmogonie, le Mémoire de M. Renan sur *l'Origine et le caractère véritable de l'histoire phénicienne qui porte le nom de Sanchoniathon*, p. 275 et suiv. (Mém. de l'Académie des Inscriptions et belles-lettres, XXIII.)

La terre n'était que chaos, et les ténèbres couvraient la
[face de l'abîme (*tehôm*),
Et un Vent violent[1] planait sur la face des Eaux.

Le Souffle plane sur les Eaux primordiales, les couve ; dans le récit phénicien, Môt, le limon boueux, la matière humide et féconde où s'engendrent les premiers êtres, sort de ce mélange. Cette incubation ne produit rien dans le récit biblique ; on y constate seulement un débris, une *survivance* de traditions plus anciennes. Les germes de vie foisonnent ; d'abord apparaissent des êtres privés de sentiment, puis Môt s'illumine et le soleil, la lune et les étoiles commencent à briller. Ainsi que dans la *Genèse* et dans le récit de Bérose, la lumière apparaît dans l'univers avant la création du soleil, de la lune et des étoiles. Comme Bel, fils et époux du sombre abîme primordial, le démiurge de la Bible divise les ténèbres, sépare le ciel et la terre et ordonne le monde.

Le terre sortie des mers se couvre de végétaux ; les eaux fourmillent d'animaux aquatiques et de monstres marins, sortes de serpents de mer[2] ; les

---

1. Nous traduisons ainsi, avec quelques interprètes juifs, *ruah elohim*.
2. Les gigantesques serpents de mer de la fable n'existent

êtres ailés volent au-dessus de la terre, à travers l'étendue des cieux. Puis la terre produit des animaux terrestres, quadrupèdes, reptiles, bêtes sauvages, comme elle produit les végétaux et comme la mer a produit les êtres marins. En dépit de tous les remaniements dogmatiques qu'a pu subir le texte de cette ancienne cosmogonie hébraïque, la conception primitive perce encore clairement sous certaines façons de dire. Toujours la production des astres dans les cieux et celle des êtres vivants au sein des eaux ou sur la terre, y apparaît comme spontanée. Seulement le scribe fait précéder ces versets significatifs des mots : *Elohim dit*, et il les fait suivre d'un verset où il est dit expressément que c'est Elohim qui *fit*, qui *façonna* les corps célestes, les animaux marins et aériens, les bêtes sauvages et les reptiles [1].

En ajoutant en tête de cette cosmogonie ces seuls mots : « Au commencement Elohim fit [2] »,

pas; mais il y a, on le sait, un grand nombre de serpents marins, la famille des hydrophides, ophidiens vivipares et très venimeux, qui vivent surtout dans l'Océan Indien et l'Archipel de la Sonde, mais n'atteignent point une grandeur considérable.

1. Gen. 1, 11; 14, 16; 20, 21; 24, 25.
2. L'exégèse moderne repousse l'interprétation de création *ex nihilo* qu'on donne souvent à ce verbe hébreu. Ce verbe signifie essentiellement *tailler, couper, émonder*, dans le sens de couper les arbres d'une forêt, etc. Loin d'exclure l'idée d'une matière

le rédacteur monothéiste de la *Genèse* a modifié la conception sémitique de l'origine des choses, laquelle attribuait à la matière une existence indépendante et une force créatrice spontanée.

Dans les cosmogonies babylonienne et phénicienne, comme chez les philosophes grecs de l'Ionie, non seulement la matière n'est pas créée, elle est vivante, animée, spontanément féconde. Baal, le dieu suprême, le « Seigneur des cieux », ou le soleil, loin d'avoir tiré la matière du néant, comme le Dieu de la Bible d'après l'exégèse judéo-chrétienne, est sorti de son sein éternellement fécond, du chaos ténébreux de l'abîme, ainsi que l'univers. Par l'influence de ses rayons enflammés, Baal a causé les révolutions de l'atmosphère qui, dans la cosmogonie phénicienne, ont appelé les êtres vivants à la conscience : il n'y a là qu'une évolution, une organisation cosmique, mais pas ombre d'une création. Aussi bien, l'idée métaphysique de création, au sens de produire de

---

préexistante, il l'implique. Aussi bien, des passages comme : *Gen.* I, 27 et II, 7, par exemple, montrent que la notion d'une création *ex nihilo* n'a aucun fondement dans le texte hébreu. V. *Die Genesis.* Für die III te Auflage nach D' Aug. Knobel neu bearbeitet von D' A. Dillmann (1875) p. 18.

4

rien, de tirer du néant des substances solides, est tellement abstraite, que les cerveaux jeûneurs des pays chauds ont dû se mettre longtemps à la torture avant de la concevoir, un peu, il est vrai, parce qu'elle est inconcevable, mais surtout parce qu'ils n'ont jamais été bien doués pour la philosophie.

Après la production de l'univers et des êtres monstrueux, premiers-nés de l'abîme, c'est surtout l'apparition et la nature de l'homme primitif qui semblent avoir préoccupé les antiques penseurs du monde sémitique. Cette question, comme celle de la formation de l'univers et de l'origine des êtres, n'a pas encore été résolue à notre époque. On aurait donc mauvaise grâce à s'étonner des imaginations, des rêves étranges que cet éternel problème a fait naître aux cours des âges. Qui sait ce que penseront de nos théories actuelles sur ce sujet les hommes qui seront sur la terre dans trois mille ans? Ce que nous savons du passé n'est pas fait pour nous rassurer sur l'avenir. Chaque génération humaine se croit infiniment supérieure à celle qui l'a précédée; il y a comme une conspiration de l'opinion qui confirme dans leur foi naïve ceux qui croient avoir découvert quelque source inconnue de beauté ou de vérité. Ce sont, durant cinquante ans, des acclamations et des triomphes; l'homme de génie se sent devenir dieu, et les contemporains ne sont pas moins fiers d'être venus au monde dans un si grand siècle. Et cependant les générations prochaines, éprises d'un nouvel idéal, jugent avec dédain la science et le goût de leurs pères, sans prendre garde qu'elles leur doivent ce qu'elles sont elles-mêmes, et qu'en ce monde où rien ne commence ni ne prend fin, mais où tout se transforme éternellement, où le flot succède au flot sans laisser de trace durable, l'œuvre de chaque race ne creuse qu'un imperceptible sillon dans la conscience de l'humanité.

Une sorte d'instinct obscur semble avoir révélé aux vieux penseurs de la Chaldée que, chez les êtres vivants, l'hermaphrodisme a précédé la séparation des sexes. Dans toutes les cosmogonies sémitiques connues, les premiers êtres, et en particulier le premier homme, sont hermaphrodites. La figure étrange des Zophésamim, qu'une des cosmogonies phéniciennes de Sanchoniathon compare à un œuf, s'explique fort bien, M. Mansell l'a finement observé, par le curieux récit sur les Androgynes primordiaux que Platon, en son *Banquet*, a mis dans la bouche d'Aristophane. Cette antique tradition, d'origine asiatique, avait sans doute pénétré en Grèce, comme tant d'autres traditions du même genre, avec les doctrines des philosophes ioniens. A Milet, et partout sur les côtes et dans les îles, les Hellènes de l'Asie Mineure vivaient dans un commerce perpétuel avec des nations dont les croyances religieuses, les arts et toute la civilisation n'étaient qu'une forme occidentale de la culture des peuples conquérants de la vallée du Tigre et de l'Euphrate.

« Jadis, la nature humaine était bien différente de ce qu'elle est maintenant. Au commencement, il y avait trois espèces d'hommes, non deux comme aujourd'hui, mâle et femelle, mais une troisième composée de ces deux sexes ; le nom seul de cette espèce est resté ; elle-même a péri. Il y avait donc alors un androgyne d'apparence et de nom, qui réunissait le sexe mâle et le sexe femelle; il n'existe plus, et son nom est un opprobre. Puis, tous les hommes présentaient la forme ronde ; ils avaient le dos et les côtés rangés en cercle, quatre bras, quatre jambes, deux visages supportés par un cou arrondi et parfaitement semblables ; une seule tête qui réunissait ces deux visages opposés l'un à l'autre ; quatre oreilles, deux organes de la génération, et le reste dans la même proportion. Les androgynes marchaient tout droit, comme nous, et sans avoir besoin de se tourner pour prendre tous les chemins qu'ils voulaient. Quand ils voulaient aller plus vite, ils s'appuyaient successivement sur leurs huit membres et s'avançaient rapidement par un mouvement circulaire, comme ceux qui, les pieds en l'air, font la roue... Ils étaient redoutables par leur force corporelle et par leur courage, ce qui leur inspira l'audace de monter jusqu'au ciel et de combattre contre les dieux... Zeus examina avec les dieux ce qu'il y avait à faire; ils hésitaient. Les dieux ne voulaient pas anéantir les hommes, comme autrefois les géants, en les foudroyant, car alors le culte et les sacrifices que les hommes leur offraient auraient disparu ; d'autre part, ils ne pouvaient souffrir une telle insolence [1]. » Zeus trouva enfin un moyen de conserver les hommes, tout en diminuant leurs forces; il les sépara en deux, et l'un de ses Elohim, comme aurait dit un Sémite, Apollon, parfit l'ouvrage du grand

---

[1]. Plat. opera ex recens. Hirschigii, *Conviv.* 189-190 (I. p. 671).

dieu en façonnant le ventre avec les peaux coupées et en articulant la poitrine.

Le double corps de cet Androgyne, figurant une sorte d'ellipse, avait précisément la forme ovoïde attribuée aux Zophésamim. Or, pour l'écrivain phénicien qu'a traduit Philon de Byblos, ces premiers êtres vivants étaient bien hermaphrodites, car ce n'est que pour les générations qui suivirent l'organisation de l'univers sous l'action des rayons solaires, qu'il est dit que « tout ce qui est mâle et tout ce qui est femelle commença à se mouvoir dans la mer et sur la terre ». Ces premiers êtres, nés du chaos ténébreux, se révoltent aussi, dans la fable d'Aristophane, contre les dieux lumineux de l'Olympe. Ils rappellent, en même temps que les créations monstrueuses de la sombre déesse babylonienne de l'abîme, les centaures et les hippocentaures, les géants anguipèdes, également fils de la terre, que la tradition classique place dans le vestibule des enfers, dans ce monde souterrain où nous avons vu descendre Istar.

Dans le *Banquet*, Zeus sépare les deux moitiés de l'androgyne et en forme des mâles et des femelles; dans la cosmogonie babylonienne de Bérose, les

« hommes à deux faces, à deux têtes, l'une d'homme, l'autre de femme, sur un seul corps, et avec les deux sexes en même temps », sont bien, parmi les êtres vivants du chaos, les androgynes qui ont précédé l'humanité actuelle. De même, et suivant les propres expressions du texte biblique, le premier homme de la cosmogonie des Hébreux est un androgyne, semblable à ceux de Bérose et de Platon, dont les deux moitiés n'ont été séparées en homme et en femme que par une opération postérieure du démiurge. Ce n'est pas seulement, avec la Bible elle-même, la tradition juive et l'exégèse des rabbins qui voient un androgyne dans le premier homme : Eusèbe, au XII° livre (ch. XII) de la *Préparation évangélique*, a rapproché avant nous le récit d'Aristophane, dans le *Banquet*, des versets de la *Genèse*.

Rappelons d'abord que, chez Bérose comme dans la Bible et dans la tradition grecque, l'homme est pétri du limon de la terre. Sans insister sur les textes classiques qui montrent l'homme sortant des mains de Prométhée, le prêtre babylonien a recueilli deux versions de ce mythe qui rappellent les deux récits bibliques de la création : « Bel alors se trancha sa propre tête, et les autres dieux (les Elohim), ayant pétri le sang qui en coulait avec la *terre*, formèrent les hommes. » Voilà la première version ; voici la seconde : « Bel voyant que la terre était déserte, quoique fertile, commanda à l'un des dieux de lui couper la tête, et pétrissant le sang qui en coulait avec la *terre*, il façonna les hommes ainsi que les animaux. » Ainsi, dans un récit c'étaient les Elohim qui façonnaient les hommes avec de l'argile, dans l'autre c'était Bel lui-même. Cette œuvre du démiurge, (car il n'est pas question de création, mais de formation d'un nouvel être aux dépens d'une matière préexistante), le Dieu juif du second chapitre de la *Genèse* l'accomplit commé Bel : il façonne l'homme du limon de la terre.

Mais de quelle nature était ce premier homme dans la cosmogonie des Hébreux ? Le premier récit de la création (ch. 1er), le plus ancien, dit en propres termes, en parlant de cet Adam, qu'Elohim « *les* créa mâle et femelle » (I, 27). A coup sûr, s'il avait voulu parler de deux individus distincts, le rédacteur, mettant l'article devant chaque mot hébreu, aurait écrit « *le* mâle et *la* femelle ». Il a donc entendu ces mots d'un androgyne ; ce qui le prouve d'abondance, c'est le récit de la formation de la femme tirée du corps de l'homme, que le rédacteur à laissé subsister dans le second document principal du Pentateuque, dans la seconde cosmogonie de la *Genèse* (ch. II) :

Iahweh Elohim fit tomber l'homme dans un profond assoupissement, et il s'endormit; il prit ensuite un de ses côtés dont il remplit la place par d'autre chair.
Iahweh Elohim forma en femme le côté qu'il avait pris de l'homme et l'amena à l'homme.
L'homme dit alors : Voici l'os de mes os et la chair de ma chair; que celle-ci soit appelée *ischa* (hommesse), puisqu'elle a été prise du *isch* (homme).

Il suffit, on le voit, pour retrouver dans l'Adam primitif un être double, un androgyne analogue à ceux du *Banquet* et des cosmogonies babyloniennes et phéniciennes, de traduire par *côté* le mot hébreu que nos versions rendent d'ordinaire par *côte*. Outre que l'acception que nous donnons à ce mot est fréquente dans la Bible, c'est ainsi que, dans leurs commentaires sur Maimonide, traduisent Ibn-Tibbon et Ibn-Falaquéra.

L'interprétation de la côte arrachée du flanc d'Adam apparaît pour la première fois dans la version grecque des Septante, désireuse évidemment d'échapper aux analogies qu'offrait l'androgyne primitif des cosmogonies païennes. Mais un passage du *Béreschîth rabbâ* (sect. 8) atteste bien que, selon la tradition juive[1], Adam fut créé à la fois homme et femme, et qu'il avait *deux visages* tournés des deux côtés opposés, absolument comme l'androgyne du fragment de Bérose. De même le traité des *Berakhoth* du Talmud de Jérusalem et du Talmud de Babylone[2].

Maimonide enfin témoigne que, selon certains docteurs, Adam et Eve furent créés ensemble, unis dos contre dos, et que, cet homme double ayant été divisé, Elohim en prit la moitié qui fut Eve, laquelle fut donnée à l'autre moitié (à Adam) pour compagne[3].

La meilleure traduction plastique de ce vieux mythe babylonien se trouve dans une intaille de

---

[1]. Dans la tradition chrétienne, faut-il rappeler, avec Voltaire, que « la pieuse Mme de Bourignon était sûre qu'Adam avait été hermaphrodite, comme les premiers hommes du divin Platon? » *Dictionn. philos.*, Adam.

[2]. Traité des *Berakhoth*, trad. par Moïse Schwab, p. 489 et n. Cf. Talmud de Babylone, *Eroubin*, fol. 18 a.

[3]. *Guide des égarés* de Moïse ben Maïmoun, trad. par Munk, II, 247. Maimonide dit aussi que les rabbins traduisaient les mots en question de *Gen.*, II, 21 par « un de ses côtés. »

travail perse du cabinet des médailles de la Bibliothèque nationale[1].

[1]. M. Mansell, le savant employé de British Muséum, a donné le dessin de cette intaille dans la *Gazette archéologique*, IV, 139. Il rappelle encore que ce mythe, celui de l'humanité mâle et femelle issue de la division d'un androgyne primitif, a passé dans le mazdéisme, du moins dans la cosmogonie du Boundehesh pehlevi, où Ormazd produit le premier couple humain, Mashya et Mashyana, par la division en deux moitiés de l'androgyne primitif, ainsi que l'avaient fait le Iahweh biblique, le Zeus du *Banquet*, etc.

CHAPITRE II

THÉORIES COSMOGONIQUES DES HELLÈNES.

C'est surtout chez les Hellènes que les cosmogonies de l'Asie, en particulier les mythes naturalistes de l'apparition des premiers êtres vivants, ont revêtu une forme rationnelle et déjà presque scientifique. Il y a quelque dix ans, c'eût été presque une impiété d'insinuer que la philosophie scientifique des Grecs avait pu devoir quelque chose aux « barbares, » aux nations lointaines de la Chaldée et de la Babylonie. Il en a été longtemps ainsi pour l'art grec. Si, il y a quarante ans, on avait soutenu qu'il a existé un art lydo-phrygien, dérivé de l'art assyrien, véritable intermédiaire entre l'art de l'Hellade et celui de l'Assyrie, qui transmit à la Grèce des traditions, lui offrit des modèles, inspira ses premiers constructeurs, ses écoles primitives de sculpture, ses peintres archaïques et ses musiciens, — que n'aurait-on pas dit de cette prétention nouvelle de réduire la part de l'invention dans les œuvres du génie grec ?

La révolution qu'ont accomplie Micali, Gerhard, Layard, M. de Longpérier et M. G. Perrot, dans les idées relatives aux origines de l'art grec, s'accomplira tôt ou tard dans le domaine de la science, de la philosophie et des cultes helléniques. Les historiens de l'esprit grec finiront par découvrir chez les vieux penseurs de l'Hellade quelque chose d'analogue à ces figures ailées, à ces taureaux à face humaine, à ces personnages finissant en poissons ou en reptiles, qu'évoquèrent, chez les historiens de l'art, les souvenirs des monuments et des religions de la vallée du Tigre et de l'Euphrate. On aura alors pour la première fois une claire conscience de la place et de la signification de l'Hellade dans l'histoire du monde. L'histoire véritable, élevée à la hauteur d'une philosophie, conçue comme la science de l'évolution organique de l'esprit humain, ne sera pas toujours étouffée par les cris de l'école et les exercices oratoires des rhéteurs.

Quand nous commençons à connaître les Hellènes, ils ont déjà subi depuis tant de siècles l'influence des Sémites, leur conscience a été si profondément pénétrée des éléments de cette civilisation, qu'ils sont à cet égard, ainsi qu'il arrive, devenus presque inconscients. Ce n'est pas qu'ils aient été, comme les Perses, voisins immédiats des Assyriens; mais on a fort exagéré l'isolement des nations antiques, leur dédain des cultes et des usages de l'étranger. A ces hautes époques, comme de nos jours, la civilisation fut une œuvre commune.

Par quelles routes l'antique culture de l'Asie occidentale a-t-elle pénétré chez les Hellènes? Par deux voies.

D'abord par la mer. Depuis les beaux travaux de Movers sur les Phéniciens, on peut presque suivre le sillage des vaisseaux de Sidon et de Tyr dans les eaux de la Méditerranée; on peut énumérer les principaux comptoirs fondés par les fils de Chanaan sur les côtes et dans les îles de cette mer, sur le sol où devaient se fixer, si elles n'y étaient déjà, les diverses tribus helléniques; on connaît leurs établissements dans l'intérieur du pays, à Thèbes, par exemple, et Hérodote a vu, dans l'île de Thasos, des mines dont les Phéniciens avaient commencé l'exploitation.

La seconde route fut une voie de terre : celle de

l'Asie Mineure. Or, l'Asie Mineure, — les belles découvertes de l'assyriologie l'ont établi, — a été durant des siècles une province de l'empire d'Assyrie et de la monarchie des Achéménides. C'est surtout à l'ouest de l'Asie Mineure, dans les plaines de l'Hermos et du Méandre, dans les deux péninsules de la Troade et de la Lycie, qu'a eu lieu le contact fécond du génie sémitique et du génie aryen. Ce qu'on sait des Grecs asiatiques des côtes, de ces Ioniens qui ont été les éducateurs des Hellènes, suffit déjà pour faire entrevoir quelles idées doivent désormais prévaloir sur les origines de la civilisation grecque.

Jusqu'en ces derniers temps, il restait à savoir, pour le sujet qui nous occupe, pour les cosmogonies, pour les conceptions poétiques et philosophiques des commencements de l'univers et de la vie, ce que les Hellènes ont reçu de Babylone, ce que Babylone a donné aux Hellènes. On sait, depuis des siècles, que la Chaldée a été, dès une haute antiquité, un centre de culture scientifique pour tout l'Orient. Les Grecs, à qui nous devons notre civilisation, avaient une assez claire conscience de ce qu'ils devaient eux-mêmes aux vieux empires de la Mésopotamie. Hérodote avait donné aux Hellènes une idée fort nette et très suffisante de ces nations lointaines. Quand même les Grecs n'auraient eu aucune histoire d'Assyrie, ils n'en auraient pas moins été en rapports constants avec les provinces assyriennes de l'Asie Mineure. Voilà plus de quarante ans déjà que Boekh a démontré, et après lui Brandis, que toutes les mesures de grandeur, de poids et de capacité dont se sont servis les anciens doivent être rapportées à une même échelle, et qu'en Phénicie, en Palestine, en Perse, comme à Athènes et à Rome, on retrouve partout le système sexagésimal des Babyloniens. La mesure du temps et de la révolution diurne du soleil reposait sur les mêmes divisions. Quant à l'astronomie qui, dès une antiquité prodigieuse, apparaît comme une science déjà constituée en Chaldée, les Grecs en savaient bien peu avant les conquêtes d'Alexandre. Aristote parle des longues observations des Egyptiens et des Chaldéens; mais ce n'est que plus d'un siècle après la conquête de Babylone que les fameuses tablettes astrologiques furent utilisées par Hipparque[1].

1. En attendant que les assyriologues répondent aux questions

De quelle nature étaient ces observations? Quelle était la valeur relative de toutes ces sciences? Quel jugement doit porter l'histoire sur la culture scientifique des Chaldéens? Voilà des questions aux-

que leur posent les historiens et les philosophes, il est d'une saine critique de s'en tenir aux faits bien avérés, quelque défavorables que soient ces faits aux espérances qu'ont éveillées en nous les belles découvertes des égyptologues et des assyriologues de ce siècle. Aristote dit bien (*Du Ciel*, II, xii) et Simplicius répète (*Du Ciel*, p. 503, Brandis) que les planètes sont quelquefois occultées par la lune « suivant le témoignage des Égyptiens et des Babyloniens, qui ont observé pendant de très longues années et qui ont fourni beaucoup de renseignements sur chacun de ces astres. » Longtemps on a répété que Callisthène, sur la demande d'Aristote, avait envoyé de Babylone en Grèce des observations astronomiques qui, d'après le texte authentique du commentaire de Simplicius sur le traité *Du Ciel*, embrassaient un intervalle de 31,000 ans. Lui-même témoignait avoir « entendu dire que les observations écrites des Égyptiens ne remontaient pas à moins de 630,000 ans, ni celles des Babyloniens à moins de 1,440,000 ans. » Dans son Mémoire magistral *sur les Observations astronomiques envoyées, dit-on, de Babylone en Grèce par Callisthène* (Paris, 1863), M. Th. Henri Martin, de Rennes, estime que Simplicius de Cilicie, disciple du néoplatonicien Damasclus, avait peut-être recueilli près des Nabatéens cette assertion favorable aux prétentions chaldéennes lorsque, obligé par l'édit de Justinien contre les philosophes à se réfugier près de Chosroès, il traversa sans doute la Babylonie. Le même savant rappelle qu'au cinquième siècle le néoplatonicien Proclus, dans son commentaire du *Timée*, revendiquait pour les observations des Chaldéens une antiquité supérieure à celle des observations égyptiennes; au quatrième siècle, Jamblique, disciple et successeur de Porphyre, écrivait : « Non seulement les Chaldéens ont observé le ciel pendant 270,000 ans, comme Hipparque le rapporte, mais ils ont transmis le souvenir de plusieurs de ces grandes révolutions qui ramènent toutes les planètes

quelles on serait heureux de voir les assyriologues répondre. Jusqu'à l'époque de la découverte du secret de l'écriture cunéiforme, les seuls documents que l'on pût étudier pour répondre à ces questions

à la fois à la même position » (Dans Proclus, sur le *Timée*). Pline, enfin, rapporte que l'astrologue Epigène affirmait que, chez les Babyloniens, des observations de 720,000 ans avaient été gravées sur des *briques cuites* (H. N. VII, LVII (LVI), 192-3). Nous n'hésitons pourtant pas un instant à admettre, avec M. Th.-H. Martin, que les prétendues observations chaldéennes, envoyées de Babylone en Grèce par Callisthène, n'ont guère pour elles l'apparence du vrai. Aristote, en effet, n'en parle pas dans les ouvrages de lui que nous possédons ; s'il en avait parlé dans ceux que nous n'avons point, et que connaissait Simplicius, au lieu de citer le seul témoignage de Porphyre, témoignage postérieur de plus de 600 ans à l'événement supposé, nul doute que Simplicius n'eût cité le Stagirite.

Je crois encore, avec le savant auteur du *Mémoire sur cette question : La précision des équinoxes a-t-elle été connue des Égyptiens ou de quelque autre peuple avant Hipparque ?* — je crois, dis-je, que Hipparque s'est servi des observations astronomiques des Chaldéens, apportées d'assez bonne heure en Grèce, peut-être déjà par Eudoxe de Cnide (né vers 408), astronome et mathématicien, disciple de Platon. Mais bien loin de supposer, sans aucune preuve, que les grands et immortels génies qui ont fondé l'astronomie des Grecs, c'est-à-dire celle du monde civilisé tout entier, aient reçu de l'Égypte ou de la Babylonie d'autres secours que des recueils d'observations longues et suivies durant des siècles, j'attends, je le répète, que les savants spéciaux nous aient édifiés à cet égard. En tout cas, Ptolémée ne croyait pas à une très haute antiquité des observations égyptiennes et chaldéennes : il déclare, et nous sommes tout à fait de ce sentiment, que, pour découvrir la précession des équinoxes, Hipparque n'a eu à sa disposition que des observations grecques peu anciennes, celles des alexandrins Aristylle et Timocharis.

ne donnaient qu'une bien pauvre idée de l'antique culture babylonienne. Les productions littéraires, philosophiques et religieuses des Nabatéens, des sectes gnostiques, des Sabiens ou Mendaïtes du bas Euphrate, quoique renfermant de précieux débris des anciens cultes, ne nous présentaient que tous les caractères du profond abaissement où était tombé l'esprit humain aux premiers siècles de l'ère chrétienne. L'astrologie judiciaire, la sorcellerie, la kabbale, toutes les superstitions, toutes les formes de maladies mentales, voilà le triste legs que Babylone semblait avoir fait au monde. Quelques savants, il est vrai, et parmi eux M. Renan[1], ne se rendaient pas encore, et, tout en constatant la part immense qui revient aux doctrines babyloniennes, surtout depuis l'époque des Séleucides, dans la propagande d'erreur et la perversion intellectuelle qui plongèrent les sociétés décrépites de l'Occident dans un état voisin de l'enfance sénile, ils affirmaient hardiment que l'astrologie judiciaire suppose avant elle une astronomie régulière, et que la magie elle-même

1. Mémoire sur l'âge du livre intitulé : *Agriculture nabatéenne*, p. 189-00 (*Mémoires de l'Académie des Inscriptions et belles-lettres*, t. XXIV).

implique l'existence d'un certain développement des sciences physiques.

Cette hypothèse s'est trouvée vérifiée, semble-t-il, par la découverte de la bibliothèque du palais royal de Ninive. Là, dans ces tablettes plates et carrées en terre cuite qui servaient de livres aux Assyriens comme aux Babyloniens, des documents de toute nature et de tout âge ont été rendus au monde. Un petit nombre seulement de ces tablettes ont été publiées. Vaste encyclopédie grammaticale, nombreux fragments mythologiques, généalogies divines, collections d'hymnes, rituels des cérémonies saintes, tous les éléments de l'antique civilisation de la Mésopotamie, du moins à un moment de sa durée, seraient rassemblés, à en croire les savants assyriologues, sur ces tablettes recueillies dans la salle où Assourbanipal avait établi sa bibliothèque.

Pour moi, ce qui m'a surtout frappé, quand j'ai lu l'énumération de ces trésors, ce sont d'une part, des listes de minéraux, de plantes et d'animaux, classés avec méthode, et, d'autre part, de nombreux traités de mathématiques, des catalogues d'étoiles, des recueils d'observations astronomiques, des tables de levers de Vénus, de Jupiter et de Mars, enfin des rapports périodiques d'astronomes attachés au palais[1]. Mais dans quelle mesure les savants assyro-babyloniens ont-ils cultivé les sciences naturelles? Nous ne le savons pas encore, et nous l'ignorerons aussi longtemps qu'il ne se rencontrera pas, parmi les assyriologues, une tête vraiment philosophique, également versée dans l'archéologie classique et orientale, et dominant d'assez haut ce vaste champ d'études pour comprendre que la connaissance des antiquités des peuples n'a d'importance qu'autant qu'elle éclaire l'histoire de l'esprit humain.

Ce que les cosmogonies de Bérose et de la littérature assyro-babylonienne nous apprennent, suffit cependant pour constater l'existence de profondes affinités entre les mythes de l'Asie orientale et les

---

[1] « On remarque surtout avec intérêt le fragment d'une liste de toutes les espèces animales que connaissaient les savants assyro-babyloniens, classées méthodiquement par familles et par genres (Rawlinson et Norris. *Cuneiform Inscriptions of Western Asia*, II, 5 et 6) ». *Essai de commentaire des fragments cosmogoniques de Bérose*, par F. Lenormant, p. 23. On trouve, dans le tome III, p. 9, des *Études accadiennes* de ce savant (Paris, 1879), cette curieuse *Liste d'animaux, quadrupèdes, insectes et reptiles*, document qu'ont surtout élucidé M. Frédéric Delitzsch (*Assyrische Studien*) et M. W. Houghton (*On the mammalia of the assyrian sculptures*). Mais je n'y puis découvrir de classification par familles et par genres.

premières conceptions de la philosophie grecque. M. E. Renan, reconnaissant que l'explication purement matérialiste des origines du monde et des êtres vivants paraît avoir été un des principes fondamentaux de la science babylonienne, s'est demandé si les cosmogonies matérialistes de l'Orient et de la Grèce n'avaient pas eu leur point de départ à Babylone. Aujourd'hui le doute n'est plus permis, et, remontant le cours lent et sinueux des siècles, on peut se donner le spectacle des transformations grandioses qui ont fait sortir de ces cosmogonies la conception purement mécanique ou moniste de la science moderne.

Deux vers d'une vieille rhapsodie homérique[1] appellent Océanos père des dieux et de tout ce qui existe. Il y a là une conception de l'univers dont l'origine doit être cherchée, nous l'avons vu, dans les cosmogonies religieuses des peuples de la vallée du Tigre et de l'Euphrate. Au sixième siècle, cette

1. *Iliade*, XIV, 201, 245, 246, 302. Cf. Virg. *Georg.* IV, 382. Pourtant, comme Hésiode, Homère appelle tous les dieux Οὐρανίωνες, c'est-à-dire descendants d'Uranos, « soit qu'il considère Ouranos et Gaea comme nés d'Océan, c'est-à-dire qu'il pense, comme Thalès après lui, que toutes choses sont sorties des eaux, même la terre (Gaea) et le ciel (Ouranos), et par eux tous les dieux. » *Mém. sur la cosmographie grecque à l'époque d'Homère et d'Hésiode* (p. 28), par Th.-H Martin.

doctrine était sans doute un philosophème sur lequel spéculaient les esprits réfléchis de l'Ionie, c'est-à-dire d'une partie de cette Asie Mineure qui fut toujours plus ou moins une province de l'Assyrie. La génération spontanée au sein de l'élément humide était le premier dogme de la religion babylonienne. Les historiens de la philosophie grecque parlent quelquefois d'un prétendu écrivain phénicien, nommé Mochos, qui aurait composé des livres sur l'histoire et les doctrines religieuses de sa patrie. On le disait originaire de Sidon et antérieur à la guerre de Troie.

La cosmogonie de ce Mochos, rapportée par Damascius, n'a pas d'autre fondement que celui que nous venons de rappeler. Il est bien probable, comme l'a soutenu Ewald, critiqué, il est vrai, par M. Renan, que le traducteur grec a pris pour le nom d'un écrivain phénicien le mot qui, dans l'idiome des Chananéens, désignait la matière humide et féconde. La philosophie de Mochos serait ainsi « la philosophie de la matière première. » C'est ainsi que, dans les fragments de Sanchoniathon, que nous a conservés Philon de Byblos, dans la première cosmogonie, la matière féconde, à l'état chaotique, d'où sortira l'univers organisé, est une boue humide. Or, le nom de cette matière primordiale, dans le texte actuel de Sanchoniathon, Môt, corrigé en Môch, selon une conjecture vraisemblable, serait précisément celui du prétendu auteur phénicien, Mochos[1].

De même la plus ancienne source nationale de la cosmogonie des Grecs, la *Théogonie* d'Hésiode, place le chaos à l'origine des choses. Nous ne pouvons nous arrêter sur ce vieux document, distinguer les diverses parties qui le constituent, indiquer les remaniements et les interpolations. On ne se trompera guère en affirmant que les premiers philosophes grecs ont connu la *Théogonie* à peu près dans sa forme actuelle. La génération de l'univers, plus anthropomorphique chez les Hellènes que chez les races douées d'une imagination moins plastique, ne suppose pas d'abord l'existence d'un être quelconque en dehors et au-dessus du seul être, c'est-à-dire du monde, soit avant, soit après son organisation. Les doctrines zoroastriennes et juives, qui enseignèrent qu'un

---

1. Cf. pourtant Zeller, *Die Philosophie der Griechen*, I, 688 n.

dieu préexistait et tira le monde du néant, ou simplement l'ordonna, le façonna, sont des imaginations très postérieures dans le temps, nées des spéculations des prêtres et des savants. « Dans le poème d'Hésiode, dit E. Zeller, l'illustre auteur de la *Philosophie des Grecs,* les dieux eux-mêmes sont créés, et ceux qu'honorait le peuple appartenaient même à une jeune génération divine. Il n'y a pas de divinité qui puisse être considérée comme la cause éternelle de toutes choses et comme ayant sur la nature un pouvoir inconditionné. » La force universelle de la nature existe avant eux, sous la forme du Chaos éternel, et, au-dessus d'eux, sous la forme du Destin inexorable.

Dans Hésiode, du Chaos naissent d'abord l'Érèbe et la Nuit. La *Genèse* hébraïque dit aussi que les ténèbres couvraient la face de l'abîme. L'Érèbe et la Nuit produisent l'Éther et le Jour. Dans la Bible, la lumière apparaît, comme ici, après la mention des ténèbres. Ni dans l'un ni dans l'autre document, il n'est encore question alors du soleil ou des cieux étoilés. C'est Gœa, la Terre au large sein, qui produit le Ciel avec ses astres innombrables (v. 116 sq.) :

Au commencement fut le Chaos, puis
La Terre (Gæa) au large sein, siège stable à jamais de tous
Les immortels, qui habitent les cimes du neigeux Olympe,
Et les Tartares ténébreux dans les profondeurs spacieuses
[de la Terre [1],
Puis Éros, le plus beau des dieux immortels [2].....
La Terre produisit d'abord, égal à elle-même en gran-
[deur,
Le Ciel étoilé, afin qu'il l'environnât tout entière,
Et fût un siège à jamais stable aux dieux fortunés.
Elle enfanta encore les hautes montagnes......
Elle produisit encore la mer stérile, aux flots agités,
Pontos, sans l'aide de l'Amour. Mais ensuite,
S'étant unie au Ciel, elle enfanta le profond Océan....
De la Terre et du Ciel naquirent encore
Trois autres enfants, énormes, effroyables, qu'on n'ose
[nommer :
C'étaient Cottos, Briarée, Gyas, race orgueilleuse.
De leurs épaules sortaient cent invincibles bras

1. Il convient de remarquer que ces deux vers (118-119) ont été omis par Platon et par Aristote quand ils ont cité ce commencement véritable de la *Théogonie*.
2. Acusilaos fait également sortir du Chaos l'Érèbe et la Nuit, d'où naissent l'Éther, Éros, etc. Cf. Ibicus, *fragm.* 28 (10). Mais c'est surtout la cosmogonie des *Oiseaux*, d'Aristophane, qui nous paraît importante. C'est un morceau mythologique de premier ordre, que cette prétendue bouffonnerie, et qui mériterait un long et savant commentaire. « Au commencement fut le Chaos, et la Nuit, et le noir Érèbe, et le vaste Tartare. » Il n'y avait ni terre, ni air, ni ciel. La Nuit enfanta, dans le sein de l'Érèbe, un œuf d'où naquit l'Amour (Éros) aux ailes d'or, vite comme les vents. S'unissant aux Ténèbres du Chaos ailé, sorte de Tiamat, l'Amour engendre la race des Oiseaux ; la race des immortels n'existait pas encore.

Et cinquante têtes........
Leur force était extrême, immense, comme leur corps.

Ces monstres de l'Abîme, le Ciel les refoule dans les profondeurs de la Terre[1] ; Gæa, que remplit leur masse, gémit, et, forgeant une immense faux, elle excite ses fils à la lutte contre le Ciel, l'époux qui est sorti d'elle. Les Cyclopes et les Géants, Typhöeus et Echidna sont aussi des enfants de la Terre ; d'autres monstres sont les enfants de la Nuit et des Eaux, des ténébreux abîmes où ils ont pris naissance. La lutte des Titans, fils de la Terre, contre les dieux de l'Olympe, n'est qu'un écho de ces batailles épiques des monstres de Tiamat, reine des sombres lieux souterrains, contre les dieux de la lumière du ciel babylonien. Dans la cosmogonie de Phérécyde, Ophionée, le grand serpent, l'animal chthonien, combat aussi, avec ses cohortes, contre l'armée des dieux ; comme Tiamat, il est vaincu et précipité dans les profondeurs infernales.

C'est au monde asiatique, aux bas-reliefs et aux cylindres de l'Assyrie et de la Babylonie, que l'art grec à ses débuts emprunta ces figures ailées, ces

---

1. *Theog.* 725-715, 807-810, 811.

animaux disposés en zones et passant en longues files, ces monstres anguipèdes, ces sphinx et ces sirènes, ces divinités à queue de poisson, qu'on voit aux sculptures du temple d'Assos en Mysie, sur les monuments de l'art archaïque des Hellènes et les vases noirs de l'Étrurie. Ces hippocentaures, ces chevaux à queue de poisson, engendrés du Chaos, que Bérose a contemplés dans les peintures du temple de Bel, voilà les prototypes des ichthyocentaures de l'art classique.

La Terre et le Ciel, son premier-né, qui est en même temps son époux, voilà, dans la cosmogonie des Hellènes, les parents de l'univers, des dieux et des hommes. Il est pourtant permis de remonter plus haut encore : le Chaos, l'abîme primordial, la matière humide et ténébreuse d'où tout est sorti par génération spontanée, est une idée cosmogonique de l'Orient qu'on retrouve aussi chez les Grecs dans leurs plus vieilles théogonies. J'estime que cette doctrine, qui, bien des siècles avant, se trouvait enseignée dans les sacrés collèges de Babylone et dans les temples de la Phénicie, fut connue des Ioniens de l'Asie Mineure, et par eux pénétra plus tard dans la Grèce d'Europe et jusqu'en Italie.

En effet, les traditions aryennes des Hellènes ne parlent guère que de la Terre et du Ciel. Dyaus et Prithivî, divinités vraiment antiques, sont donnés en maints passages du Rig-Véda comme les parents des autres dieux[1]. Dans les documents sacrés des Brahmanes, comme dans la théogonie des Grecs, le Ciel et la Terre sont appelés « parents » : le Ciel est le père, la Terre est la mère. Le mariage du Ciel et de la Terre est raconté, dans l'*Aitareya Brâhmana*, d'une façon qu'il serait piquant de rapprocher du récit d'Hésiode. Leurs enfants, ce ne sont pas seulement les hommes, ce sont aussi les dieux. Les passages relatifs au même ordre d'idées, que M. Muir a transcrits d'Hésiode, d'Eschyle, de Pindare, de Sophocle, d'Euripide, sont fort nombreux. Les beaux vers de Lucrèce et de Virgile sont dans toutes les mémoires. Des Védas au *Pervigilium Veneris*, les poètes et les philosophes ont aimé à célébrer l'union féconde du Ciel et de la Terre.

1. On trouvera réunis, parmi tant d'autres choses excellentes, les passages auxquels nous faisons allusion, dans le cinquième volume (section V) du grand ouvrage de Muir, « Original sanscrit texts on the origin and history of the people of India, their religion and institutions ». C'est là un trésor d'érudition ouvert à tous ceux qui aiment les études de cosmogonie et de mythologie.

Naturellement, avec le développement du spiritualisme religieux, on a demandé, dans l'Inde comme ailleurs, si le Ciel et la Terre n'ont pas eux-mêmes un ou plusieurs parents. Je n'insisterai pas sur les spéculations transcendantes, mais très postérieures dans le temps, dont les origines du Ciel et de la Terre ont à leur tour été le sujet. Ce qu'il vaut mieux rappeler, c'est que dans l'Inde ancienne, comme chez les Hellènes, les dieux naissent de la Terre et du Ciel, ainsi que le reste de l'univers ; que le dieu représenté dans les Védas comme époux de la Terre, Dyaus, Dyaush pitar, est identique à l'origine avec Zeus ou Zeus pater, Dies piter, Jupiter, dieu suprême des Grecs et des Latins. Quant au nom d'Ouranos, l'époux hésiodique de Gæa, il répond au nom du dieu indien Varouna ; c'est du moins, encore aujourd'hui, l'opinion de quelques indianistes éminents. Le mot Prithivî, la Terre dans le Rig-Véda, qui semble avoir été d'abord une simple épithète (comme tous les noms divins), ne saurait donner lieu à un rapprochement du même genre. Il paraît bien pourtant qu'il a remplacé le vieux mot Gau, lequel ressemble au grec Gæa et Gê. Gaur mâtar aurait dit la même chose que Gê Mêter ou Dêmêter.

Ces considérations mythologiques permettent de se faire une idée juste de ce qu'était un dieu aux jours antiques. Notre esprit est trop enclin à se représenter un être de cet ordre comme infiniment élevé au-dessus de l'univers, qu'il aurait un beau jour tiré du néant. C'est là une idée relativement moderne, une imagination de théologiens et de métaphysiciens. Hérodote ne sait trop ce qu'il doit penser des dieux, de leur origine, de leur âge. « D'où est venu chacun des dieux? Ont-ils tous toujours existé? Quelle est leur forme? On n'en a rien su, à proprement parler, jusqu'à une époque très récente. Car je crois Hésiode et Homère plus anciens que moi de quatre cents ans, pas davantage. Or, ce sont eux qui ont fait la théogonie des Grecs, qui ont donné aux dieux des noms, qui leur ont distribué les honneurs et les arts, qui ont décrit leur forme ; et, à ce qu'il me semble, les poètes que l'on dit antérieurs à ces deux hommes sont nés après eux. De ce que je viens de dire, le commencement, je le tiens des prêtresses de Dodone; la suite, ce qui concerne Hésiode et Homère, est de moi [1]. »

[1]. Hérodote, II, 53.

Aussi loin que nous remontions dans le passé spirituel de l'humanité, il n'y a d'autre être, merveilleux ou naturel, que le monde, avec ses énergies créatrices et son éternité. Un dieu, cela vient à l'existence comme un homme, un cheval, un chêne. Les hommes et les dieux ont une même origine : Pindare l'a chanté dans la sixième Néméenne (strophe I, 1-8). Les uns et les autres sont les enfants d'une même mère, la Terre. Les dieux sont très puissants, voilà tout. L'homme meurt, en effet, non le ciel d'airain. D'ailleurs, l'homme ressemble aux immortels par la puissance de sa raison et la forme de son corps (car les dieux ont aussi une âme et un corps), mais il est soumis aux arrêts du destin (comme les dieux), et il ignore ce que le jour ou la nuit lui réserve. Immortels habitants de l'Olympe, les dieux se réjouissent dans les festins et les danses : ils aiment bien manger et bien boire ; les riches offrandes, les gras sacrifices, la fumée qui monte vers l'Olympe, en noirs tourbillons, des bûchers où crépite la graisse des bœufs et des moutons, voilà l'idéal bonheur des anciens dieux. Le chant et la musique leur procuraient aussi de très vifs plaisirs, alors que le chœur des

Muses se faisait entendre et qu'Apollon touchait de son plectre d'or la lyre à sept cordes.

Voilà ce qu'étaient les dieux à cet âge indécis et charmant des Hellènes, aussi éloignés des naïfs étonnements de l'enfance chantés par le grand rhapsode ionien, que des spéculations austères de la maturité du génie grec, représentées par l'encyclopédie aristotélique. Car voici quel fut le développement de l'esprit hellénique : il s'éleva des théogonies aux cosmogonies, de la contemplation à la connaissance de l'univers. Le savant décrivit avec exactitude cette nature que l'aède avait animée dans des hymnes et des épopées. Il n'y a point de place encore pour une conception monothéiste du monde. L'œuvre immense d'Aristote, où revit presque tout entier l'antique génie des penseurs de l'Ionie, a été et sera toujours le plus redoutable adversaire de cette conception. Le vieux livre d'Israël l'a emporté pendant des siècles sur les traités de la nature du Stagirite, mais l'histoire de la philosophie au moyen âge atteste que ce n'a pas été sans lutte. Quoi qu'il advienne, la science moderne a retrouvé dans les livres des Grecs ses titres de noblesse.

Comme les théologiens, qui admettaient que

pendant un temps indéfini existèrent d'abord le Chaos et la Nuit, les premiers physiciens de l'Ionie placèrent au commencement la confusion de toutes choses [1]. C'est par le chaos que le monde a commencé : « tout était ensemble », a dit Anaxagore. C'est dans une matière première que les Ioniens ont cherché l'essence de toutes choses. Là aussi le chaos fécond, l'abîme où s'agitent confusément dans la nuit les germes innombrables des êtres, préexiste à l'apparition de la terre et du ciel. Le ciel et la terre passeront ; ils n'ont pas toujours été, ils ne seront pas toujours ; seule, la matière est éternelle. Cette matière, d'ailleurs, n'est pas inerte et inanimée. « De toute antiquité, dit très bien E. Zeller, on a regardé le monde comme vivant. » Sans insister sur ce qu'il y a de profond dans cette intuition, devenue une conviction réfléchie chez tant de penseurs modernes, il faut bien noter que, quel que soit l'élément qu'adoptent les Ioniens pour matière primordiale, eau, air ou feu, cette matière est vivante et animée (*hylozoïsme*), elle est féconde comme l'antique chaos, elle engendre des êtres sans

---

1. Aristote, *Métaphys.*, I, 3; XII, 6.

qu'intervienne aucun dieu organisateur de l'univers.

Ce que nous appelons les forces de la nature étaient pour les anciens des divinités vivantes et agissantes, C'est en ce sens que Thalès a pu dire qu'elle est « pleine de dieux ». L'eau, voilà pour ce penseur contemporain de Solon et de Crésus la matière d'où tout est sorti. Nul doute que si Thalès est bien un Grec, le séjour de Milet et le commerce avec les populations de l'Asie Mineure ne l'aient incliné vers ces antiques traditions qui font du Chaos ou de l'Océan, père des dieux, le principe des choses. La physique de Thalès est née de cette très ancienne croyance. La philosophie se dégage à peine encore de la mythologie[1]. Mais elle voit une pure substance

---

[1]. Il est bien remarquable que la Terre primitive et informe (*Chthonia*) de Phérécyde de Syros, contemporain de Thalès, a non-seulement la plus grande analogie avec le Chaos, où étaient confondus, à l'origine, suivant Hésiode (*Theog.* 116), la terre et le ciel, et d'où toutes choses sont sorties, même les dieux, mais a fait croire à Achilles Tatius, à Tzetzès et au schollaste d'Hésiode*, que Phérécyde, comme Thalès, avait tout fait venir de l'eau. Frédéric-Guillaume Sturz (*Pherecydis fragmenta*, p. 57), incline vers cette dernière interprétation, pourvu, dit-il, qu'on ne confonde pas les principes des choses (τὰς ἀρχάς), avec les éléments (τὰ στοιχεῖα). Certes, χθών est bien la terre pour Phérécyde, mais un bon juge, M. H. Martin, reconnaît qu'elle est bien près d'être en même temps l'ensemble primitif et confus de toutes choses. (*Mém. de l'Acad. des Inscr.*, XXIX, 2ᵉ P., p. 36, et suiv.).

* *Ad Theog.* 116. Φερεκύδης ὁ Σύριος καὶ Θαλῆς ὁ Μιλήσιος ἀρχὴν τῶν ὅλων τὸ ὕδωρ φασὶν εἶναι, τὸ ῥητὸν τοῦ Ἡσιόδου ἀναλαβόντες.

naturelle là où sa sœur aînée avait imaginé des divinités.

Anaximandre, de Milet comme Thalès, est un bien plus grand précurseur de la science. S'il n'a pas considéré le principe humide ou l'eau comme la substance dernière de toutes choses, il en a fait la substance immédiate du monde, et, avec Thalès, il a nommé l'eau la semence des choses. Par des séparations successives, la terre, l'air et le feu sont sortis de cet élément. La chaleur du soleil a desséché la terre, et ce qui a subsisté des eaux primordiales qui la couvraient tout entière, devenu salé et amer, s'est rassemblé dans le lit de l'Océan. On se rappelle que cette idée, d'ailleurs commune à plusieurs philosophes grecs, a déjà été notée dans les cosmogonies de l'Asie : la mer est ce qui reste des eaux primordiales. C'est également du limon primitif des eaux boueuses du chaos que sont peu à peu sortis les animaux et l'homme, quand les conditions d'existence sont devenues favorables.

Un fait considérable pour l'histoire des idées se présente ici. Pour la première fois, les antiques notions cosmogoniques dont nous avons suivi le développement prennent une forme scientifique et inaugurent les doctrines transformistes. « Par l'idée de l'adaptation, dit Teichmüller, Anaximandre pourrait passer pour un précurseur de Darwin ; de même pour cette autre idée, que les plus anciens organismes ont dû vivre dans la mer, organismes dont les animaux terrestres ne sont que des transformations. Ce rapprochement devient plus frappant encore si l'on considère l'origine de l'homme selon Anaximandre : il soutient, en effet, que l'homme provient d'animaux de formes ou d'espèces différentes [1]. »

Et, en effet, c'est bien des poissons qu'Anaximandre fait descendre l'homme. Plus tard, Empédocle, Anaxagore, les Épicuriens, ont admis les doctrines transformistes [2] ; mais Anaximandre est peut-être le premier qui les ait formulées. Les premiers animaux, nés spontanément dans l'eau, disait-il, étaient entourés d'une sorte de carapace épineuse, qu'on peut regarder, ce semble, comme des écailles ; mais, avec le progrès de l'âge ou de la stature, ces animaux étant montés sur la

---

1. *Studien zur Geschichte der Begriffe*, von Gustav Teichmüller : *Anaximandros*, p. 64. (Berlin, 1874.)
2. Plut. *De placitis philos*. V, 19.

terre qui se desséchait peu à peu, leur carapace se rompit et « ils changèrent bientôt leur genre de vie », c'est-à-dire qu'ils s'adaptèrent aux nouvelles conditions du milieu.

Que l'homme soit issu d'animaux de formes différentes, d'autres espèces, Anaximandre le dit encore en propres termes [1], et il en voit la raison dans cette circonstance que, de tous les animaux, l'homme n'est pas en état de se procurer sa nourriture aussitôt après sa naissance; qu'il a besoin d'être allaité de longs mois; si bien qu'à l'origine il n'aurait pu, livré à lui-même, se conserver. Il faut louer Anaximandre d'avoir compris l'importance de la nutrition dans le développement des êtres.

Ce fut donc dans l'eau que l'homme se forma d'abord comme un poisson, issu qu'il était lui-même de ces vertébrés; et ce n'est que lorsqu'il fut devenu capable de se défendre lui-même, de soutenir la lutte pour l'existence, qu'il monta sur la terre, se métamorphosa en amphibie, s'habitua à la respiration aérienne et prit possession de son vaste do-

1. Euseb., *Præp. ev.* 1, 8. *Philosoph.* p. 11, éd. Miller; Censorinus, 4.

maine. Les Syriens, comme le rappelle Plutarque[1], et tous les peuples de leur race, dont nous avons passé en revue les cosmogonies, croyaient que tous les êtres étaient originaires de la mer. Anaximandre, pour s'expliquer le développement des formes organiques, aurait aussi enseigné que c'est dans les poissons que les hommes ont pris naissance, qu'ils y ont été nourris comme le fœtus dans le sein de sa mère, et que ce n'est qu'après être devenus adultes qu'ils auraient été rejetés sur la terre. Aussi, regardant les poissons comme le père et la mère de l'homme, ce philosophe aurait détourné ses disciples de ce genre de nourriture.

Ces exagérations de mauvais goût doivent être mises sur le compte des rhéteurs de basse époque. Ce qu'on voit clairement dans les idées d'Anaximandre sur l'origine des premiers êtres vivants, c'est qu'il les croyait nés spontanément dans les eaux de la mer, sous l'influence de la chaleur solaire, et que, grâce à l'évolution continue des êtres vivants et à la variabilité des formes organiques, l'homme était descendu d'animaux marins et comptait des pois-

---

1. *Sympos. Quæst.* VIII, 8, 4.

sons parmi ses lointains ancêtres. En ces termes, et pour être née inconsciemment d'un mythe cosmogonique, l'hypothèse scientifique d'Anaximandre mériterait de figurer dans l'introduction historique de l'*Origine des espèces*[1].

Un physicien du temps de Périclès, Hippon, appelé quelquefois l'Athée, ainsi que Diagoras, enseigna comme Thalès que l'eau ou l'humide avait été le principe de toutes choses : certaines considérations physiologiques l'avaient conduit à renouveler cette hypothèse. Avec Anaximandre, Diogène d'Apollonie se représente aussi la terre à l'origine comme une masse boueuse que le soleil avait desséchée peu à peu; ce qui restait des eaux primordiales était la mer, dont le goût salé résultait de l'évaporation des parties douces. Sous l'influence des rayons du soleil, avaient apparu les plantes et les animaux.

---

1. Ch. Lyell (*Principles of geology*, I, ch. II, p. 16) a appelé Anaximandre un précurseur de la doctrine moderne de l'« évolution » Cf. ce qu'on lit dans l'*Histoire des sciences naturelles*, I, p. 91 (1841) de Georges Cuvier, qui a songé évidemment à Lamarck et à E. Geoffroy Saint-Hilaire : « Anaximandre ayant admis l'eau comme le second principe de la nature, prétendait que les hommes avaient primitivement été poissons, puis reptiles, puis mammifères, et, enfin, ce qu'ils sont maintenant. Nous retrouverons ce système dans des temps très rapprochés des nôtres, et même dans le dix-neuvième siècle. »

Enfin, Parménide, comme Xénophane et Empédocle, fait sortir l'homme du limon de la terre sous l'action de la chaleur solaire.

« Le soleil, du haut du ciel, échauffe la terre », disait Xénophane, et, comme « tout vient de la terre et retourne à la terre[1] », les êtres qui naissent à la vie sous l'influence fécondante de la chaleur solaire rentreront tôt ou tard dans la poudre. L'homme ne se distingue point de l'animal; son « âme n'est qu'un souffle ». Aussi bien des cataclysmes périodiques engloutissent sous les flots l'humanité avec toutes les créatures. Sortie de l'eau, la terre est de nouveau envahie par la mer, à certaines époques, et convertie en boue liquide. C'est une des plus profondes intuitions de génie qu'aient eues les anciens, qui amena Xénophane à cette théorie. L'observation, cette fois, avait servi de fondement à l'hypothèse. Les coquillages marins qu'on trouve dans le sein de la terre et sur les montagnes, les empreintes de poissons fossiles découvertes dans les carrières de Syracuse ou dans les marbres de Paros, conduisirent Xénophane à soutenir que

1. Fragm. 8; cf. 9, 10. (Mullach, I, 102). Cf. *Genèse*, III, 19. *Iliade*, VII, 99.

ces pétrifications, que ces empreintes organiques dans le limon durci, attestaient que les eaux avaient autrefois séjourné sur ces parties du sol et au sommet de ces montagnes.

Il faut lire cette grande page, écho de la pensée d'un Ionien du sixième siècle, d'un contemporain de Cyrus et de Darius, document vénérable entre tous, et qui est bien, on ne le contestera pas, le plus ancien titre de la science fondée par Cuvier, de la paléontologie.

« Selon Xénophane, la terre s'était dégagée, avec le temps, de l'élément humide. Il en donnait pour raison qu'au milieu des terres et dans les montagnes on trouve des coquillages de mer, et il dit qu'il a été trouvé à Syracuse, dans les carrières, des empreintes de poissons et de phoques ; à Paros, dans la profondeur du marbre, une empreinte d'aphye, et, à Mélite, des crustacés de tout genre. Il prétend que ces différents débris viennent d'un temps où tout était couvert par la mer, et que ces empreintes s'étaient pétrifiées dans le limon durci ; selon lui, l'espèce humaine périt tout entière quand la mer, envahissant la terre, la convertit en limon. Des générations nouvelles recommencèrent après ces révolutions qui ont bouleversé toutes les régions de la terre [1]. »

Mais c'est surtout Empédocle qui, dans la production spontanée des premiers organismes vivants et dans la survivance des mieux doués, des plus capables de vaincre dans la lutte pour l'existence, a fait jouer un si grand rôle à ce que nous appelons l'adaptation, qu'on a pu dire que, plus encore qu'Anaxagore, ce philosophe était un précurseur de Lamarck et de Darwin [2]. Selon Empédocle, les plantes, comme dans la Bible, ont apparu les premières, avant même que le soleil leur envoyât sa lumière. Puis les animaux sont nés, comme les végétaux, de la terre. Ces deux sortes d'organismes, dont on a fait deux règnes de la nature qui, il est vrai, tendent de plus en plus à se confondre, présentaient déjà les plus profondes affinités naturelles à Empédocle; il ne tenait pas seulement les plantes pour vivantes : il leur attribuait une âme, comme aux animaux et à l'homme. L'impossibilité d'admettre que les organismes vivants aient été à

---

[1] Saint Hippolyte, *Philosoph.* I, 14. Eusèbe (*Præpar. evang.* I, 8, 4), rapporte un passage de Plutarque qui attribue à Xénophane le fond de cette opinion.
[2] *Kosmos*, I Jahrgang. 2 B. 208.

l'origine tels que nous les voyons, fit dire à Empédocle que leurs diverses parties s'étaient formées isolément, qu'elles s'étaient rencontrées d'une façon fortuite, et qu'il en était résulté, sous l'influence de ce principe d'attraction naturelle qu'il appelle l'amour, des associations étranges, monstrueuses, incapables de vivre et de se perpétuer, lesquelles périrent jusqu'à ce que, d'essais en essais, de tâtonnements en tâtonnements inconscients, des combinaisons favorables se fussent enfin produites dans le nombre.

Les formes animales et végétales du monde actuel, en harmonie avec leurs milieux et capables de se reproduire, sont donc les rares survivants d'un nombre prodigieux de formes qui ont succombé dans la lutte contre les forces de la nature et ont été anéanties par la concurrence vitale. C'est ainsi qu'au commencement beaucoup de têtes apparurent sans cous, disent les vers d'Empédocle, des bras sans épaules, des yeux sans front; il y avait des êtres à deux visages et à double poitrine, comme les androgynes des peintures du temple de Bel, selon Bérose, des « créatures bovines à proue humaine, » c'est-à-dire moitié hommes et moitié bœufs, des hermaphrodites, bref, toutes sortes de formes monstrueuses qui rappellent — Zeller lui-même l'a noté — les mythes asiatiques des centaures, des chimères, des géants, fils de la terre, et des androgynes [1]. Selon le philosophe d'Agrigente, le mâle et la femelle ne formaient originellement qu'un tout, dont aujourd'hui ils ne possèdent plus l'un et l'autre que des membres séparés [2]. L'homme, sorti de la terre, ne fut d'abord qu'une masse informe, pétrie d'eau et de limon [3], que le feu souterrain, en s'élançant vers les régions supérieures où il tendait, projeta hors du sein ténébreux de la terre. Cette masse informe et boueuse n'avait encore ni voix ni sexe.

« Alors la Terre s'essaya à créer un grand nombre de monstres, dit Lucrèce, dont les vers sont le plus magnifique commentaire de cette doctrine; ils apparurent avec des figures et des membres étranges : tel l'androgyne, qui participe des deux sexes, éga-

---

1. *Die Philosophie der Griechen*, I, 644. Cf Winnefeld, *die Philosophie des Empedokles*, p. 33.

2. Arist., *De generat.* I, 18; IV, 1, où est cité le vers d'Empédocle.

3. Vers 321, et suiv. Dans la cosmogonie des *Oiseaux* d'Aristophane, les hommes sont aussi des créatures « pétries du limon de la terre » (v. 685).

lement éloigné de l'un et de l'autre; les uns n'avaient point de pieds, d'autres étaient privés de mains; d'autres encore, muets, n'avaient point de bouche, ou leurs visages étaient sans yeux. Leurs membres, sur le tronc entier, étaient étroitement liés les uns aux autres, si bien qu'ils ne pouvaient rien faire, ni fuir, ni éviter le péril, ni rien prendre pour se défendre. La Terre créait encore d'autres êtres monstrueux du même genre. En vain; la nature les empêcha de croître; ils ne purent atteindre la fleur de l'âge, ni trouver leur nourriture, ni se reproduire... Un grand nombre d'espèces d'êtres vivants ont dû périr alors, sans pouvoir propager leur race en se reproduisant : car tous les animaux que tu vois aujourd'hui respirer l'air vital, c'est la ruse ou le courage ou la vitesse de leur course qui, dès la naissance, les conservent. Quant à ceux que la nature n'avait doués d'aucune de ces qualités, c'était une proie désignée d'avance à l'avidité des autres bêtes; une destinée fatale les enchaînait dans ses filets, jusqu'à ce que la nature eût entièrement détruit leurs espèces [1]. »

1. T. Lucreti Cari *De rerum natura*, V. 835 sq. (édit. J. Bernays). Nous avons reproduit en partie l'excellente traduction,

Voilà bien ce qu'on a depuis appelé adaptation, concurrence vitale et sélection naturelle. Darwin lui-même a reconnu comme une ébauche des principes de cette doctrine dans un passage de la *Physique* d'Aristote [1], et Haeckel, après Buffon et Cuvier, a loué comme il convient le « père des sciences naturelles », l'écrivain de cette *Histoire des animaux* que Cuvier a déclarée le seul traité d'anatomie comparée jusqu'au dix-septième siècle, l'auteur de ces traités de *la Génération* et des *Parties du corps des animaux*, où Aristote s'est montré aussi grand anatomiste et physiologiste que profond penseur [2]. La théorie de l'évolution, qui a retrouvé tant de précurseurs dans l'antiquité, n'en compte point de plus illustre qu'Aristote.

Non qu'il faille faire du Stagirite un transformiste au sens moderne du mot. Il est clair qu'Aristote n'a pu avoir aucune idée des rapports généalogiques des espèces. Le principe même des causes finales, qui pénètre toute la philosophie d'Aristote,

---

entièrement neuve, qu'a donnée du poème de Lucrèce un des plus fins lettrés de notre temps, le regretté E. Lavigne (Paris, Hachette).

1. II. 8.
2. Expressions de M. de Lacaze-Duthiers (*Archives de zoologie expérim.* 1, 4 et 5).

est absolument opposé au pur mécanisme qui domine aujourd'hui toutes les sciences, et qui en a éliminé les causes finales. « Parcourons l'histoire des progrès de l'esprit humain et de ses erreurs, a écrit Laplace, nous y verrons les causes finales reculées constamment aux bornes de ses connaissances : elles ne sont donc, aux yeux du philosophe, que l'expression de l'ignorance où nous sommes des véritables causes [1]. » Néanmoins, étranger avec la haute antiquité grecque à toute idée de création du monde ou des êtres, le naturaliste est chez Aristote nécessairement évolutionniste. « Les animaux n'ont pu naître tout d'un coup [2], » dit-il très bien, en rappelant la matière indigeste et universelle, véritable germe primitif, d'Empédocle. Or, dans la tradition judéo-chrétienne, comme chez Cuvier ou Agassiz, les espèces ont précisément été créées « tout d'un coup ». Le Stagirite, ou plutôt les physiciens grecs dont il a compilé les écrits perdus, était donc, il nous semble, fort en avance sur ce grand dix-neuvième siècle lui-même.

---

1. *Exposition du système du monde*, p. 463. Cf. *Théorie analytique des probabilités*, p. II.
2. *Phys.* II, 8.

Ces physiciens, ces naturalistes grecs, s'étaient déjà posé cette question capitale : En morphologie, n'est-il pas possible que ce qui paraît produit chez les êtres vivants en vue d'un résultat ou d'un but à atteindre, ne soit qu'un effet de la rencontre des choses? Certes il n'y a point de hasard dans la nature, et Aristote a raison de s'élever contre ceux qui seraient tentés d'en appeler à ses prétendus effets, mais il se trompe en attribuant, comme il lui arrive quelquefois, cette doctrine aux atomistes. Qui empêche, disaient les naturalistes grecs dont Aristote s'est fait l'éloquent interprète, qui empêche que la nature agisse sans avoir de but et sans chercher le mieux des choses? « Zeus, par exemple, ne fait pas pleuvoir pour développer et nourrir le grain ; mais il pleut par une loi nécessaire ; car, en s'élevant, la vapeur doit se refroidir, et la vapeur refroidie, devenant de l'eau, doit nécessairement retomber. Que si, ce phénomène ayant lieu, le froment en profite pour germer et croître, c'est un simple accident... Qui empêche qu'il en soit ainsi dans la nature pour les parties des organismes, et que les dents, par exemple, poussent nécessairement, celles de devant, incisives, et capables de déchirer les aliments, et les molaires, larges et propres à les broyer, bien que ce ne soit pas en vue de cette fonction qu'elles aient été faites et que ce soient de simples coïncidences ? Qui empêche de faire la même remarque pour tous les organes où il semble qu'il y ait une fin et une destination spéciales ? *Toutes les fois que les choses se produisent accidentellement comme elles se seraient produites en ayant un but, elles subsistent et se conservent,* parce qu'elles ont pris spontanément la condition convenable ; *mais celles où il en est autrement périssent ou ont péri,* comme Empédocle le dit de ses « créatures bovines à proue humaine »[1].

Ces paroles, Darwin les a rappelées, au commencement de son grand livre de l'*Origine des espèces*, comme un exemple, fort imparfait sans doute, mais déjà très topique, de la doctrine de la sélection naturelle.

Ajoutez qu'Aristote admet sans hésiter la génération spontanée, non seulement pour les organismes inférieurs, tels que les teignes, les cirons, les vers, etc., mais pour les plantes et les animaux que

1. *Ibid.*

nous appellerions supérieurs, pour les vertébrés même, tels que les poissons. Certains animaux lui paraissent pouvoir naître spontanément ou de la terre putréfiée, ou des plantes, ou des humeurs existant dans les différentes parties du corps d'autres animaux. « En général, dit Aristote, tout corps sec qui devient humide et tout corps humide qui se sèche produit des animaux, pourvu qu'il soit capable de les nourrir. » Quelques poissons, par exemple des aphyes, proviennent ainsi soit du limon, soit du sable, en particulier de la vase des marais et des estuaires. Ainsi, dans les marais des environs de Cnide, lorsqu'après les sécheresses de la canicule les premières pluies recommençaient à humecter le limon, on voyait de petits poissons s'y développer en abondance.

Des observations de ce genre paraissaient suffisantes à Aristote pour établir « qu'il existe des animaux qui s'engendrent ou se produisent eux-mêmes », sans œufs ni parents. C'est le cas, en particulier, pour ceux qui, n'étant ni ovipares, ni vivipares, naissent du limon humide ou de « quelques matières qui pourrissent et nagent sur l'eau », dans les lieux ombreux et marécageux, surtout quand l'air est chaud [1]. Que si les plantes et les animaux se forment ainsi spontanément sur la terre et dans l'eau, c'est, dit Aristote, grâce à la présence de l'eau dans la terre, à celle de l'esprit ou du souffle [2] dans l'eau, et enfin à celle de la chaleur animale dans celui-ci, si bien qu'on peut dire en quelque sorte que « tout est plein d'âme », ὥστε τρόπον τινὰ πάντα ψυχῆς εἶναι πλήρη. C'est la même pensée qu'avait déjà exprimée Thalès, pour qui la matière était animée, vivante, et la nature «pleine de dieux». C'est surtout l'idée maîtresse de la conception moniste du monde, suivant laquelle il n'existe pas de matière inerte et morte, partant point de différence essentielle entre l'organique et l'inorganique.

Touchant l'origine de l'homme et celle des quadrupèdes, comme s'exprime Aristote, s'ils sont nés de la terre, ainsi qu'on le soutient, ils proviennent d'œufs ou de vers, et il est probable que la dernière hypothèse a pour elle plus de vraisemblance [3]. C'est là sans doute une étonnante rencontre avec

---

1. *De anim. hist.* V, 1, 15, 19, 31, 32; VI, 15. *De anim. generat.* I, 1, 16, III, 11.
2. Aristote explique ailleurs ce qu'il entend par ce mot πνεῦμα) : « L'esprit est un air chaud ». *De Gener.* I, 20, 21.
3. *De animal. generat.*, III, 11.

certaines idées qui, de nos jours, tendent à prévaloir ; car, je le repète, Aristote ne connaissait ni la morphologie ni la phylogénie évolutionniste. Et pourtant les naturalistes témoignent encore que les études embryologiques d'Aristote, qui portèrent sur les classes zoologiques les plus diverses, ont acquis une haute valeur par les découvertes de ces quatorze dernières années.

« Il est bien constaté, par exemple, écrit Haeckel, qu'il connaissait exactement le singulier mode de reproduction et de développement des céphalopodes, chez qui un sac vitellin sort de la bouche de l'embryon ; il savait encore que les embryons se développent dans les œufs des abeilles, même quand ceux-ci n'ont pas été fécondés. Cette parthénogenèse ou reproduction virginale des abeilles a été constatée pour la première fois, de nos jours, par le zoologiste Siebold, de Munich. Aristote nous enseigne aussi que quelques poissons (de l'espèce serranus) sont hermaphrodites, un seul individu possédant à la fois les organes générateurs des deux sexes et se fécondant lui-même ; c'est là encore un fait qui nous est connu depuis peu. Aristote savait très bien que l'embryon de beaucoup de requins est uni au corps de la mère par une espèce de placenta, par un organe nutritif, très vasculaire, analogue au placenta des mammifères supérieurs et de l'homme. Ce placenta du requin a longtemps été regardé comme fabuleux, jusqu'à ce que Johannes Müller en eût constaté l'existence (1839). Quelques-unes des réflexions spéculatives d'Aristote ont un intérêt particulier, en ce qu'elles révèlent une juste perception de la nature intime des phases embryogéniques. Il envisage le développement de l'individu comme une formation nouvelle, dont les diverses parties naissent les unes des autres. Que l'embryon humain ou animal évolue dans le corps de la mère ou à l'extérieur, dans un œuf, il faut, dit-il, que le corps se forme tout d'abord... Le cerveau apparaît de fort bonne heure, et il engendre ensuite les yeux ; assertion bien d'accord avec les faits. En somme, si l'on cherche à démêler l'idée qu'Aristote s'est formée des phases embryogéniques, on aperçoit qu'il avait une notion confuse de cette théorie du développement qu'on nomme aujourd'hui *épigenèse*, et que Wolff a démontré être la véritable, quelques milliers d'années après Aristote [1]. »

1. *Anthropogénie ou Histoire de l'évolution humaine*, p. 18.

CHAPITRE III

LES PHYSICIENS DE L'IONIE

Dans les îles de la mer Égée, sur les côtes de l'Asie Mineure, dès que la réflexion s'éveilla chez l'Hellène, son premier regard fut pour la nature. Vivre était doux alors, et voir l'éclat du jour était le bonheur suprême. Dans le monde tout n'était qu'harmonie et lumière. Déjà les dieux s'en allaient, et peu à peu échappaient aux regards sur les sommets neigeux de l'Olympe. Resté seul devant la nature, l'Hellène ne l'adora pas. Un climat sec et sain, un ciel d'une pureté et d'une transparence incomparables, une mer parsemée d'îles aux côtes escarpées et abruptes, masses sombres et sévères qui projettent leurs grandes ombres sur les flots, un paysage austère, une vie de marins et d'aventuriers, préservèrent les Hellènes des mollesses perfides et des allanguissements qui, dans la vallée du Gange, énervèrent de bonne heure leurs frères de l'Inde, les absorbèrent en un voluptueux évanouissement. Les esprits fins et pénétrants, les hommes plus particulièrement doués pour observer et comparer, tous ceux qui, sans se désintéresser de la chose publique, restèrent cependant plus étrangers que d'autres aux révolutions politiques qui éclataient partout en Grèce vers le temps de la Guerre des Perses, — en un mot, les penseurs, s'appliquèrent surtout à la mathématique, à l'astronomie et aux spéculations sur la nature des choses.

Depuis longtemps les Hellènes avaient acquis cette puissance d'abstraire grâce à laquelle les nombres, signes des choses, deviennent les principes de tout un ordre de sciences subjectives. Le soleil, la lune, les astres innombrables qui chaque soir semblaient s'allumer dans les profondeurs bleues du ciel, et s'éteindre chaque matin, dès que l'aurore ouvrait les portes du jour; le besoin que ce peuple de marins et de marchands avait de connaître les phénomènes célestes; enfin cette pureté et cette transparence de l'atmosphère qui font d'Athènes, par exemple, un des lieux de la terre le plus favorables pour un observatoire, tout cela ne contribua pas peu sans doute à faire naître chez les Grecs la pratique et le goût de l'astronomie.

Au commencement du sixième siècle, ils n'étaient pourtant pas assez avancés dans cette science pour prédire les éclipses de soleil[1]. Anaximène, Anaxagore, Démocrite, Empédocle, etc. savaient que la lune reçoit sa lumière du soleil. Ils connaissaient donc l'explication vraie des éclipses de lune, comme Thalès, qui savait que le soleil s'éclipse quand la lune passe entre nous et lui, connaissait l'expli-

---

1. On voit que nous faisons allusion à la fameuse éclipse qu'aurait prédite Thalès. Telle a été longtemps l'opinion commune, transmise par les anciens. Hérodote, en effet, rapporte que les Mèdes de Cyaxare et les Lydiens d'Alyatte étaient aux prises quand, au fort de la mêlée, soudain le jour devint nuit : « Thalès de Milet avait annoncé aux Ioniens ce changement et avait même fixé d'avance l'année où il arriva. » (I, 74). On a composé de nombreux mémoires pour prouver la réalité de cette prédiction astronomique, attestée par Eudème, Cicéron, Pline, etc. Mais tout d'abord on est frappé des diverses dates assignées à l'éclipse. Ce n'est qu'assez récemment que, d'après les dernières tables des mouvements de la lune, et grâce aux belles recherches de Hind, Airy, J. Zech, P. A. Hansen, la date de l'éclipse de Thalès a été fixée au 28 mai 585. Les astronomes semblent considérer aujourd'hui ce calcul comme définitif. Mais alors la bataille de l'éclipse n'a pu être livrée, suivant la chronologie d'Hérodote, sous Cyaxare, mais bien pendant le règne d'Astyage.

Voilà bien des raisons de douter de l'authenticité de la prédiction de Thalès. Il en est de plus fortes encore. Diodore de Sicile, après avoir dit que les Chaldéens regardaient la lune comme la plus petite et la plus proche des planètes, qu'ils ne lui donnaient qu'une lumière empruntée et attribuaient ses éclipses à

cation véritable des éclipses de soleil. Mais Thalès ne pouvait être amené à penser que la lune tirait du soleil l'éclat qu'elle répand sur la terre pendant les nuits, car, dans son hypothèse cosmographique, où la terre est portée par une mer immense, le soleil n'aurait pu, du fond de la mer, illuminer la lune, ainsi que l'a judicieusement remarqué M. Th. H. Martin. Les philosophes avaient essayé de calculer le volume et la distance des corps célestes. Quant à la terre, qu'ils s'étaient d'abord représentée comme une plaine immense, infinie, les révolutions des astres qui reparaissaient les mêmes

soli immersion dans l'ombre de la terre, ajoute : « Quant aux éclipses de soleil, les explications qu'ils en donnent sont des plus faibles ; et ils ne se hasardent pas à les prédire ni à en déterminer le temps » (II, 31). Si l'on pèse bien ces paroles, et si, avec J. Brandis (*Das Münz-Mass und Gewichtswesen Vorderasien bis auf Alexander den Grossen* (p. 20), on remarque que, jusqu'à la conquête de Babylone et l'établissement d'un royaume hellénique en Asie, voire un siècle et plus après, les observations et la science astronomique des Chaldéens sont demeurées étrangères aux Grecs, si bien que Hipparque est sans doute le premier qui ait utilisé, pour l'astronomie des Hellènes, les calculs et les archives conservés à Babylone, on sera convaincu qu'un Grec du sixième siècle était incapable de prédire une éclipse de soleil.

Ajoutons, avec M. Th. H. Martin, que la connaissance de la période de 223 lunaisons qui, trouvée empiriquement par les Chaldéens, pouvait suffire aux Grecs pour prévoir à peu près les éclipses de lune, ne pouvait nullement conduire seule à la prévision d'une éclipse de soleil visible en un lieu donné.

chaque jour, brillant à l'orient, après avoir disparu la veille au couchant, les courses lointaines des navigateurs, des voyageurs tels que Hécatée de Milet, leur apprirent qu'elle ne s'étendait pas à l'infini, qu'elle était isolée dans l'espace et présentait une forme sphérique.

Mais cette dernière conception, on le sait, appartient en propre à Pythagore et à certains pythagoriciens. Que la terre fût considérée comme flottant sur l'eau selon Thalès, ou sur l'air, suivant Anaximène, la forme que ces vieux Ioniens lui attribuaient, et avec eux Anaximandre, Anaxagore, Empédocle, était celle d'un large disque, d'une immense surface plane et circulaire. Archelaüs, Leucippe et Démocrite, qui admettent aussi que la terre est portée par l'air, se représentaient cette surface comme un disque concave; ils s'expliquaient ainsi que les eaux pouvaient y séjourner sans se répandre par dessus les bords. Le crétois Diogène d'Apollonie, contemporain d'Archélaüs, suppose que, sous l'impulsion du mouvement circulaire primitif imprimé à l'air condensé dont est constitué la terre, elle prit une forme « arrondie; » cette forme toutefois est celle d'un cylindre ou d'un disque, non celle d'un globe ou d'une sphère. Pythagore paraît donc bien être le premier grec qui ait donné cette forme à la terre, qu'il considérait comme immobile au centre commun de tous les mouvements circulaires du ciel et des astres, sans rotation sur son axe et sans révolution autour du soleil. On était loin, sans doute, de la conception naïve des anciens Grecs de l'époque homérique, qui faisaient naviguer les astres de l'ouest à l'est sur le cours circulaire du fleuve Océan. Néanmoins, on n'avait point dépassé la conception géocentrique, le préjugé si fort enraciné dans l'esprit humain de l'immobilité de la terre au centre du monde. Et cependant, bien des siècles avant Copernic et Galilée, les Grecs avaient fait du globe terrestre une planète qui, chaque jour, exécutait une révolution complète autour d'un foyer. Pour Philolaüs, dont le système diffère presque autant de celui de Pythagore que de celui de Copernic, ce foyer était le feu central de l'univers, vers lequel l'hémisphère que nous habitons ne se tourne jamais, de sorte que ce feu nous est toujours caché. Mais, pour Aristarque de Samos et pour Séleucus de Babylone, le foyer central autour duquel la terre accomplissait sa révolution anuelle, outre sa rotation diurne, était bien le soleil. Ainsi les Grecs devaient encore ravir aux modernes la découverte du véritable système du monde, du système héliocentrique[1].

L'impression que les phénomènes, célestes ou terrestres, firent sur les Hellènes, voilà l'origine de la première conception scientifique de l'univers, du premier système du monde vraiment digne de ce nom par sa grandeur et sa simplicité. Frappés tout d'abord des transformations que subit la matière en passant par les trois états solide, liquide et gazeux, ils considérèrent tantôt l'une tantôt l'autre de ces formes comme les différents états fondamentaux de la substance universelle, et l'eau, l'air, le feu et la terre furent tour à tour regardés par Thalès, Anaximène, Héraclite, Empédocle, comme le principe des choses. Un instinct sûr et vraiment merveilleux, une tendance invincible les porta tous à expliquer le monde par les propriétés de la matière éternelle et par les lois qui en résultent. La re-

[1] C'est dans les beaux mémoires de M. Th.-H. Martin sur l'histoire des hypothèses astronomiques grecques, qu'il convient d'aller chercher les preuves et la démonstration autorisée de tous ces faits. Pour *l'hypothèse astronomique de Pythagore* et pour celle de *Philolaüs*, voyez le *Bulletino di bibliografia e di storia delle scienze matematiche e fisiche*, V, mars et avril 1872.

cherche et la constatation de ces lois devaient être surtout l'œuvre des philosophes pythagoriciens établis dans la Sicile et l'Italie méridionale. Ces mathématiciens, ivres du rhythme universel, ne virent dans la nature que nombre et mesure. Graves et pensifs, religieux et purs comme des brahmes, ils écoutaient en silence et notaient l'harmonie des sphères.

Ce qui frappe tout d'abord chez les penseurs grecs de l'Ionie, c'est l'hymen profond de l'homme avec la nature. Il ne s'absorbe pas en elle, je le répète; mais il ne s'en détache point. Nos facultés d'analyse et d'abstraction, notre critique moderne de la connaissance, ne sont pas nées encore. Nulle distinction radicale du subjectif et de l'objectif. La séparation absolue de l'âme et du corps, de l'esprit et de la matière, de Dieu et du monde, sur laquelle repose aujourd'hui encore la conception vulgaire de l'homme et de la nature, n'apparaît point en Grèce à ces hautes époques. On voit bien les deux éléments, confondus à l'origine dans une suprême harmonie, se dissocier peu à peu; mais, à la fin même de l'hellénisme, à l'époque du néo-platonisme, la séparation de l'esprit et de la matière n'est pas encore consommée.

Les religions monothéistes et la philosophie du moyen âge accompliront définitivement ce divorce et jetteront la pensée éperdue dans le dualisme cartésien. Des substances étendues et des substances inétendues, voilà les matériaux imaginaires avec lesquels le père de la philosophie moderne construira son fragile édifice. Car, enfin, il ne les a pas vues, ces substances, et ceux qui, après lui, nous viennent dire que le cerveau ne saurait penser, feraient mieux de revenir au monisme des Grecs. On y revient d'ailleurs aujourd'hui de toute part en Europe. Parce qu'il est impossible de se représenter comment la matière peut penser, ce n'est pas une raison pour imaginer qu'il existe dans la nature des esprits séparés ou séparables des corps organisés. Il n'y a guère d'apparence que les minéraux sentent avec ou sans conscience. Cependant, pour peu qu'on se pique de logique, du moment qu'on admet une conception moniste du monde, il faut de toute nécessité que tout ce qui existe ait toujours existé, à des degrés divers, dans la nature entière. Diderot a très bien vu cela. Qu'on veuille bien y prendre garde : il n'y a pas ici ombre de panthéisme. Ce qui est au fond de cette conception, c'est plutôt ce que les anciens Grecs d'Ionie, pour qui tout était animé dans la nature, pour qui la *matière vivait*, appelaient hylozoïsme.

On peut regretter que les Grecs n'aient point su douter comme Bacon et Descartes [1]; la faiblesse de leur critique de l'entendement humain ne leur a pas permis d'édifier leur science sur les solides assises que Locke, Hume et Kant ont posées au

---

[1] Ainsi les idées que les Hellènes se sont longtemps faites des astres semblent appartenir à une autre race et à une autre civilisation. Pour Héraclite, par exemple, le soleil, la lune, les planètes n'étaient que de purs météores, nés de la terre et alimentés par les exhalaisons qui s'élevaient de sa surface. Le soleil, disait-il, est « un feu intelligent qui s'allume de la mer. » Les eaux marines, en effet, nourrissaient le soleil, les eaux douces, la lune.

Je ne rappelle que pour mémoire ces nacelles (σκαφαί) dans lesquelles les philosophes ioniens faisaient voyager les feux du soleil et des autres astres. Pour Xénophane, tous les astres étaient des « nuages enflammés. » Chaque jour, le soleil (ou plutôt les soleils successifs et éphémères) se formait le matin de l'assemblage de petits nuages; le soir il s'éteignait après son coucher. Les étoiles aussi s'éteignaient aux premiers feux de l'aurore pour se rallumer au crépuscule. Quand d'aventure ces soleils s'égaraient et cessaient de répandre la lumière et la chaleur, si nécessaires à l'existence des plantes et des animaux (sch. de S.-M., Villois., p. 128), on voyait revenir une de ces périodes diluviales où l'humanité s'abîmait dans les eaux. M. Th.-H. Martin a ingénieusement recherché dans une tradition locale l'origine vraisemblable de l'hypothèse de Xénophane sur la formation quotidienne du soleil : « D'après cette tradition, que Diodore de Sicile (XVII, vii. cf. Lucrèce. V, 661-663) nous a conservée, du sommet du mont

dix-huitième siècle. Qu'il fût nécessaire de distinguer les éléments subjectifs des éléments objectifs de nos idées, Aristote ne paraît pas même y avoir songé. Le scepticisme grec antérieur et postérieur au Stagirite, l'empirisme stoïcien et le sensualisme épicurien s'appuient aussi peu que la spéculation néo-platonicienne sur des recherches propres à combler cette lacune. L'idéalisme de Platon n'est pas l'idéalisme moderne, l'idéalisme subjectif. Platon n'a pas vu dans le monde extérieur, comme

Ida, l'on pouvait contempler chaque matin la formation du soleil; lorsque la nuit régnait encore sur la terre, du haut de cette montagne, les observateurs voyaient, disait-on, des feux épars en divers points de l'horizon; puis, à l'arrivée du jour, ils voyaient ces feux se rapprocher les uns des autres et se réunir en une seule masse, et cette masse de feu, ainsi formée sous les yeux des spectateurs, était le soleil, qui commençait ensuite sa course quotidienne » Métrodore de Chio, disciple immédiat de Démocrite, soutenait aussi que chaque soir le soleil s'éteint et que les étoiles s'allument, etc. Anaxagore, qui estimait, comme on sait, que la lune était grande comme la Péloponèse, pensait au moins que la lumière des étoiles fixes leur appartient en propre. Le célèbre ami de Périclès semble bien avoir admis la pluralité des mondes habités, car il parle (fragm. X) *d'un autre monde* et *d'une autre terre*, où, comme sur la nôtre, doivent s'être produits des plantes, des animaux et des hommes, et qui a aussi un soleil et une lune. De même, Diogène d'Apollonie et plusieurs autres. Empédocle, enfin, si l'on s'en tient aux termes par lesquels il décrit « l'écoulement » vers nous de la lumière du soleil, aurait été mis au nombre des partisans de l'*émission*. Aristote, au contraire, pensait comme nous que la lumière n'est qu'un mouvement transmis dans un milieu.

Fichte, un pur phénomène de conscience. Enfin, on a reproché avec toute raison aux Hellènes le dédain de l'observation patiente et minutieuse, l'insuffisance des expériences, l'abus des déductions et du raisonnement *a priori*.

Il ne faut pas dissimuler ces défauts ; mais que l'on considère que l'humanité n'a jamais manqué, même en Égypte et en Babylonie, de gens qui savaient observer. Des milliers d'observations continuées et accumulées durant des siècles, nécessaires sans doute pour construire la science, ne sont pas plus la science, — c'est-à-dire la connaissance des lois générales du monde, — que des monceaux de chartes et de documents historiques ne sont l'histoire. Dans ce vieux monde méditerranéen, où l'Égypte et la Phénicie n'avaient laissé derrière elles que des amulettes, des cultes sinistres, des carrières exploitées, des teintureries et des comptoirs d'échange, les Hellènes inventèrent les mathématiques, l'astronomie, la physique, et ouvrirent l'ère de la réflexion philosophique.

Quoique la religion, dont nous sommes loin de méconnaître la grandeur et les bienfaits, n'ait pas laissé de conseiller bien des crimes, en Grèce même, elle n'avait rien qui ressemblât aux dogmes des nations sémitiques Non seulement les dieux des Hellènes sont plus humains que ceux des autres peuples : mais, loin d'avoir créé ce monde, de l'avoir évoqué du néant, avant eux existait le chaos fécond de l'univers éternel, et, au-dessus d'eux, planait la sombre puissance du Destin. Nous l'avons dit, un vieil historien comme Hérodote, homme pieux et craignant la divinité, pouvait se demander : « D'où est venu chacun des dieux ? Ont-ils toujours existé ? Quelle est leur forme ? On n'en a rien su, à proprement parler, jusqu'à une époque très récente. » Les poètes, d'Hésiode à Pindare, répondaient que les dieux et les hommes avaient une même origine, que les uns et les autres étaient les enfants d'une même mère, « la Terre au large sein. » Ainsi entendue, la théologie devenait presque une science naturelle, les dieux étant venus à l'existence comme les chênes et les chevaux.

Le naturalisme : je ne connais pas de mot qui résume mieux cette conception du monde. Qu'elle ait attribué aux choses des propriétés qui ne paraissent exister qu'en nous-mêmes, il y aurait quelque naïveté à s'en étonner. L'hylozoïsme professé par les plus anciens physiciens, la croyance à une âme du monde qu'on rencontre chez Platon, chez les stoïciens et les néo-platoniciens, surtout la croyance à une finalité consciente, qui, depuis Socrate, a si gravement compromis l'explication scientifique de la nature, voilà des maladies de l'esprit humain qu'on n'a pas le droit de trouver choquantes chez les autres quand on en souffre soi-même. D'ailleurs elles sont incurables. Quoi qu'il fasse et qu'il invente, l'homme n'a pas deux moyens de se représenter et de comprendre la nature. Au fond, ce qu'il appelle de ce nom n'est et ne sera jamais rien de plus que certains états de conscience définis, de pures hallucinations, sortes de rêves qu'il fait tout éveillé.

Qu'y a-t-il de constant, d'indestructible et d'universel sous les phénomènes, derrière ces visions intérieures que nous situons hors de nous, dans ce que nous appelons le temps et l'espace, et qui constituent notre univers? En d'autres termes, quelle est l'essence des choses? Les Grecs ont naturellement répondu de façons très diverses à cette question. Toutefois, et en raison même de leur monisme, c'est dans une matière première corporelle que les anciens physiciens de l'Ionie et de la grande Grèce ont cru découvrir la substance des choses. Le grand mérite, à nos yeux, du livre d'Édouard Zeller, *La Philosophie des Grecs*, est d'avoir établi que ni le Nombre des Pythagoriciens, ni l'Un des Éléates ne sont des essences spirituelles distinctes de l'essence des corps, comme le seront les idées platoniciennes. C'est bien des choses sensibles elles-mêmes que parlent ces philosophes quand ils soutiennent que l'essence véritable en est le nombre ou une substance unique et immuable. Le Nombre et l'Être, situés dans l'espace, sont bien ici la substance des corps, la matière dont ils sont faits. Les Grecs ne disaient pas, comme certains idéalistes allemands : Tout être dérive de la pensée. La pensée, elle aussi, rentrait pour eux dans le concept de l'Être[1]. Les anciens physiciens font tout sortir de la matière, qu'ils considèrent comme animée et éternellement en mouvement. Même l'Esprit d'Anaxagore n'agit que

1. M. Th. H. Martin a justement soutenu contre V. Cousin que le dieu unique de Xénophane est « l'univers sphérique, considéré comme un seul être, éternel, immuable, intelligent et parfait. » *Mém. de l'Acad. des inscript.* xxix, 130.

comme une force naturelle : c'est une essence à moitié sensible, une sorte de matière subtile.

La matière première dont Thalès fait sortir le monde est l'eau. Pourquoi a-t-il choisi cet élément ? Quelle est la raison de ce choix ? Il est difficile de le dire, ce philosophe n'ayant pas consigné ses opinions dans des écrits. Avait-il observé que tout ce qui vit sort d'un liquide et retourne à l'état liquide par la putréfaction ? que les terres ont été formées par des dépôts d'alluvions [1] ? que la pluie et les fleuves répandent la fertilité dans les campagnes, et que c'est au sein des mers que pullulent avec le plus d'abondance les formes innombrables de la vie ? Pour moi, j'incline à croire, ainsi que le rapporte Aristote, que, dès une haute antiquité, les premiers théologiens s'étaient déjà fait une idée analogue de la nature : ils donnent le Chaos et l'Océan, père des dieux, comme les auteurs de tout ce qui existe en ce monde. La physique de Thalès me semble née de cette très ancienne croyance. La philosophie se dégage à peine de la

---

[1]. Thalès, nous l'avons dit, se représentait la terre flottant sur la mer. Il lui donnait la forme circulaire (*orbis*) d'un disque. V. Sénèque, *Q. N.* VI, vi et III, xiii.

mythologie. Elle voit une substance matérielle là où sa sœur aînée imaginait des divinités, c'est-à-dire de grandes formes flottantes conçues à l'image des mortels [1].

Thalès se représente comme animée la matière première, si bien que cette matière, analogue au chaos, d'elle-même et sans l'intervention d'une âme du monde, d'un esprit organisateur, peut engendrer toutes choses. Quand, pour s'expliquer la puissance attractive de l'aimant, Thalès lui attribuait une âme, cela revenait à dire qu'il considérait l'aimant comme un être vivant. Au fond, il était encore du même sentiment que les Grecs ses contemporains lorsqu'il voyait, dans les forces de la

---

[1]. Dans la tradition mythologique conservée par les poètes, Homère, Hésiode, Pindare, etc., Océan n'est pas seulement *l'origine des dieux, et même de toutes choses*; Poseidon est nommé par Zeus lui-même (*Odyss.* XIII, 142) *le plus ancien et le meilleur des dieux*. Le meilleur commentaire grec de ces antiques théologoumènes n'est pas seulement dans le Chaos d'Hésiode et dans la Chtonia de Phérécyde ; il est encore dans les paroles célèbres de Pindare : ἄριστον μὲν ὕδωρ, « Ce qu'il y a de meilleur, c'est l'eau. » M. Th.-H. Martin n'hésite pas non plus à reconnaître que Thalès a transformé en une doctrine philosophique les deux mythes du fleuve Océan et de Poseidon. *Mém. sur la cosmogr. popul. des Grecs après l'époque d'Homère et d'Hésiode*, p, 21). Pour Thalès, l'eau, principe unique de toutes choses, sans commencement ni fin, est l'être infini et divin, ainsi que l'atteste expressément Simplicius.

nature, des divinités vivantes, et dans la vie de la nature la preuve qu' « elle est pleine de dieux. » On ne saurait rêver une alliance plus ingénue du polythéisme avec l'hylozoïsme.

Anaximandre, né, comme Thalès, à Milet, vers 612 avant notre ère, est le premier des Grecs qui composa un ouvrage traitant de la nature. Il s'occupa aussi d'astronomie. On lui attribuait la confection d'une carte de géographie, d'une sphère céleste, d'un gnomon ; cet instrument avait sans doute passé de Babylone en Grèce avec les douze divisions du jour, comme en témoigne Hérodote (II, 109). On a conservé cette phrase de son livre : « Là d'où elles sont venues à l'existence, les choses retournent nécessairement par la destruction ; elles expient la peine et le châtiment dus à l'injustice suivant l'ordre du temps [1]. » Ainsi, l'existence individuelle comme telle paraît ici une injustice (ἀδικία) qui doit être expiée par la mort. La cause, le principe, la substance même de l'univers est pour Anaximandre l'infini, c'est-à-dire une matière indéterminée quant à la qualité, analogue au chaos des anciens théologiens grecs.

[1]. *Fragm. philos. græc.* (Mullach), I, 240.

De cette matière éternellement en mouvement se séparent les contraires élémentaires, le chaud et le froid, l'humide et le sec, qui se disposent suivant leurs affinités naturelles : le froid et l'humide au centre, le sec et le chaud à la circonférence de l'univers. Grâce au mouvement qui emporte les éléments dans son cours éternel, naissent des mondes innombrables, dieux et génies célestes pour le vulgaire, simple condensation ou raréfaction de la matière pour le philosophe. Immobile, à égale distance de tous les points de la voûte céleste, est la terre. D'abord à l'état de boue humide, la terre a spontanément créé les animaux, les poissons ou reptiles à carapace épineuse, qui se sont modifiés avec les âges géologiques et ne sont arrivés à leur forme actuelle que grâce au desséchement progressif de la surface du sol sous l'influence de la chaleur solaire. L'âme aurait été pour Anaximandre une sorte de gaz. D'une intelligence, d'une âme séparée, d'une raison divine dans l'homme ou dans la nature, il n'en est pas plus question chez Anaximandre que chez tous les autres philosophes grecs antérieurs à Socrate ou, si l'on veut, à Anaxagore.

Le monde et l'homme ne sont rien de plus que

des manières d'être, des combinaisons fugitives d'une substance unique, d'une matière éternelle, incréée, indestructible, inaltérable. L'infini d'Anaximandre, cause universelle de génération et de destruction, est conçu comme ayant en soi le mouvement et la vie : tel était l'antique hylozoïsme de Thalès. Les choses sortent de l'infini en vertu du mouvement éternel de cette matière première. Il ne s'agit point ici, ainsi que l'ont cru quelques historiens de la philosophie (Rœth entre autres), de l'infini des métaphysiciens. Si la force, si le mouvement attribués à l'infini impliquaient une intelligence, un être spirituel et conscient, il faudrait voir dans le principe des choses d'Anaximandre un esprit infini; or, l'histoire démontre que rien n'est plus étranger qu'une telle hypothèse aux façons de penser des philosophes antérieurs à Anaxagore.

Il y a plus : toute l'antiquité classique, des penseurs de l'Ionie aux philosophes d'Alexandrie, a cru à l'éternité de la matière. Que quelque chose pût être fait de rien, voilà ce que les anciens n'ont jamais admis. La création *ex nihilo* par un pur esprit, placé en dehors et au-dessus de l'univers, est chose trop étrange pour qu'un Grec l'ait jamais prise au sérieux. Alors même que le développement du spiritualisme religieux des Hellènes et les progrès de leur métaphysique eurent préparé les voies à une manière de monothéisme, on ne voit pas que l'éternité du monde, dont la substance se confondit parfois avec celle de la divinité, ait été mise en doute. Ce n'est point dans le temps qu'Anaxagore plaçait l'organisation de l'univers par l'Intelligence. Le démiurge de Platon façonne une matière qu'il n'a pas créée et qui coexiste avec lui de toute éternité. Aristote a beau placer le premier moteur au sommet des choses : il affirme que le monde n'a pas commencé et ne finira point. Il en est même résulté, comme on sait, que le dogme sémitique de la création a été ébranlé dans l'esprit d'un grand nombre de philosophes arabes. Saint Thomas a déclaré que les preuves que donne Aristote ne sauraient être réfutées par la seule raison, ce qui reviendrait à dire qu'elles sont irréfutables.

Plus jeune qu'Anaximandre, son disciple peut-être, Anaximène de Milet vit dans une substance gazeuse, dans l'air, le principe des choses. C'est de l'air qu'il fait venir, suivant que ce gaz se raréfie ou se condense, le feu, le vent, les nuages, l'eau, la terre et la pierre. Notre terre, de forme plate et cylindrique, est supportée par l'air, dans l'espace, comme une feuille d'arbre. De même pour le soleil et les étoiles, qui ont même forme. Des vapeurs montant de la terre se serait formé, par une raréfaction continue, le feu, qui est la substance des astres. Ceux-ci sont donc nés de la terre. Anaximène avait découvert que la lune reçoit sa lumière du soleil, ainsi que la raison des éclipses lunaires. Ce n'est pas au-dessus, mais autour de la terre que les astres accomplissent leurs révolutions circulaires. Le principe des choses, doué du mouvement éternel, est infini : la terre, l'eau, le feu sont nés dans le temps et finis. Suivant les idées hylozoïstes de l'époque, le monde est considéré comme un être vivant. Or, chez l'homme et chez les autres animaux, l'air inspiré et expiré à chaque instant paraissait être la cause de la vie et de l'entretien du corps : on en conclut qu'il en était ainsi pour l'univers.

Quant aux dieux, c'est dans les astres qu'on les voyait, aux limites extrêmes du monde. Mais loin d'être les parents de l'air, principe des choses, ils en sont les enfants. Les dieux n'ont pas créé l'air, ils ont été créés comme le reste de l'univers par le gaz qui pénètre et entretient toute chose. C'est la même conception du divin que déjà nous avons notée chez Anaximandre et chez Thalès, dans les cosmogonies hésiodiques, et qui n'est autre que celle d'Épicure ou de Lucrèce. Aucun de ces penseurs n'a l'idée d'un être de nature spirituelle, antérieur à l'univers, fait d'une autre substance. Il n'existe qu'un être vivant, le monde, c'est-à-dire la collection des objets perçus par nos organes : la terre, la mer, les végétaux, les animaux, les astres, n'ont pas toujours été, ils ne seront pas toujours. Un système de l'univers fera place à un autre système ; car les mondes n'échappent pas plus que les individus à la loi de la naissance et de la mort, de la génération et de la destruction, et tout être éprouve à son heure les effets de la vétusté. Seule, la substance de l'univers, la matière incréée, quelle qu'elle soit, eau, air, feu, etc., demeure éternellement.

Il nous paraît, comme à Édouard Zeller, que tout, dans les idées d'Anaximène, trahit l'influence des doctrines d'Anaximandre. C'est bien à Anaximandre, en effet, que semble revenir la gloire d'avoir le premier enseigné que la substance est infinie, qu'elle est vivante et éternellement en mouvement.

Sans doute, à l'idée un peu vague pour nous de la matière infinie d'Anaximandre, Anaximène a substitué celle d'une substance déterminée, de l'air, dont les choses seraient nées, non par séparation des contraires, mais par des phénomènes de raréfaction et de condensation. Néanmoins, l'opposition originelle qu'il signale entre le chaud et le froid, la forme qu'il donne à la terre et aux astres, ce qu'il dit des phénomènes atmosphériques, des dieux et de l'âme, témoigne de la parenté de sa philosophie avec celle de son précurseur. Et ce n'est pas seulement à Anaximandre, c'est aussi à Thalès qu'Anaximène se rattache ; avec celui-ci il pose pour principe des choses une substance déterminée qualitativement ; avec celui-là il reconnaît l'infinité et la vie immanente de cette substance. La pensée philosophique a gagné chez Anaximène plus de précision et de clarté. Le progrès est évident. Une voie vraiment royale est ouverte aux philosophes postérieurs. Diogène d'Apollonie et Archélaüs ne feront que renouveler les théories du grand physicien de Milet sur la substance.

Diogène d'Apollonie, en Crète, admettait avec Anaximène que l'air était le principe de l'univers,

la matière dont tout devient par voie de raréfaction
et de condensation ; mais, en outre, il revendiquait
pour l'air des propriétés spirituelles ou rationnelles.
On reconnaît tout de suite un contemporain d'Anaxagore. L'unité de substance est pourtant sauvegardée : sous les innombrables apparences des
choses, il ne découvre que les transformations d'un
seul et même élément, l'air. S'ils étaient essentiellement différents, les corps ne pourraient ni se
mêler ni se modifier réciproquement. Or on voit
les plantes s'assimiler la substance de la terre et les
animaux se nourrir des végétaux. La grande idée
d'où est sorti le livre fameux de Moleschott[1], est en
germe dans cette pensée de Diogène d'Apollonie.
Toutefois, frappé de l'ordre qu'il croit reconnaître dans la nature, dans la succession régulière
des saisons, des jours, des phénomènes atmosphériques, le philosophe imagine dans ce dont toute
chose subsiste, un corps éternel et inaltérable,
tout-puissant et riche en science. Puis, comme la
vie et la pensée sont liées, dans les êtres vivants,

1. *La Circulation de la vie*, lettres sur la physiologie, en réponse aux lettres sur la chimie de Liebig. Traduit de l'allemand par le docteur E. Cazelles.

aux fonctions de la respiration, il n'hésite pas à voir dans l'air le principe de l'intelligence et de la conscience. De là une étrange contradiction dans ce système : l'auteur croit pouvoir adopter l'idée d'une raison formatrice de l'univers sans abandonner le vieux matérialisme des penseurs de l'Ionie, et surtout les théories d'Anaximène sur l'air ou matière primitive.

Il y a bien des sortes d'air et d'intelligence. C'est d'air plus ou moins chaud et sec qu'est constituée l'âme des animaux, — de l'homme aux poissons. De même le principe du mouvement de l'univers doit être cherché dans la matière chaude, le principe de la consistance dans la matière froide et dense. C'est à la chaleur qu'il convient d'attribuer la forme ronde, c'est-à-dire cylindrique, non sphérique, de la terre, immobile au milieu de l'univers. Le soleil et les autres astres paraissaient à Diogène de nature poreuse, analogue à la pierre ponce : le feu ou air enflammé en remplissait les pores. Plantes et animaux sont nés de la terre sous l'influence de la chaleur solaire. L'air chaud de la vie parcourt les veines avec le sang et anime tout le corps.

Diogène donne, à ce sujet, une curieuse description du système veineux, tel qu'on l'imaginait alors. Aristote, en son *Histoire des animaux* (III, 2), nous a conservé ce précieux document des connaissances anatomiques[1] d'un Grec du cinquième siècle :

« Telle est la disposition des veines dans l'homme. Il y en a deux grosses; elles traversent le ventre le long de l'épine du dos, l'une à droite, l'autre à gauche; chacune d'elles descend d'une part dans la cuisse qui lui répond ; vers le haut, elles montent à la tête en passant près des clavicules et traversant la gorge. Ces deux veines distribuent des rameaux dans tout le corps, celle qui est à droite dans le côté droit, celle qui est à gauche dans le côté gauche. Les deux grandes se rendent au cœur auprès de l'épine du dos. D'autres veines, qui se trouvent un peu plus haut, traversent la poitrine, et, passant sous l'aisselle, vont chacune à celle des mains qui est de son côté. L'une s'appelle la splénique, l'autre l'hépatique. Leur extrémité se divise : une partie est destinée au pouce, l'autre au poignet :

---

[1]. Le ventricule gauche du cœur, l'aorte, la carotide, le pouls, y sont déjà indiqués. Cf. J.-H. Baas, *Grundriss der Geschichte der Medecin* (Stuttgart, 1876), p. 67.

et de là naissent une multitude de petites veines qui se distribuent dans toute la main et les doigts. D'autres rameaux plus faibles sortent des premières veines ; ceux qui partent de la veine droite vont au foie, ceux qui partent de la veine gauche à la rate, ensuite aux reins. Les veines destinées aux extrémités inférieures se partagent vers l'endroit où ces parties s'attachent au tronc, et elles se répandent dans toute la cuisse. Le rameau le plus fort descend derrière la cuisse où sa grosseur est sensible ; l'autre rameau descend en dedans de la cuisse et a un peu moins de grosseur. De là, ils passent l'un et l'autre le long du genou, à la jambe et aux pieds, de même que les rameaux supérieurs se portent aux mains ; et, parvenus au cou-de-pied, ils se distribuent aux doigts. Des principales veines, il en naît un grand nombre de petites qui se répandent sur le ventre et sur la région des côtes.

« On voit au col les veines qui se portent à la tête, en traversant la gorge ; elles y paraissent grosses, et se terminent auprès de l'oreille ; chacune se divise, à son extrémité, en une multitude d'autres, qui vont à la tête en se portant, celles de la droite à gauche, et celles de la gauche à droite.

Il passe dans le cou une autre veine, de chaque côté le long de la grosse, mais qui est un peu moins considérable ; la plupart des veines de la tête viennent s'y réunir, elles rentrent en dedans, par le gosier, et chacune donne naissance à d'autres qui passent sous l'omoplate et descendent aux mains. On les distingue facilement de la splénique et de l'hépatique dont elles suivent le cours, parce qu'elles ont un volume un peu moins considérable. On ouvre ces veines dans les douleurs qui se font sentir sous la peau ; mais dans celles qui affectent la région de l'estomac, on ouvre la splénique et l'hépatique.

« Ces dernières veines fournissent des rameaux aux mamelles, et d'autres rameaux plus faibles qui partant de chacune, et traversant la moelle épinière, tendent aux testicules. D'autres, qui passent sous la peau, traversent les chairs et vont aux reins, se terminent aux testicules dans les hommes, à l'utérus chez les femmes. Les premières sont plus larges au moment où elles sortent du ventre, elles diminuent ensuite, jusqu'à ce qu'elles se croisent pour passer d'un côté à l'autre : on les appelle spermatiques.

« La partie la plus épaisse du sang est absorbée par les chairs ; ce qui en reste et va se rendre aux différents endroits qui ont été indiqués, est un sang subtil, chaud, écumeux. »

Que ces tentatives des Grecs du sixième et du cinquième siècle pour comprendre et expliquer le monde, toutes fondées sur l'observation générale des phénomènes naturels, loin d'avoir été stériles et inutiles, aient au contraire été précieuses et fécondes pour l'avenir, c'est ce qu'aucune personne instruite n'essaiera de nier. Bien que restée étrangère à l'idée proprement dite de la combinaison, la doctrine atomique, que nous exposerons, représente tout un côté de nos théories moléculaires avec une netteté que l'on n'a guère surpassée[1]. La doctrine des quatre éléments, qui, pendant plus de deux mille ans, a régné à peu près sans rivale dans toutes les parties du monde civilisé, cette doctrine fameuse qu'Empédocle avait enseignée avant Aristote, la science constate qu'elle s'est rapprochée avec le temps des opinions modernes de la chimie sur la combinaison et sur la

1. Marcellin Berthelot, *Chimie organique fondée sur la synthèse*. I, xxxiv et suiv.

formation des corps composés. Enfin, il n'y a pas jusqu'aux éléments premiers et similaires d'Anaxagore, aux homéoméries, où un éminent chimiste de notre époque n'ait reconnu les « germes confus des idées actuelles sur la constitution des corps et sur celles des principes immédiats [1]. »

Il ne faut pas craindre de l'affirmer, au cinquième siècle avant l'ère chrétienne, nos idées générales sur la nature étaient nées en Grèce, les principes fondamentaux de nos sciences étaient connus, notre conception actuelle du monde avait été entrevue.

Voilà quelle a été la première évolution scientifique du génie grec, ce qu'on pourrait appeler les temps héroïques de la philosophie. La liberté et l'audace de la pensée, le coup d'œil sûr et pénétrant, qui démêle les causes et surprend les conséquences, le don de la généralisation et de la déduction scientifiques, tels sont les principaux traits de l'esprit hellénique à ces hautes époques.

[1]. *Ibid.*, p. xxxv. « Au moyen de ces éléments (les quatre éléments d'Empédocle), de ces atomes, de ces parties homogènes (les homéoméries d'Anaxagore), les premiers philosophes naturalistes s'efforçaient de comprendre et d'expliquer l'univers, non sans exciter la surprise des métaphysiciens, qui poursuivaient, par la logique pure, la recherche des causes premières. »

L'école de philosophie déductive, fondée par les Grecs, a donné au monde les éléments de la mathématique et les principes de la logique formelle. L'histoire du matérialisme, telle que l'a conçue Albert Lange, est proprement l'histoire des sciences inductives et déductives. Voilà pourquoi il a écrit en tête de son livre : « Le matérialisme est aussi ancien que la philosophie. » Il ne le croyait pas plus ancien, persuadé qu'il était que les antiques conceptions du monde, cosmogonies et théogonies, n'avaient pu s'élever au-dessus des contradictions du dualisme. C'est une vieille erreur qu'il a partagée avec beaucoup d'autres historiens de la philosophie, plus familiers avec les monuments du monde classique qu'avec ceux de l'antiquité orientale.

Loin d'être un fait primitif dans la conscience humaine, la conception dualiste de l'univers est partout une production de la spéculation philosophique; on n'en trouve point trace, je l'ai montré, dans les cosmogonies sémitiques de la Babylonie et de Ninive que les textes cunéiformes nous ont conservées; au contraire, on y trouve la notion du chaos ou de la matière éternelle, mère universelle d'où sont sortis les cieux, les dieux, les hommes et tout ce qui existe, par voie d'évolution ou de génération spontanée dans le principe humide.

Les conflits de la science et de la religion éclatent de bonne heure en Grèce. On a trop répété que les Grecs n'avaient point de religion d'État, de prêtres ni de théologiens. Il y a là une singulière illusion produite par l'éloignement des temps et le silence des grands écrivains hellènes dont les œuvres sont venues jusqu'à nous. C'est le propre des grands hommes de concilier les tendances contraires de leur époque. On n'aperçoit plus les courants violents qui, sous eux, à de certaines profondeurs, agitaient les masses. La mythologie, qui se montre à nous sous les voiles légers et brillants dont l'ont parée les poètes grecs et romains, n'a jamais été la religion du peuple.

A l'origine, les mythes grecs, comme ceux de tous les peuples, sont nés des opérations inconscientes de l'esprit : ce sont des personnifications de la nature et de ses forces, que l'homme imagine à son image; il met son âme dans les choses, les *anime*, et s'enchante ou s'effraie de ses rêves divins.

Ainsi, la remarque vulgaire que la terre doit sa fertilité à la pluie du ciel s'est transformée en un mythe qui est raconté différemment dans les diverses contrées de la Grèce. A Thèbes, le dieu du ciel, Zeus, épouse Sémélé au milieu des tonnerres et des éclairs : le fruit de cet hymen est Dionysos, représentant de la végétation terrestre. A Argos, Zeus descend sous forme d'une pluie d'or dans le sein de Danaé enfermée dans une chambre (*thalamos*) d'airain : de cette union du ciel avec la déesse tellurique naît Persée, le héros de l'éclair, qui tranche la tête de Méduse, personnification des noires nuées orageuses. Dans l'Eubée et ailleurs, on racontait que Zeus s'était uni avec Héra sur le sommet d'une montagne, et que de cet « hymen sacré » était née Hébé, déesse de la nature printanière.

De même pour le mythe de Phèdre et d'Hippolyte : les Grecs des côtes remarquant que la lune et le soleil alternent au ciel, que l'un se couche et disparaît quand l'autre se lève, dirent que Phèdre, la déesse lunaire, poursuivait d'un amour sans retour le dieu solaire, Hippolyte, qui, au terme de sa course journalière, dételle les coursiers de son char et finit par devenir la proie d'un monstre marin. Quand le laboureur ou le marin des îles se demandaient pourquoi, durant certains mois de l'année, le soleil défaillant n'envoie plus que de pâles rayons à la terre, ou même ne paraît pas du tout, ils se persuadaient qu'Apollon servait chez Admète.

La mythologie grecque présente une foule de mythes analogues : le point de départ est toujours un phénomène cosmique ou terrestre, interprété par l'imagination naïve des anciens hommes et transformé en mythe religieux, en légende héroïque, plus tard en conte populaire. Ces divinités, Zeus et Déméter, Apollon et Artémis, Athéné et Héphaistos, Arès et Hermès n'étaient point, pour les vieux Hellènes, des allégories, des façons de désigner le ciel et la terre, le soleil et la lune, l'éther et le feu du ciel, etc. : c'étaient bien des êtres réels, actifs, tout-puissants, des dieux vivants. Quand il voyait le soleil se lever et se coucher, l'Hellène apercevait bien Apollon sortant de la mer ou descendant sous la vague marine, emporté sur son char par des chevaux de feu. Lorsque, après l'orage, les nues fuyaient et que brillait l'implacable azur des cieux, Pallas Athéné lui apparaissait dans son éclat, un peu dure, tout armée, comme au sortir du front de Zeus, assembleur de nuages. Le vent chassait-il de sombres nuées qui interceptaient les rayons du soleil, c'était Hermès qui volait les troupeaux d'Apollon et les cachait dans une caverne ténébreuse.

De même pour les animaux qui font partie des mythes grecs, et dont la présence dans la religion des anciens Hellènes s'explique par cette circonstance, qu'aux époques reculées de la civilisation, l'homme vivait avec les animaux domestiques dans un commerce de tous les jours et dans une sorte de fraternité. Le Grec de ces temps ne *comparait* point les rayons du soleil, les vagues de la mer et les flots mugissants du torrent aux bœufs et aux chevaux, aux chèvres et aux sangliers : habitué à ne contempler dans la nature que des êtres vivant et sentant comme lui-même, c'étaient bien des vaches qu'il voyait paître dans les prairies du ciel, des chevaux bondir, des chèvres sauter et des sangliers en fureur, brisant et dévastant tout sur leur passage, à la vue de la mer ou des torrents de la montagne.

Le temps dont nous parlons, le temps de la création spontanée des mythes, est l'époque de la toute-puissance, de l'empire sans limite de l'inconscient dans l'humanité. La source de ces mythes est celle même d'où est sortie toute religion naturelle, a très bien dit M. Bursian[1] : ils sont nés du vague instinct d'impuissance, ou tout au moins de dépendance, qui accable l'homme au sein de la nature. Ce sentiment est complexe : la terreur s'y mêle dans une proportion indéfinissable avec un immense espoir en la bienfaisance d'êtres supérieurs et tout-puissants. La race et le climat modifient le sentiment religieux. Chez un peuple aussi hautement doué, dans un pays aussi riche en contrastes et en beautés naturelles que la Grèce, une mythologie d'une exubérante fécondité devait apparaître.

Ainsi, le mythe et la religion ne font qu'un à l'origine. Les anciens mythes naturalistes, et non les mythes historiques, éthiques ou allégoriques des époques postérieures, ont été en Grèce l'expression même des sensations et des idées religieuses du peuple. De dogmes et de systèmes théologiques, point de trace encore. L'individualisme religieux de chaque tribu était absolu, si l'on excepte certaines notions fondamentales communes à toute la

[1]. Conrad Bursian, *Ueber den religiœsen Charakter des griechischen Mythos.* Munich, publication de l'Académie des Sciences.

race indo-européenne, et que les diverses familles aryennes avaient emportées de leur berceau comme un héritage. Les transformations politiques qui, dans le cours des âges, par l'association ou par la conquête, firent des Hellènes une nation, ou du moins une patrie, une civilisation, l'Hellade, achevèrent le mélange et la fusion religieuse des tribus, déjà commencés par l'épopée nationale et la poésie religieuse et didactique des Homère et des Hésiode. En un sens Hérodote a dit avec toute raison que ces poètes « ont fait la théogonie des Grecs ». Pour la première fois, les formes vagues et flottantes des mythes grecs prirent un corps, une forme plastique aux contours arrêtés, un caractère individuel. On transporta dans le monde des dieux les généalogies des familles humaines, les dynasties royales, les institutions de la cité et les mœurs de l'agora. Les poésies homériques devinrent, pour la jeunesse qui les apprenait, une sorte de théologie et de canon liturgique, s'il est permis de s'exprimer ainsi, surtout à propos des Ioniens, toujours si jaloux de la liberté.

Ce qui n'est pas douteux, c'est que des mythes ainsi transformés, ne disant plus rien à la conscience populaire, s'évanouissent, et que l'unité primordiale des mythes et de la religion est dissoute[1]. Ce qui prouve que les besoins religieux du peuple grec n'étaient plus satisfaits par une sorte de religion d'État, de culte officiel, de plus en plus sec et artificiel, ce sont les mystères, les associations et les confréries pieuses de l'époque classique. Ces mystères n'étaient pas un retour à d'antiques révélations religieuses : c'étaient, au contraire, de nouveaux cultes institués par des hommes qui ressemblaient à tous les fondateurs d'ordres ou de dévotions nouvelles, par des prophètes, qui opposaient volontiers aux croyances naturelles une religion révélée, et qui apportaient aux âmes pieuses, dans la pompe des cérémonies nocturnes et dans le mystère des symboles, cet aliment du cœur et de l'imagination dont les foules ont encore plus besoin que de pain.

Et, en effet, c'étaient surtout les petits et les humbles, les gens de peu et les affligés qui se rendaient aux mystères d'Éleusis ou se faisaient initier aux rites orphiques. L'idée mère de ces

[1]. M. Burslan en apporte des exemples bien curieux ; on les trouvera dans son étude.

cultes est une conception pessimiste de l'existence, bien différente de celle des poésies homériques, où Achille dit qu'il aimerait mieux servir sur la terre chez un homme pauvre que de régner sur les ombres des morts. Depuis Théognis, on entend souvent chez les poètes, comme un refrain funèbre, ces paroles désolées : « Le meilleur pour l'homme, c'est de n'être point né; le plus grand bien qui puisse lui arriver ensuite, c'est de mourir le plus tôt possible. » L'écho gémit encore chez Ménandre : « Il meurt jeune celui qu'aiment les dieux. » Des pensées d'une mélancolie si profonde montrent ce qu'il y a d'incomplet et de faux chez les historiens qui ne voient en Grèce qu'un peuple de demi-dieux éternellement en fête. L'homme a souffert, pleuré amèrement sur l'Acropole d'Athènes comme sur les collines de la ville éternelle : la vue même du Parthénon ne l'a point consolé de la douleur de vivre.

Les Hellènes n'étaient pas une nation de libres et gais penseurs : il n'en est point, il n'en a jamais existé de telle, même en Grèce. Partout et toujours le peuple a besoin d'une religion : c'est la seule part d'idéal qui soit faite aux simples et aux malheureux. La plèbe de Milet, de Samos ou d'Athènes croyait infiniment moins aux dieux de l'Olympe, avec leur savante hiérarchie, qu'aux divinités locales et nationales, aux bons vieux dieux de la cité, voire de tel ou tel quartier, dont elle vénérait les images exposées au fond des antiques sanctuaires. Celles-ci n'étaient point de magnifiques œuvres d'art, des dieux d'or et d'ivoire, comme on en vit plus tard : c'étaient souvent de grossières idoles enfumées, des pieux de bois informes et à peine équarris, sortes de fétiches monstrueux, comme en vit encore Pausanias. A coup sûr, les adorateurs de tels dieux n'étaient pas de fins sceptiques. La populace crédule, fanatisée par des prêtres non moins superstitieux, en possession d'une tradition sacrée et de privilèges dans la cité, faisait bonne garde autour des sanctuaires.

Presque tous les libres esprits, Protagoras, Anaxagore[1], Aristote, Stilpon, Théophraste, Théodore l'Athée, et sans doute Diogène d'Apollonie, sans parler de Socrate, qui but la ciguë, du poète

---

1. « Anaxagore avait choqué *l'intolérance religieuse de la démocratie athénienne*, en se passant des dieux du polythéisme hellénique dans sa théorie de l'univers. » Th. H. Martin, *Mém. de l'Acad. des inscr.* xxix, 175.

Diagoras de Mélos, dont la tête fut mise à prix, d'Eschyle, d'Euripide, etc., ont été persécutés ou exilés comme convaincus d'impiété. « Les dieux qu'Aristophane bafouait sur la scène tuaient quelquefois, » a écrit M. Renan. Quelles sont les causes véritables de l'animosité implacable d'Aristophane contre Euripide? Sans prendre la chose au tragique (Aristophane avait trop d'esprit pour rien prendre au tragique), pourquoi, dans les *Acharniens*, dans les *Chevaliers*, dans les *Nuées*, dans les *Guêpes*, dans les *Grenouilles*, bref dans toutes ses comédies connues et dans les fragments de celles que nous ne connaissons pas, Aristophane s'est-il complu à parodier le théâtre de celui qu'Aristote, dans sa *Poétique*, appelle « le plus tragique des poètes, » et que Racine a tant imité? Pourquoi, non content de se moquer du poète, Aristophane a-t-il livré à la risée des Athéniens les parents d'Euripide, la vie privée de l'ami de Socrate et jusqu'à ses prétendues infortunes matrimoniales?

Un pareil acharnement, chez un écrivain qui n'était pas un rival, ne s'explique que par une antipathie inconsciente, et partant insurmontable. Aristophane, on le sait, était une de ces puissantes natures d'une simplicité robuste et tout antique, d'un bon sens étroit, au large rire, épanoui et moqueur. Euripide, lui, ne riait guère, même en ses drames satyriques : c'était avant tout un sophiste dans le bon et vrai sens du mot, un philosophe, un savant, un homme d'étude, de méditation prolongée et d'analyse psychologique.

Contempteur des sciences et de la philosophie à la manière des conservateurs de tous les temps, Aristophane était l'homme du passé, le gardien jaloux des mœurs et des idées des ancêtres, le patriote entêté de la grandeur d'Athènes et de la gloire de ses eupatrides. Il évoquait volontiers le souvenir des temps d'Aristide et de Cimon, et ne se lassait point d'exalter la vieille poésie de Simonide et d'Eschyle. En politique, le gouvernement de Solon était son idéal. Euripide était l'homme des temps nouveaux, dédaigneux des croyances et des institutions anciennes, non moins sceptique à l'endroit des dieux qu'à celui de la patrie, et cependant penseur sentimental et chimérique, épris d'un vague idéal de démocratie et de cosmopolitisme.

L'accusation capitale lancée par Aristophane contre Euripide était celle d'impiété. On sait ce qu'avait de grave, de vraiment tragique, une telle accusation, chez ces Athéniens du grand siècle qu'on nous a si souvent dépeints comme un peuple de sceptiques et de libres penseurs. Ils avaient accompli naguère de trop grandes choses pour être si tôt devenus des gens du bel air. Des hommes d'esprit ne se seraient point fait tuer à Marathon. Les héros ont en général très peu d'idées.

D'ailleurs, moins la religion, presque toute en cérémonies liturgiques, avait de racines profondes dans l'âme des Athéniens, moins elle supportait la discussion ou l'examen. Aristophane n'était certes pas un grand théologien : s'il croyait comme tout le monde à l'existence des dieux, il n'y avait sans doute jamais réfléchi. Cependant il n'eût pas souffert qu'on l'accusât d'impiété, lui qui, dans les *Oiseaux* ou dans les *Grenouilles,* traitait le noble Héraclès comme un autre Ésaü, comme un stupide et vorace glouton, qui, pour un bon plat, perdrait l'Olympe. C'était là, on le comprend, une pieuse licence reçue des honnêtes gens, et qui rappelle les libertés que prenaient nos aïeux avec Dieu et ses saints : mais Euripide n'a point fait pis dans *Alceste.* Que dire du Dionysos efféminé, fanfaron et lâche, des *Grenouilles?* Qu'on songe aussi à la piteuse mine qu'avait Hermès à la fin du *Plutus.* C'étaient là, je le répète, jeux de dévots en gaieté : nul ne doutait de l'existence des dieux.

Mais qu'un philosophe s'avisât, comme Euripide après tant d'autres, d'interpréter les mythes en physicien et de résoudre les croyances religieuses en leurs éléments naturels, — Zeus en éther, Déméter en terre, Aphrodite en force génératrice, etc., — voilà qui scandalisait les dévots d'Athènes. Quant à Euripide, il est plus facile de dire ce qu'il ne croyait pas que ce qu'il croyait : l'exemple d'Anaxagore l'avait rendu prudent. Ces dieux qu'il méprisait ou qu'il se figurait tout autrement que le vulgaire, il ne laissait pas de les faire paraître dans ses tragédies sous les formes traditionnelles de la mythologie populaire.

Euripide était un poète érudit : c'est surtout dans les livres de sa bibliothèque (une des premières que l'on mentionne) qu'il a puisé ce qu'il savait de la vie et des hommes, savoir amer, qu'on prend trop volontiers pour de la misanthropie ou de la bizarrerie. Un railleur d'un bon sens robuste comme Aristophane avait beau jeu à se moquer des théories philosophiques et cosmologiques d'un disciple de ces graves penseurs d'Ionie que nous appellerions aujourd'hui des physiciens et des physiologistes. On s'étonne que les préoccupations scientifiques reparaissent partout et toujours chez Euripide. Mais, mordez une fois au fruit de l'arbre de science : vous éprouverez qu'aucune de vos pensées, aucun de vos sentiments ne sauraient plus être ce qu'ils étaient avant.

Ceux-là seuls qui, comme Aristophane, sont étrangers aux spéculations de la science, c'est-à-dire à une conception systématique des choses, ne comprennent point ce que de telles préoccupations viennent faire dans une tragédie ou dans une œuvre d'art quelconque. J'avoue que les poètes sont rarement préparés à entendre un Anaxagore. S'ils le comprennent mal, ils deviennent fous à lier, et les contemporains comptent à bon droit, au nombre des fléaux et des malheurs publics, les préfaces et autres élucubrations de ces écrivains dévoyés. Mais ce n'était point le cas d'Euripide : celui-là avait compris à merveille les théories de ses maîtres, et si les fragments mêmes de ceux-ci avaient péri, on retrouverait presque toute leur doctrine dans les beaux vers du grand poète tragique.

Bref, Athènes eut bel et bien l'inquisition. Il y avait une orthodoxie religieuse dans l'Athènes de Périclès comme dans le Paris de Voltaire, et, bien des siècles avant qu'on brûlât sur les marches du Palais les écrits des philosophes du dix-huitième siècle, on brûla sur l'agora d'Athènes les livres des Protagoras.

Sans doute il faisait meilleur vivre au sein des opulentes cités ioniennes des côtes de l'Asie Mineure, ou dans les colonies doriennes de la Sicile et de l'Italie méridionale. Le commerce et les alliances politiques avec les vieilles monarchies de la Lydie et de la Phrygie, toutes pénétrées des usages et des mœurs des grands empires de la Mésopotamie, avaient de bonne heure initié les Ioniens à toute sorte de raffinements de pensée et de politesse. Chez les riches marchands grecs de Milet, d'Éphèse ou de Samos, dans la bourgeoisie élevée d'où sortirent Thalès, Anaximandre, Héraclite, Pythagore, on était volontiers sceptique, d'une ironie enjouée et fine, à l'endroit des croyances religieuses du vulgaire. On voyageait beaucoup dans tout ce monde grec des îles ; à parcourir la terre, à visiter l'Égypte et les pays de l'Euphrate et du Tigre, on se formait le jugement, on acquérait cette conviction, — qui bouleversa tant d'âmes à l'époque des croisades, — qu'il y a sur la terre une multitude de religions, une grande variété de mœurs, toutes également fondées en apparence, si bien que très probablement aucune n'est vraie. D'ailleurs nul esprit de propagande ni de prosélytisme chez ces libres penseurs ioniens du sixième siècle. Comparés aux philosophes athéniens du cinquième et du quatrième siècle, si militants, ils présentent presque la même opposition que les penseurs anglais du dix-septième siècle et les philosophes français du dix-huitième.

Dans un tableau complet de la pensée des Hellènes, la fameuse question de l'origine, indigène ou étrangère, de la philosophie grecque, ne pourrait guère être tout à fait négligée.

C'est une question de savoir si les diverses formes de civilisation humaine, apparues successivement dans le temps et dans l'espace, dérivent toutes de quelque forme élémentaire, ou si elles sont nées en quelque sorte spontanément et indépendamment les unes des autres. Aussi loin qu'il nous soit donné de remonter le cours des âges, quand nous apercevons, comme des oasis au milieu du désert, les empires d'Égypte, de Babylonie et de Chine, quand nous découvrons les premiers monuments de l'industrie humaine aux époques préhistoriques, les races humaines sont déjà sorties, depuis d'énormes périodes, de ce qu'on appelle les commencements de la civilisation.

La raison admet sans peine que, comme les langues, les différentes formes de culture soient une production particulière du génie de chaque race. Mais, quoi qu'en ait dit Hegel, tout ce qui est rationnel est loin d'être toujours réel, et il se pourrait que cette doctrine historique eût le sort de celle qui enseignait naguère encore l'existence des centres de création. Le langage, qui remonte bien plus haut que l'industrie et la civilisation dans l'histoire de l'évolution de l'humanité, a les raisons de sa diversité originelle dans les différences organiques de la constitution psychique des races. Mais il semble bien que la culture proprement dite des peuples civilisés, l'industrie, les arts et les sciences, ait été transmise de proche en proche sur toute la terre habitée. En tous cas, les dernières découvertes de l'archéologie paraissent favorables à cette hypothèse.

Certes, s'il a jamais existé une race capable de créer une industrie, un art, une science, à la ressemblance de son génie, c'était celle des Hellènes. Cependant on sait que ce peuple a reçu des nations plus vieilles, de la Phénicie, de l'Assyrie et de l'Égypte, avec les procédés techniques et matériels, les premiers modèles de ses arts et les observations les plus anciennes, sur lesquelles ont pu s'élever les théories de ses savants. Sans doute, l'art et la science grecs n'en sont pas moins des œuvres d'une haute originalité. En tant qu'il n'y a de science véritable que du général, les Grecs sont bien plus les ancêtres spirituels de Copernic, de Kepler, de Galilée, de Newton et de Laplace, que les prêtres de Babylone et de l'Égypte. Toutefois, il ne convient plus de traiter avec dédain les générations innombrables d'obscurs ouvriers qui, par la lente accumulation des faits observés et notés au passage, dans les vallées du Nil et de l'Euphrate, ont préparé la voie où sont plus tard entrés les Hellènes et, à leur suite, les nations du monde moderne.

L'histoire des sciences démontre que ceux qui découvrent les lois des phénomènes, augmentent bien rarement les connaissances empiriques qui servent de bases à ces hautes généralisations. Aristote, et sans doute Démocrite, qui ont été le Bacon et le Spencer de leur siècle, en sont d'éclatants exemples. Il serait facile de montrer que, si le Stagirite a écrit l'encyclopédie des sciences de son temps, il ne les a point fait progresser. Ses disciples, et surtout les savants d'Alexandrie, ont fait infiniment plus à cet égard. Mais les fondements de la science grecque, comme ceux de toute science connue, plongeaient dans les profondeurs mystérieuses des sanctuaires de l'Égypte et de la Chaldée. De là l'intérêt des recherches historiques qui essaient d'établir dans quelle mesure une race, une nation, ont influé sur une autre race, sur une autre nation, au milieu de quelles circonstances des peuples de génies si divers se sont rencontrés, à quelle époque et dans quelles parties de la terre les civilisations souvent les plus hétérogènes se sont pénétrées d'une manière consciente ou inconsciente.

Tout d'abord, il convient de rappeler que, loin de dissimuler ce qu'ils devaient aux barbares, les

Grecs étaient plutôt enclins à exagérer la sagesse des brahmanes, celle des mages ou des prêtres égyptiens. Les hypothèses aventureuses de quelques érudits modernes, tels que Gladisch et Rœth, qui prétendent retrouver dans la philosophie des Grecs un écho des doctrines égyptienne, juive, indienne et chinoise, ont bien dépassé les rêveries des philosophes néo-pythagoriciens et néo-platoniciens, sans parler des juifs et des chrétiens d'Alexandrie, pour qui la culture hellénique n'était guère qu'une contrefaçon naïve des révélations redoutables de la sagesse orientale.

Mais il faut se rappeler que déjà Hérodote faisait venir d'Égypte en Grèce, non seulement certains cultes et certaines doctrines, tels que le culte de Dionysos et la croyance à la transmigration des âmes (II, 49, 123) : il soutenait que les Grecs avaient emprunté aux Égyptiens les noms de la plupart de leurs divinités ! Les prêtres égyptiens, qui avaient fait ces contes à l'historien d'Halicarnasse, n'en restèrent point là : outre les mythes et les légendes religieuses, ils avaient donné aux Hellènes leur science et leurs lois. Ils racontaient, au dire de Diodore, pour l'avoir lu sur leurs papyrus, qu'Orphée, Musée, Homère et bien d'autres étaient venus dans la vallée du Nil, où l'on montrait même encore leurs reliques; que Pythagore leur devait sa géométrie, sa doctrine des nombres et sa foi en la métempsychose; Démocrite, ses connaissances en astronomie; Lycurgue, Solon et Platon, leurs lois et leurs constitutions politiques [1].

Que les peuples de l'Inde ancienne aient été en rapport avec les nations civilisées de l'Asie, les voyages des Phéniciens aux Indes, qui peuvent remonter au douzième siècle, et les connaissances astronomiques venues de la Chine en témoignent d'abondance. Bien que les noms des Babyloniens et des Chaldéens soient demeurés inconnus aux anciens Indiens, quelques éléments de leur culture ont dû pénétrer dans la grande péninsule de l'Asie méridionale. Lassen cite même des faits qui expliquent, dit-il, comment certaines doctrines de l'astrologie chaldéenne ont pu être communiquées aux Indiens dès les temps les plus lointains [2]. Mais, à ces hautes

---

1. Ed. Zeller, *Die Philosophie der Griechen*, I, 20-21, 25, 29, 39.
2. Christian Lassen, *Indische Alterthumskunde*. Zweite verbesserte und sehr vermehrte Auflage (Leipzig, 1867-1874), p. 1028-1034.

époques, les Hellènes ignoraient sûrement jusqu'au nom de leurs frères aryens de l'Inde. Le plus ancien écrivain grec qui, après Scylax, ait cité le fleuve Indus et plusieurs peuples de l'Inde, Hécatée de Milet, est né peu avant l'époque du bouddha Çâkyamouni. Éd. Zeller a fait justice, avec la critique moderne, des prétendus voyages de Pythagore au pays des brahmanes : c'est une fable des alexandrins. Quant à l'accord que l'on a cru découvrir entre la philosophie indienne, qui d'ailleurs est si peu connue, et celle de telle école de penseurs grecs, Lassen montre combien de pareils rapprochements sont arbitraires : il admet que les deux peuples ont trouvé leurs systèmes et leurs doctrines d'une manière indépendante.

Gladisch a rapproché la philosophie des Éléates de la philosophie védanta. Mais, ainsi que l'a remarqué Zeller, quoique cette philosophie enseigne que tout phénomène est une illusion et que la divinité seule est réelle, il s'en faut qu'elle nie la pluralité et le devenir avec la rigoureuse conséquence d'un Parménide. Cette doctrine a bien plus d'affinité avec le néo-platonisme qu'avec la doctrine éléatique de l'Être. Puis, la philosophie védanta n'est qu'une des nombreuses écoles philosophiques de l'Inde, une œuvre de réflexion avancée. La doctrine primitive de l'Inde, l'ancienne dogmatique de la religion brahmanique est tout autre. Son panthéisme naturaliste n'a rien encore de cette manière négative d'envisager le monde des phénomènes [1].

Bien loin que les Hellènes aient emprunté à l'Inde leurs connaissances les plus sublimes, c'est l'Inde qui a reçu de la Grèce les éléments mêmes de sa haute culture scientifique. Disons-le tout de suite : ce n'est pas seulement l'astrologie indienne, c'est aussi l'astronomie qui est dérivée de la science grecque antérieure et postérieure à Ptolémée. « Quand, chez un peuple qui n'a jamais su observer, a écrit M. Barth [2], qui n'a point de chronologie positive et bien reliée pour une époque tant soit peu ancienne, et qui jusque-là n'a eu qu'une astronomie grossière et totalement différente, on trouve tout à coup, plus ou moins exactes, plus ou moins bien comprises, l'évaluation des révolutions planétaires, celle de la précession des équinoxes, celle des inégalités périodiques et jusqu'aux construc-

1. E. Zeller, I. l., p. 3, de la 3ᵉ édit.
2. *Revue critique*, 21 mars 1874.

tions géométriques par lesquelles le génie d'Hipparque réussit presque à expliquer ces dernières, il ne reste qu'une chose à faire : — chercher à qui ce peuple a pris toutes ces choses qu'il n'a certainement pas trouvées de lui-même. » Le savant indianiste que nous venons de citer n'en doute pas : c'est à la science grecque que les Indiens ont été redevables de leurs connaissances supérieures en astronomie. Il ne suit pas, d'ailleurs, que cet emprunt ait été fait directement et d'un seul coup. M. Barth estime qu' « il est plus naturel d'admettre une infiltration lente de cette science exotique, s'opérant à travers cette longue période pendant laquelle nous voyons des ambassadeurs grecs résider aux cours indiennes, des comptoirs grecs s'échelonner sur les côtes, des rois grecs ou imbus d'idées grecques régner sur des provinces considérables et employer la langue grecque sur leurs monnaies, et où il n'était peut-être pas une cour indigène qui n'eût à son service quelque astrologue grec ou plutôt formé à l'école des Grecs, un de ces yavanâcâryas dont le nom est resté avec le souvenir. » On obtient ainsi, pour l'introduction de ces nouveautés dans l'Inde, un espace de plusieurs siècles jusqu'à l'époque d'Hipparque, et même au delà pour quelques-unes d'entre elles, telles que l'évaluation de l'année sidérale donnée par le Sûryasiddhânta, « évaluation qui n'est pas tout à fait la même que celle d'Hipparque et de Ptolémée, mais qui tient à peu près le milieu entre la leur et celle des Chaldéens, et qui, par conséquent, aurait pu à la rigueur arriver dans l'Inde, ainsi que les valeurs des révolutions planétaires, directement de Babylone, soit après, soit même avant Alexandre. »

Ce n'est qu'après l'expédition du conquérant macédonien que les Grecs possédèrent quelque connaissance véritable de l'Inde. Dans le tumulte des camps et au milieu des marches forcées, remarque très justement Lassen [1], les compagnons d'Alexandre n'avaient guère le loisir d'observer les coutumes et d'étudier les doctrines des Indiens. En outre, dans les parties de la péninsule que conquit Alexandre, la loi et les pratiques du brahmanisme n'étaient pas observées et suivies avec la même sévérité que dans l'intérieur du pays. Les Grecs de l'expédition durent se contenter de noter ce qui les

---

1. *Indische Alterthumskunde*, II, 626 et suiv.

avait plus particulièrement frappés. Seul, Mégasthène, qui avait séjourné dans la capitale du plus puissant des rois de la contrée à cette époque, a laissé une description assez exacte du pays et dépeint avec une rare pénétration la religion, les lois, les institutions et les mœurs des Indiens. Les voyageurs postérieurs ont peu ajouté à ce que Mégasthène avait appris aux Hellènes.

Il convient d'abord de considérer les temps qui ont précédé Alexandre. On sait que dans les plus anciens monuments de la littérature grecque, dans les poèmes homériques, les Éthiopiens sont un peuple qui habite aux « extrémités de la terre » : les uns demeurent où le soleil se couche, les autres où il se lève (*Odys.*, I, 22-24). Lassen pense que les Éthiopiens orientaux de ces poèmes peuvent être les Indiens, que les Grecs ne connaissaient pas encore par leur nom. Et de fait, les Hellènes ont attribué plus tard encore maintes choses aux Éthiopiens, qui appartiennent en propre aux Indiens. Ainsi, entre les fables où les animaux parlent et agissent, fables que l'on croit originaires de l'Asie centrale, et les fables dites d'Ésope, il y a longtemps qu'on a découvert les affinités les plus intimes. Or, c'est en Assyrie que la tradition grecque la plus authentique place l'inventeur des fables. « La fable, ô fils du roi Alexandre, — lit-on dans le recueil des fables ésopiques de Babrius, — est une antique invention des Syriens, — qui vivaient sous Ninus et Bélus. — Le premier, dit-on, aux enfants des Hellènes, — le sage Ésope récita ses fables. » Ce qui paraît bien indiquer que celles-ci sont, en effet, venues de l'Assyrie aux Hellènes, c'est qu'Ésope est appelé tantôt Lydien, tantôt Phrygien, et que l'Asie Mineure a été la route ordinaire qu'a suivie la culture des empires du Tigre et de l'Euphrate pour arriver aux Hellènes.

Mais tous ceux qui connaissent la tournure d'esprit des Assyriens n'admettront guère que ces rudes et lourdes populations aient inventé ces ingénieux petits poèmes, d'une finesse souvent si spirituelle : ils ont pu passer par l'Assyrie avant de pénétrer en Lydie et en Phrygie, et de là dans l'Hellade, mais sûrement ils venaient de plus loin. Or le peuple qui a produit le Pantchatantra paraît le seul qui, en Orient, ait pu créer ce genre [1]. Le plus ancien

---

1. A. Wagner, *Essai sur les rapports qui existent entre les apologues de l'Inde et les apologues de la Grèce*, dans les *Mémoires des savants étrangers de l'Académie de Belgique*, t. XXV.

exemple d'une fable grecque, qui se retrouve également dans l'Inde, figurant dans les fragments d'un poème d'Archiloque, on voit que, dès le huitième siècle, le commerce intellectuel dont nous parlons avait déjà commencé entre les deux nations.

Le premier Grec qui ait visité l'Inde et écrit une relation de son voyage est Scylax de Caryanda. Hérodote raconte (IV, 44) comment il s'embarqua avec ses compagnons, sur l'ordre de Darius, vers 509, pour reconnaître le cours de l'Indus : il partit de la ville de Kaspatyros, ou mieux, comme écrit Hécatée, de Kaspapyros, de Kaschmir, descendit l'Indus, parvint à la mer, cingla vers le couchant et releva en moins de trente mois les côtes de la Gédrosie et de l'Arabie. C'est du livre de Scylax qu'Hécatée de Milet, né en 549, tira ce qu'il a su de l'Inde. Pour Hérodote, qui puisa à la même source, mais emprunta aussi quelques notions aux Perses (III, 105), les Indiens habitent à l'extrême Orient. L'Inde est, dit-il, du côté de l'aurore, le dernier pays habité, et ses quadrupèdes, ses oiseaux sont beaucoup plus grands que partout ailleurs, hormis les chevaux. De plus, elle a de l'or à profusion. Il s'y trouve des arbres sans culture, donnant pour fruit de la laine (du coton) plus belle et de meilleure qualité que celle des brebis; les Indiens font usage de vêtements que leur fournissent ces arbres[1]. On remarquera, à propos de ce que nous avons dit plus haut de l'identité probable des Éthiopiens orientaux homériques avec les Indiens, qu'Hérodote parle d'Indiens dont la peau est noire comme celle des Éthiopiens[2] et qu'il dit également de l'Éthiopie qu'elle est « la dernière des contrées habitées », qu'elle abonde en or ainsi qu'en productions d'une beauté et d'une taille merveilleuses.

Nul doute qu'il ne faille voir, avec Lassen, dans ce passage d'Hérodote, la plus ancienne mention faite en Occident de brahmanes anachorètes : « Ces Indiens ne mettent à mort rien qui ait vie; ils n'ensemencent point; ils n'ont pas coutume de posséder des maisons, mais ils mangent certaines plantes et ils ont un grain en cosse, gros comme

---

1. III, 98, 106 cf. VII, 65.
2. Il s'agit ici des races aborigènes de l'Inde, races anthropophages, qui tuaient et mangeaient les malades et les vieillards. Hérodote parle aussi des tribus ichthyophages des marais de l'Indus. Tout cela est exact.

du millet, que la terre produit spontanément : ils le récoltent, le font bouillir dans sa cosse et s'en nourrissent. Celui qui tombe malade s'en va dans le désert et s'y couche ; nul ne s'inquiète s'il est mort ou vivant » (III, 100). On ne peut méconnaître dans ce récit les Vânaprastha qui se retiraient dans la forêt pour y vivre de racines et de fruits, et, loin des hommes, se vouaient jusqu'à la mort aux pratiques de l'ascétisme et de la contemplation.

Ctésias, qui composa son livre après être revenu en Grèce (398 avant J.-C.), sans le secours d'Hérodote ni des autres voyageurs antérieurs, semblait devoir laisser à la postérité les plus sûrs renseignements sur l'Inde. A la cour d'Artaxerxès Mnémon, dont il fut le médecin, Ctésias put non seulement interroger les Perses sur les nations de cette partie du monde, mais les Indiens eux-mêmes, car il témoigne en avoir vu quelques-uns de race aryenne. Malheureusement les extraits de son ouvrage, qui sont seuls venus jusqu'à nous, ont été faits vers le milieu du neuvième siècle, par un érudit byzantin, le patriarche Photius, avec une prédilection si vive pour le merveilleux, qu'il est impossible de juger en connaissance de cause la valeur véritable de l'ouvrage original. Je n'ai pas l'intention, qu'on le croie bien, de réhabiliter Ctésias. Il a certainement abusé de la crédulité naïve de ses concitoyens : mais il venait de si loin !

Ctésias a fort exagéré l'étendue géographique de l'Inde, et il a eu le tort de répéter, après Hérodote, que les Indiens habitaient à l'extrémité de la terre. Des fleuves de la péninsule, il ne connaît guère que l'Indus. Ce qu'il rapporte de la grandeur apparente du soleil dans l'Inde, de la chaleur et de l'absence de pluie, est de pure fantaisie : on sait que les pluies, au contraire, tombent dans l'Inde à des époques régulières. Il a du moins connu ces effroyables orages de l'Inde qui ressemblent à des convulsions de la nature en travail, et qui, mieux que tous les livres, expliquaient à Eugène Burnouf le caractère de la religion et de l'art des Hindous.

Ce que Ctésias a raconté des minéraux et des métaux, de la flore et de la faune de l'Inde est à l'avenant, du moins dans les extraits de Photius. Il serait bien étrange qu'il n'ait relaté que des merveilles, lesquelles tiennent une grande place dans son livre, et qu'il eût oublié de décrire les productions ordinaires de l'Inde. Ce fait peut s'expliquer si l'on songe que les écrivains classiques qui nous ont conservé des passages de ses écrits, ont dû s'attacher de préférence à ce qu'ils rencontraient d'extraordinaire et de merveilleux dans les récits du médecin d'Artaxerxès. Tandis que Ctésias parle fort au long d'animaux prodigieux et fantastiques, comment n'aurait-il rien dit des animaux utiles ou redoutés, des vaches, des lions, etc.? Or, il n'est pas douteux que son œuvre a contribué aux progrès de la zoologie grecque. Le fondateur de cette science, Aristote, s'est servi de sa relation de la faune indienne. On pourrait citer, telle observation d'une parfaite exactitude, relative à la femelle de l'éléphant, par exemple, qui était nouvelle en Grèce quand Ctésias la publia.

Les descriptions des différents peuples de l'Inde sont également mêlées de vérité et de fiction. Toutefois, il n'avait pas plus inventé que Scylax l'existence de ces tribus fabuleuses, sortes de gnomes grotesques et monstrueux, que l'on retrouve dans les grandes épopées de l'Inde, le Râmâyana et le Mahâbhârata. Ctésias tenait ces contes populaires des Perses, auxquels les Indiens les avaient apportés. En revanche, Ctésias a le premier, chez les

Grecs, eu connaissance de la terre sainte des Uttara Kuru; on ne trouve chez lui aucune mention des Hyperboréens, qui répondaient aux Uttara Kuru. Mais ce qu'il a rapporté des peuples réels de l'Inde a naturellement une haute importance. Ainsi il parle d'un peuple noir qui habitait au-dessus de la source du fleuve Hyparchos, c'est-à-dire, vraisemblablement, du Gange ; ces hommes passaient leur vie dans la paresse, ne mangeaient pas de blé, et ne vivaient que du lait de leurs troupeaux de vaches, de chèvres et de brebis. Lassen a trouvé ce fait intéressant, parce qu'il prouve qu'à cette époque, sur le haut Gange, ou mieux dans l'Himâlaya, existaient encore quelques-unes de ces noires tribus aborigènes dont parle la grande épopée indienne.

A la même race appartenaient ces noirs *Cynocéphales* des sources du Gange et de l'Inde méridionale, presque dénués de toute industrie, qui habitaient dans les cavernes et se nourrissaient surtout des fruits de la terre et du lait des animaux. Ils savaient pourtant tanner les peaux de bêtes et s'en confectionnaient des vêtements. Ils possédaient de grands troupeaux d'ânes, de chèvres et de moutons. Bons chasseurs, d'ailleurs, et habiles à tirer de l'arc, ils torréfiaient en l'exposant au soleil la chair des animaux abattus. A l'abri des guerres et de la conquête dans leurs montagnes inaccessibles, ils apportaient chaque année des tributs ou des présents aux rois indiens de race blanche ou aryenne En échange, on donnait à ces peuplades de la farine d'orge, des vêtements de coton, des flèches, des épées et des boucliers. Le nom indien de ce peuple, *Çunamukha*, « visage de chien », ne s'est conservé que dans un écrit encore inédit. C'était un terme de dédain donné par les conquérants à ces noirs aborigènes, car le chien était chez les Indiens un animal méprisé, et le nom de *Çvapâka*, « nourrisseurs de chiens », désignait une des plus basses castes.

En somme, Ctésias n'a vu l'Inde qu'à travers la Perse ; c'est de la bouche des Perses, non de celle des Indiens, qu'il a recueilli les récits de son livre, si bien que même les noms étrangers qu'il a cru indiens sont souvent perses. Quand on prend garde au détour que ces récits ont fait pour parvenir de l'Inde dans la Grèce, on s'étonne presque qu'ils n'aient pas été plus déformés. Il est incontestable que l'auteur a brodé maintes histoires. Cependant cet heureux médecin a mérité qu'un savant comme Lassen, après plus de deux mille ans, témoignât pour lui, auprès des doctes, qu'il a bien mérité de l'histoire par ses descriptions assez complètes des productions de l'Inde occidentale et celles des mœurs et coutumes de ses habitants. Sans doute il en disait plus long dans son livre, mais cet ouvrage ne fut plus guère lu quand les conquêtes d'Alexandre eurent doté les Grecs de meilleurs écrits sur les contrées, les peuples et la civilisation de l'Inde.

Un fait qui témoigne bien plus de l'influence de l'Orient sur les commencements de la culture hellénique que tous les voyages plus ou moins légendaires des philosophes grecs, c'est que l'esprit scientifique s'est éveillé en Ionie, à l'est du monde grec, dans des cités en rapport avec l'Égypte, la Phénicie, l'Assyrie et la Perse. Que, dans le domaine de la mathématique, de l'astronomie en particulier, — pour ne rien dire ici des arts et de la civilisation matérielle[1], — ces nations eussent sur les Hellènes une avance de longs siècles, personne ne le conteste plus.

1. Voyez nos *Études historiques sur les religions, les arts, la civilisation de l'Asie occidentale et de la Grèce.*

Et cependant, en dépit de toutes ces influences croisées, la philosophie grecque n'est pas moins originale que l'art grec. C'est que les matériaux d'une science ne sont pas la science. Toutes les observations sidérales des Chaldéens n'ont peut-être jamais constitué une astronomie. Les germes féconds du savoir humain qui, de divers côtés, furent portés en Grèce, y rencontrèrent un sol propice; ils s'y développèrent, avec une vigueur incomparable, en une végétation géante. N'est-ce pas précisément dans la mathématique, dont les Hellènes avaient reçu du dehors les premiers éléments, qu'ils ont dépassé tous les peuples anciens ? Les spéculations sur l'origine et la substance de l'univers ne pouvaient prétendre à la solidité durable des résultats obtenus dans cet ordre de science. La même méthode, appliquée à des faits si différents, devait conduire ici à des progrès certains, là à des errements sans fin. Après les admirables conquêtes des mathématiques au dix-septième siècle, l'influence de cette discipline sur les systèmes de Descartes, de Spinoza et de Leibnitz a eu un effet analogue : ces systèmes ont eu du moins le mérite de délivrer le monde moderne des chaînes de la scholastique.

En Grèce aussi, les cosmogonies philosophiques et les explications naturalistes de l'univers ont dissipé les nuages mystiques qui planaient à l'origine sur le chaos et introduit, dans le domaine propre de la raison et de l'observation, des faits et des idées jusqu'alors abandonnés aux prêtres et aux poètes. L'origine de cette grande révolution de l'esprit humain doit être cherchée dans la contemplation réfléchie de l'univers.

CHAPITRE IV

DÉMOCRITE ET L'ATOMISME.
LES SOPHISTES ET LES CYRÉNAIQUES

I

Le progrès le plus considérable peut-être qu'on ait fait en aucun temps dans l'explication de la nature est dû à une philosophie, sans doute très ancienne, — la philosophie atomistique, — élaborée par Leucippe, mais portée par Démocrite au plus haut point de généralisation, de rigueur savante et de conséquence logique.

C'est un des coups de génie de Bacon de Vérulam d'avoir reconnu sans hésiter l'importance capitale de l'œuvre de Démocrite dans l'histoire de l'esprit humain; il lui a rendu, parmi les philosophes grecs, la première place si longtemps usurpée par Socrate, Platon ou Aristote. Comme Thalès et Pythagore, Démocrite d'Abdère est sorti de la bourgeoisie riche et éclairée des colonies grecques orientales. Qu'aux lointains rivages de la Thrace un Hellène du cinquième siècle ait acquis le prodigieux savoir encyclopédique que toute l'antiquité accorde à Démocrite, voilà qui excite encore moins de surprise que d'admiration. Ici le doute n'est point possible; quoique au temps de Simplicius les écrits du vieux maître fussent déjà perdus, Aristote, Théophraste, Eudème, les avaient sous les yeux. Le Stagirite, un adversaire, le cite sans cesse, et toujours avec révérence. Il est probable qu'en ses études sur la nature, il lui est souvent arrivé d'emprunter à Démocrite sans le nommer. De tous les philosophes grecs, aucun n'a surpassé Démocrite en savoir et en génie : mathématique, sciences naturelles, éthique, esthétique, grammaire, etc., il possédait cet ensemble des connaissances humaines qu'on admire tant chez Aristote. A en juger par les fragments, ses livres de physique paraissent avoir été nombreux : c'est là qu'on trouvait ses principales idées philosophiques, exposées dans une langue claire, sobre, élégante, et qui, en sa simplicité, avait si grande allure, que les critiques anciens plaçaient à cet égard Démocrite à côté de Platon.

Ce n'est pas seulement la doctrine atomistique

moderne qui remonte à Démocrite : les principes les plus élevés et les plus généraux de notre physique, l'idée grandiose d'une explication purement mécanique de l'univers, le sentiment de la nécessité et de l'aveugle fatalité des lois de la nature, mettant à néant toute téléologie, maintes analyses des sensations et de la conscience que professe la psychologie expérimentale contemporaine, et sans doute quelques-unes des hypothèses évolutionnistes de notre époque, ont aussi été introduits dans le monde par le philosophe d'Abdère. Pour s'en convaincre, il suffirait d'ouvrir le grand recueil de Mullach [1], et de commenter les principaux fragments de Démocrite. Ce n'est pas qu'on ignore communément ce fait; toutefois, les moins prévenus sont si portés à ne voir la philosophie antique qu'à travers Socrate, Platon et Aristote, qu'il peut n'être pas tout à fait inutile de rappeler brièvement quelques points de la doctrine du vieux maître.

Rien ne vient de rien et ne se perd en rien, μηδέν τ' ἐκ τοῦ μὴ ὄντος γίνεσθαι καὶ εἰς τὸ μὴ ὂν φθείρεσθαι.

---

1. *Fragmenta philosophorum græcorum*. I, 330 et sqq.

Dire que rien ne se crée et que rien ne se perd de ce qui existe dans l'univers, si bien qu'à travers toutes les transformations résultant de la rencontre ou de la séparation des éléments la quantité de substance reste la même, c'est énoncer les deux propositions fondamentales de la physique moderne, l'indestructibilité de la matière et la conservation de la force [1]. Il était réservé à d'autres temps de découvrir toute la portée de ce principe, et d'y reconnaître la loi générale des forces mécaniques et moléculaires, l'axiome qui domine la physique, la chimie et la biologie. Mais, dès la haute antiquité hellénique, l'idée de la persistance de ce qui est, de ce que l'on considère comme le principe des choses, quel qu'il soit, apparaît chez tous les penseurs.

D'après Thalès, ce principe est l'eau ; c'est, pour Anaximandre, une substance indéterminée ; selon Héraclite, c'est le feu primordial où s'abîment et d'où renaissent périodiquement les mondes. Parménide niait, avec autant de force que Leucippe

---

[1]. Anaxagore, et tous ses prédécesseurs de l'école d'Ionie, posait également en principe que rien ne sort du néant et que rien n'y rentre, V., dans Mullach, *Fragm.* xvii.

et Démocrite, que quelque chose pût commencer ou cesser d'être : l'être, conçu comme une sphère parfaite, est en quantité invariable dans l'univers; il est un et tout, et rien ne se peut imaginer en dehors de lui. Si les Éléates méconnaissaient la pluralité des choses, c'est qu'on ne saurait concevoir ces modes de la substance sans l'existence du vide, et que le vide est un non-être. Leucippe en convenait, mais il pensait pouvoir rendre raison de la réalité des phénomènes, de la naissance et de la mort, de la pluralité et du mouvement des corps, en admettant cette existence d'un non-être, ou du vide, à côté de l'être ou du plein[1].

Les atomistes allèrent jusqu'à dire que l'être n'existe pas plus que le non-être, parce que le vide et les corps existent également. L'être cessa d'être

1. La philosophie de Leucippe et de Démocrite est une réaction contre les doctrines de l'école d'Élée, qui niaient le vide, et, partant, le mouvement. Mais, comme il arrive, les attributs des atomes sont pour la plupart les attributs de l'Être unique des Éléates : l'absence de tout vide intérieur, l'unité de substance, l'indivisibilité, l'immutabilité, l'indestructibilité, l'éternité. D'autre part, l'idée de l'invariabilité des particules ultimes de la matière, et celle de la production de la variété des corps et des phénomènes par les mouvements et les mélanges de ces particules, dérivent certainement de la grande hypothèse scientifique d'Anaxagore sur les homéoméries.

l'Un des Éléates pour devenir une multitude infinie en nombre de particules matérielles en mouvement dans le vide. Dès lors tout ce qui arrive dans le monde, les changements et les transformations de la substance, se réduisent à l'union et à la séparation de ces corpuscules. Même conception chez Empédocle et chez Anaxagore. Mais, que ces philosophes aient fait tout venir des modifications d'une substance unique par voie de raréfaction et de condensation, ou qu'ils aient expliqué les causes de tous les phénomènes par la forme, l'ordre, et la position des particules ultimes des corps, ils se sont du moins accordés à regarder le principe des choses comme incréé, immuable et impérissable.

C'est une vérité presque banale, et qu'il est pourtant toujours bon de rappeler, que les Grecs admettaient naturellement l'éternité de la matière existant par soi-même. Au contraire, comme l'a noté M. A. Bain en examinant ce qu'il faut penser de la preuve dite de « l'inconcevabilité du contraire, » beaucoup d'hommes des temps modernes prétendent que l'existence par soi de la matière est absolument inconcevable. Nul doute que l'influence des religions monothéistes, avec leur dogme de la création, n'ait amené cette grave modification mentale dans la conception du monde. Quoi qu'il en soit, l'idée de l'éternité de la matière et de la persistance de ce qui la constitue à travers toutes les transformations est générale chez les philosophes grecs[1]. Or, si l'on examine au point de vue de nos connaissances actuelles la valeur relative des différentes théories édifiées par ces antiques penseurs, on constate, d'une part, que « quelque vraisemblance peut être accordée au rêve que faisaient les anciens d'atteindre une dernière unité fondamentale, au milieu de la diversité en apparence infinie de la nature[2], » et, d'autre part, que « nous sommes ramenés à l'*atomisme* professé par Démocrite, par Gassendi, par Descartes. Mais, ajoute M. de Saint-Robert, si ce n'était alors qu'un système philosophique à l'appui duquel on ne pouvait fournir aucune des preuves sérieuses que réclame la science véritable, aujourd'hui c'est une hypothèse physique que beaucoup de faits sont venus étayer,

---

1. Toutes les écoles hindoues de philosophie ignorent également la création *ex nihilo*, qu'il s'agisse du monde matériel ou du monde immatériel.
2. Alex. Bain, *Logique*, II, 179-80 de la trad. franç.

et qui est bien près de devenir une vérité[1]. »

Rien n'arrive par hasard, mais tout arrive d'après une raison et par nécessité, οὐδὲν χρῆμα μάτην γίνεται, ἀλλὰ πάντα ἐκ λόγου τε καὶ ὑπ' ἀνάγκης. Si l'on prend garde que la « raison » n'est que la loi mécanique et mathématique suivie de toute nécessité par les atomes en mouvement dans le cycle éternel de la production et de la destruction des mondes, on reconnaîtra que la téléologie n'a point de place dans ce système. C'est la plus éclatante défaite de cette « ennemie héréditaire des sciences de la nature, » ainsi que l'a appelée Albert Lange. Ce n'est pas le hasard, l'aveugle destin, qui domine toute cette conception, comme on l'a tant de fois répété après Cicéron.

Pas plus que l'univers, le moindre phénomène n'est l'œuvre du hasard : le monde est gouverné par des lois fatales, expressions abstraites des rapports naturels des choses. Pour que la science pût apparaître, il fallait écarter résolument toutes les interprétations anthropomorphiques et religieuses de la nature, il fallait bannir sans pitié du gouvernement

---

[1]. P. de Saint-Robert, *La nature de la force*, dans la *Conservation de l'énergie*, par Balfour-Stewart, p. 201.

de l'univers les intentions morales et les vues rationnelles de l'homme, en un mot, il fallait exorciser jusqu'au fantôme des causes finales.

Aristote s'en plaint; Bacon y applaudit. Tant que le divin ou le surnaturel intervient en quoi que ce soit dans les événements du monde, il n'y a point de science de la nature. Croire à une finalité de l'univers, à un idéal qui se réalise, à une conscience qui se fait, à une loi de développement interne des choses, c'est encore croire aux miracles. Quand la foudre éclatait dans les cieux embrasés, quand les comètes[1] apparaissaient, que le soleil ou la lune s'éclipsait, dit Démocrite, les hommes des anciens jours s'effrayaient, convaincus que les dieux étaient les auteurs de ces prodiges, θεοὺς οἰόμενοι τούτων αἰτίους εἶναι.

Rien n'existe véritablement que l'atome et le vide, ἐτεῇ δὲ ἄτομα καὶ κενόν. « On a ici, a écrit Lange, en une seule proposition, le côté fort et le côté faible de toute atomistique[2]. » Il rappelle que le fondement de toute explication rationnelle de la na-

1. C'est ainsi qu'il faut traduire ici ἄστρων συνόδους, v. Ed. Zeller, *Die Philos. der Griechen*, p. 757. Cf. p. 724.
2. *Geschichte des Materialismus*, I, 15; p. 10 de la trad. française due à M. B. Pommerol, excellent travail, aujourd'hui

ture, de toutes les grandes découvertes des temps modernes, a été la réduction des phénomènes au mouvement des plus petites particules de la matière. Nul doute que, sans la réaction contre les recherches naturelles qui partit d'Athènes, et que personnifie Socrate, l'antiquité ne fût arrivée, sur cette voie qu'elle avait trouvée, à d'importants résultats.

C'est par l'atomisme qu'on explique encore aujourd'hui les lois du son, de la lumière, de la chaleur, des actions nerveuses, bref, de tous les changements chimiques et physiques que subissent les choses. Mais, aussi peu aujourd'hui qu'à l'époque de Démocrite, on ne saurait expliquer la moindre sensation de son, de lumière, de chaleur, de goût, etc. « Malgré tous les progrès de la science, malgré toutes les transformations de l'idée d'atome, l'abîme est demeuré aussi grand, et il ne diminuera point si l'on arrive à constituer une théorie complète des fonctions du cerveau, et à indiquer exactement, avec leur origine et leurs suites, les mouvements mécaniques qui répondent à la sensation ou, en

terminé mais dont nous n'avons pu faire aucun usage, nos études sur le beau livre de Lange, publiées dans une revue spéciale, la *Revue philosophique*, ayant paru avant.

d'autres termes, qui la font naître. » Ainsi, d'après Lange, il n'est point douteux que la science ne parvienne à ramener toutes les actions de l'homme, et partant toutes ses pensées, aux dégagements de force nerveuse qui ont lieu dans le cerveau, consécutivement aux excitations des nerfs, d'après les seules lois de la conservation de l'énergie : mais il nous est *éternellement* interdit de trouver le terme intermédiaire qui sépare la sensation du processus nerveux. Avec tout le respect qu'impose la parole d'un tel maître, il est peut-être permis de faire ici quelques réserves. Outre que l'on commence à ne plus voir dans le mouvement nerveux et dans la pensée qu'un seul et même fait envisagé sous deux faces différentes, au point de vue objectif et au point de vue subjectif, — explication qui simplifie très fort le problème, si elle ne le résout pas encore, — il est toujours téméraire de faire des prédictions à si long terme. Qu'est-ce que l'homme, d'ailleurs, pour parler de l'éternité ?

Ce qui est vrai, et ce que presque tout le monde admettra avec Lange, en vertu du principe de l'inconcevabilité du contraire, c'est que Démocrite a eu raison de montrer le caractère absolument subjectif de nos sensations : *c'est dans l'opinion qu'existe le doux, dans l'opinion l'amer, dans l'opinion le chaud, dans l'opinion le froid, dans l'opinion la couleur; rien n'existe en réalité que les atomes et le vide,* νόμῳ γλυκύ, [καὶ] νόμῳ πικρόν, νόμῳ θερμόν, νόμῳ ψυχρόν, νόμῳ χροιῇ, ἐτεῇ δὲ ἄτομα καὶ κενόν. L'influence de l'école éléatique paraît ici, comme plus haut, dans la conception de l'être. Démocrite transporte aux qualités sensibles des corps ce que les Éléates disaient du mouvement et du changement : elles ne sont qu'une pure apparence. Les différences de toutes choses, disait Démocrite, dérivent de la diversité des atomes qui les constituent, quant au nombre, à la grandeur, à la forme et à la situation[1]. Point de différence qualitative, point « d'états internes » des atomes : ils n'agissent les uns sur les autres que par pression et par choc.

Ainsi la nature de nos impressions subjectives dépend des divers groupements des atomes en figures qui rappellent les *schemata* de nos chimistes. Il n'y

---

1. Arist. *Metaphys.* I, III. « Ils disent que les différences de l'être viennent de la configuration, de l'arrangement et de la tournure ; or, la configuration c'est la forme, l'arrangement c'est l'ordre, la tournure c'est la position. Ainsi A diffère de N par la forme, AN de NA par l'ordre, et Z de N par la position. »

a dans la nature ni couleur, ni saveur, ni odeur, etc.: il n'y a que des arrangements d'atomes, des figures ou *schemata*, qui, en assaillant sur tous les points les organismes vivants, y déterminent l'apparition de ces notions tout à fait subjectives. A chaque saveur, par exemple, correspond une figure atomique ; au doux, un schéma constitué par des atomes ronds et assez grands; à l'aigre, des figures fort grandes, âpres, raboteuses et anguleuses, etc. « Le schéma existe en soi (καθ' αὐτό), mais le doux et en général la qualité de la sensation, n'existe que par rapport à autre chose...[1] » Toute sensation est ainsi ramenée à une sorte de sensation tactile, à une modification du toucher. Les opinions que nous avons d'une chose dépendent de la manière dont elle nous affecte, et la même chose pouvant affecter différemment différentes personnes et nous-mêmes selon les temps et les circonstances, elles sont toutes également vraies et également fausses. L'essence véritable des objets, la seule réalité, l'atome, échappe à nos prises et se dérobe, inaccessible. Voilà pourquoi l'homme vit plongé dans un monde d'illusions et de formes trompeuses que le vulgaire prend pour

1. *Fragmenta philosophor. græcor.* (Mullach.) I, 362.

des réalités. Il semble qu'on entend encore l'accent amer et triste du philosophe d'Abdère dans ces mots : *A vrai dire, nous ne savons rien : la vérité se trouve au fond de l'abîme*, ἐτεῇ δὲ οὐδὲν ἴδμεν· ἐν βυθῷ γὰρ ἡ ἀληθείη [1].

Démocrite n'est pourtant pas un sceptique, bien qu'on ne puisse douter que le scepticisme de ceux qui l'ont pris pour maître ne fût en germe dans sa doctrine. Il distinguait, paraît-il, entre la réflexion (διάνοια) et la perception sensible (αἴσθησις), et, quoique toutes deux eussent même origine [2], il croyait pouvoir ajouter autant de certitude à celle-là qu'il en refusait à celle-ci. La proposition fondamentale de Démocrite : *rien n'existe en réalité que les atomes et le vide*, témoigne assez, nous le répétons, qu'il n'est pas un sceptique, bien que l'expérience n'ait rien pu lui apprendre sur l'essence et le principe des choses, sur les atomes. L'atomisme, en effet, repose comme toute explication universelle sur une hypothèse transcendante, et le matérialisme n'échappe pas plus que l'idéalisme à la métaphysique. Mais avec ces vieux penseurs de

1. *Ibid.* — Démocrite exprime la même pensée sous huit formes différentes, p. 357-358.
2. Zeller, *Die Philosophie der Griechen*, I, 740-741.

l'Hellade il ne faut pas trop insister sur la critique et l'analyse psychologiques. Quelques-uns ont eu le mérite très grand de poser le problème de l'origine de nos connaissances presque dans les mêmes termes que Locke, et de pressentir, d'indiquer même, les difficultés que nous trouvons encore insurmontables.

Le système du monde de Démocrite est l'œuvre d'un physicien et d'un mathématicien de génie. Les atomes sont infinis en nombre et d'une infinie diversité de formes. Dans un éternel mouvement de chute[1] à travers l'espace infini, les plus gros, tombant le plus vite, rebondissent sur les plus petits; les mouvements latéraux et le tourbillon d'atomes qui en résultent sont le commencement ou l'origine de la formation des mondes. En vertu du mouvement giratoire du tourbillon cosmique d'où est sorti notre monde, les atomes les plus lourds, précipités au centre en une masse solide, ont formé la terre, les atomes les plus légers se sont au contraire portés vers le vide extérieur : ce sont les étoiles. L'unité substantielle de notre monde, de la

---

1. Les mouvements des atomes avaient leur principe immanent dans la *pesanteur*, véritable propriété occulte.

terre et des étoiles (sinon du soleil et de la lune), était déjà une doctrine reçue. D'innombrables mondes se forment ainsi et périssent contemporainement ou successivement. Qui n'est frappé de la grandeur de cette conception ? En tout cas, elle s'accorde mieux avec nos idées actuelles que celle d'Aristote, qui prouve *a priori* qu'en dehors de notre monde il ne saurait en exister un autre. L'hypothèse cosmique de Démocrite nous frapperait davantage si Épicure et si Lucrèce ne l'avaient répandue par le monde, non sans la modifier toutefois en quelques points secondaires.

Ainsi, Épicure admettait bien que les atomes fussent infinis en nombre, mais il ne croyait point qu'ils fussent infiniment différents de formes. Plus importante encore est l'innovation qu'il introduisit dans le système pour expliquer l'origine des mouvements latéraux ou de la déclinaison des atomes. Mais c'est par la base, on peut le dire, que pèche toute cette théorie, et Aristote, d'accord ici avec la physique moderne, n'a pas manqué de le noter. Démocrite prétend que les gros atomes tombent d'une chute plus rapide et rebondissent sur les plus petits. Mais, objecte Aristote, dès qu'on admet l'existence du vide, c'est-à-dire d'un espace dénué de milieu matériel, — ce qu'il tient pour impossible, — tous les corps doivent y tomber également vite, les différences observées dans la rapidité de la chute des corps correspondant aux différentes densités des milieux parcourus, tels que l'eau, l'air, etc. Épicure a dû se rendre à l'évidence de cette intuition de génie, et enseigner que, dans le vide, tous les corps tombent également vite. Il est sans doute inutile d'ajouter que, ne connaissant pas la théorie de la gravitation, les anciens n'avaient qu'une idée empirique de la chute des corps. C'est un axiome pour les atomistes que les corps *tombent* en droite ligne dans le vide, à peu près comme des gouttes de pluie. Dès qu'il n'a plus été permis d'admettre que les gros atomes, emportés par une chute plus rapide, rebondissaient sur les plus petits, aucune hypothèse plausible n'a jamais pu expliquer la possibilité d'une rencontre ou d'un choc d'atomes, condition indispensable à la production d'un monde. Quant au mouvement, Démocrite, ainsi qu'Épicure et Platon[1], le considérait comme éternel.

1. Arist. *Metaphys.* XII, 6, 1071, b, 31. ἀεὶ γὰρ εἶναι φασι κίνησιν.

L'anthropologie de Démocrite est infiniment moins remarquable que sa cosmologie. Il enseigne, comme on sait, que l'âme est formée d'atomes fins, polis et ronds, semblables à ceux du feu; ces atomes sont d'une mobilité extrême; ils parcourent incessamment tout le corps, dans lequel ils entrent à chaque inspiration, et auquel ils procurent le mouvement, la vie, la pensée, — la pensée dans le cerveau, la colère dans le cœur, le désir dans le foie. La mort n'est rien de plus que la séparation des atomes animés du corps devenu inanimé; comme ils n'y peuvent rentrer et qu'ils se dispersent, la conscience individuelle s'évanouit du même coup. Ainsi, comme chez Diogène d'Apollonie, l'âme est une matière particulière. Cette matière animée, ces atomes de feu, qu'absorbent à tout moment en leurs tissus les êtres organisés, sont répandus dans l'univers entier et produisent partout, avec le mouvement et la chaleur, l'âme et l'intelligence. C'est parce qu'il y a dans l'air beaucoup d'âme et de raison disséminées, que nous les respirons, et non seulement nous, mais les plantes [1].

1. Arist., de Plant., c, 1, 815, b, 16. ὁ δὲ Ἀναξαγόρας καὶ

Ce n'est pas, Zeller l'a remarqué, pour trouver un principe supérieur d'explication des choses que Démocrite admet l'existence de cette sorte d'atomes : ils n'ont rien de commun avec le νοῦς d'Anaxagore ni avec l'âme du monde platonicienne. Bien que l'âme ne soit pas le corps, et que Démocrite n'ait considéré celui-ci que comme la tente ou la demeure (σκῆνος) de l'âme, — l'âme est constituée par une simple variété de corpuscules matériels : c'est un phénomène résultant de la nature géométrique de certains atomes dans leurs relations avec d'autres atomes. En d'autres termes, les sensations et les pensées ne sont rien de plus que des changements ou modifications du corps, des processus corporels[1].

L'âme est un cas spécial de la matière en mouvement ; les *mouvements rationnels*, les processus de la sensibilité, de la pensée et de la volonté, doivent être réductibles, comme tous les autres mouvements connus, aux lois générales de la mé-

---

ὁ Δημόκριτος καὶ ὁ Ἐμπεδοκλῆς καὶ νοῦν καὶ γνῶσιν εἶπεν ἔχειν τὰ φυτά.

1. Stob. *Ecl.* Ed. Galsf. II, 765. Λεύκιππος, Δημοκράτης (—όκριτος) τὰς αἰσθήσεις καὶ τὰς νοήσεις ἑτεροιώσεις εἶναι τοῦ σώματος.

canique. Cette idée est devenue évidente, si j'ose dire, pour tous les psychologues; on vient d'en voir l'origine. Certains réalistes naïfs croient même le problème déjà résolu. Admettons un instant qu'il le soit et qu'il existe des tables de mouvements nerveux comme il existe des tables de mouvements astronomiques : il restera à découvrir ce qu'est une impression, une sensation, une pensée; bref, tout demeurera aussi obscur qu'aujourd'hui dans le domaine de l'intelligence; à moins qu'abêti par le positivisme, l'esprit de l'homme n'en vienne à trouver le repos et le suprême contentement dans la haute explication qui définit la pensée une propriété du cerveau.

L'éthique du grand ancêtre de la philosophie matérialiste dérive naturellement de sa théorie de la connaissance : il a trop bien distingué l'essence véritable des choses des vaines apparences sensibles pour placer hors de nous, dans le monde extérieur, le bonheur de notre vie.

Ce n'est que dans la paix et l'impassible sérénité de l'âme, dans la modération des désirs et la pureté du cœur, surtout dans la culture étendue et raffinée de l'esprit, que l'homme trouve la plus haute félicité.

C'est, comme on voit, une philosophie du bonheur. Ce qui tient l'âme en joie est l'utile ; ce qui la trouble est le contraire. Voilà pourquoi tous les biens extérieurs, l'or, la beauté, la volupté des sens, alors même qu'ils n'éveillent en nous aucune convoitise, ne peuvent être que des accompagnements, non la fin de cette belle harmonie où l'âme se recueille et s'enchante.

Cette morale, aussi éloignée de celle d'Épicure que de l'égoïsme raffiné du dix-huitième siècle (en dépit des apparences), manque assurément du criterium de toute morale idéaliste, c'est-à-dire d'un principe de nos actions directement tiré de la conscience et posé indépendamment de toute expérience. Mais, pour avoir le droit de la trouver inférieure, il faudrait montrer qu'il y a autre chose dans la conscience que des notions purement empiriques à l'origine, et que ce n'est point par un artifice de langage qu'on essaie d'ériger au-dessus des faits l'idée du bien et celle du devoir.

Il serait bien étrange qu'après avoir éliminé toute téléologie, Démocrite eût oublié d'expliquer l'apparente finalité des organismes vivants par le principe de l'évolution naturelle et par la concurrence vitale. Cette doctrine, en effet, qui sous un nom nouveau a reparu dans la science, était très répandue en Grèce à l'époque de Démocrite. Il admire fort la belle ordonnance du corps humain, mais on ne voit pas qu'il en ait cherché les causes dans le développement des appareils et des organes rudimentaires. Il y a sans doute ici une lacune, non du système, mais de la tradition qui nous l'a transmis. Car on sait, par Épicure et par Lucrèce, que le problème de l'origine et de l'évolution des êtres a été très anciennement résolu par les matérialistes en un sens purement mécanique.

Cette théorie était, on peut le dire, populaire dans les grandes et brillantes cités de la Grande-Grèce, puisque Empédocle l'avait exposée en vers. Ce que Darwin, appuyé sur une quantité considérable de connaissances positives, a fait pour notre temps, a dit Lange, Empédocle l'a fait pour les penseurs de l'antiquité. Ce n'est pourtant pas un matérialiste que ce philosophe, qui paraît bien avoir inauguré en Grèce la fameuse doctrine des quatre éléments, mais immuables, non transformables les uns dans les autres : il a séparé la matière de la force. Je veux dire qu'à côté et au-dessus des éléments matériels, Empédocle a supposé l'existence de deux forces, l'Amitié et la Discorde, qui jouent à peu près le rôle de l'attraction et de la répulsion dans la genèse des phénomènes naturels.

La théorie de l'origine des êtres vivants qu'il nous a conservée, dans ses livres de physique, n'en a pas moins une importance capitale. Il nous montre les végétaux apparaissant d'abord, puis les poissons ; les différents organes des animaux pullulaient, isolés, yeux sans visage, bras sans corps, etc. ; des monstres naquirent de ces monstres ; la nature s'essaya en créations informes ; elle produisit des êtres à deux visages, à double poitrine, des androgynes (v. 315-16),

μεμιγμένα τῇ μὲν ἀτ' ἀνδρῶν,
τῇ δὲ γυναικοφυῆ.

Toutes les combinaisons organiques apparurent au sein des eaux et sur la terre, en cet immense champ de carnage où, dans la lutte pour l'existence, les êtres les mieux doués survécurent seuls et se reproduisirent.

Telle aurait été l'origine des êtres, nés de la

rencontre des éléments matériels sous l'action des forces de la nature. À ce propos, Ueberweg a remarqué qu'on pourrait comparer cette théorie à la philosophie de la nature de Schelling et d'Oken et à la théorie de la descendance de Lamarck et de Darwin, quoique, d'ailleurs, cette doctrine n'explique point par la combinaison d'éléments hétérogènes, mais, au contraire, par une différenciation successive de formes très simples, la genèse des être organisés.

II

Le sensualisme des sophistes est une des formes du naturalisme. Le matérialiste associe en un couple indissoluble la sensation avec la matière agissant par choc ou contact sur l'organisme, si bien qu'il ne surprend, même dans les processus les plus complexes de la conscience, qu'une suite et une transformation des mouvements matériels du monde ambiant. Le sensualiste nie que nous sachions quelque chose de la matière, en tant que réalité extérieure, car nos sensations ne sont que *pour nous*, et nous ignorons leur rapport véritable avec la chose *en soi* qu'elles sont censées représenter. La sensation devient ainsi la seule et unique matière de nos idées, le seul objet de connaissance qui soit immédiatement donné à la conscience.

Cette doctrine, on l'a vu, avait déjà été produite par Démocrite lui-même, puisque, en dehors de l'existence des atomes et du vide, il ne reconnaît à tout le reste, en particulier à nos sensations subjectives de saveur, de son, de couleur, etc., aucune réalité, sinon dans l'opinion. Le matérialisme de Démocrite forme donc la transition entre la conception du monde purement objective des anciens physiciens et la philosophie subjective des sophistes. C'est ainsi que Locke est venu après Hobbes, Condillac après La Mettrie.

Le sensualisme n'est à son tour qu'une philosophie de transition qui peut mener à l'idéalisme, — de Hobbes à Berkeley par l'intermédiaire de Locke, — car dès qu'on n'accorde plus d'existence réelle qu'à la sensation, les choses, déjà dépouillées de toute qualité propre, oscillent de plus en plus dans le vague et finissent par s'évanouir. L'antiquité, toutefois, n'a pas été aussi loin.

On conçoit donc la haute importance, dans l'histoire de la pensée, de Protagoras et des autres sophistes. Les temps ne sont plus où le mot de sophiste n'éveillait qu'une idée de mépris. Ces penseurs n'ont guère été mieux traités des historiens de la philosophie que les matérialistes, et, en dépit de Hegel et des philologues allemands, malgré Grote et Lewes, il est à craindre que pendant un demi-siècle encore on ne continue chez nous à les juger fort mal. Depuis Platon et Aristote, en effet, s'il est une opinion regardée comme vraie et de tous points évidente, c'est que les sophistes ont été une peste morale pour Athènes et pour les autres cités grecques de l'Ionie, de la Sicile et de l'Italie. Dans la tradition, Socrate est le grand, l'infatigable adversaire de la secte des sophistes.

Or, qu'étaient en réalité les sophistes? Le mot qui les désigne, loin d'avoir été une injure, était au sixième et au cinquième siècle le nom qu'on donnait, d'une manière générale, à tous les lettrés, aux poètes, aux philosophes, aux maîtres voués à l'enseignement, si bien que Socrate, Platon et Aristote sont appelés « sophistes » tout comme Homère, Solon, Pythagore, Protogoras, Gorgias et Isocrate. Les sophistes étaient les maîtres de *sagesse* pratique qui enseignaient tout ce que devait savoir un Grec bien élevé, désireux d'arriver aux premières charges de l'État. Dans les cités grecques du cinquième siècle où la forme du gouvernement était la démocratie, nul ne pouvait devenir un citoyen éminent, puissant, illustre, s'il ne l'emportait sur ses concitoyens par une raison plus haute et plus éclairée, par un art plus délié, par une habileté extraordinaire à exposer devant le peuple les idées qu'il voulait faire adopter, les causes qu'il désirait voir triompher. Ceux qui apprenaient aux jeunes gens l'art de penser et d'agir étaient les sophistes. Ils préparaient les hommes à la vie civile. Leur but était de faire des orateurs, des administrateurs, des hommes d'État. Quiconque désirait *acquérir du renom dans la cité* allait les trouver. Les sophistes passaient leur vie sur l'agora; ils possédaient une grande expérience des affaires et une longue pratique des hommes; riches et honorés, ils furent souvent députés comme ambassadeurs aux diverses cités grecques.

Croire qu'un sophiste était une sorte de charlatan qui enseignait à ses élèves l'art de parler de tout sans avoir rien appris, est vraiment bien naïf. Imagine-t-on les élèves d'un tel maître à la tribune d'Athènes, ou devant les juges du dikastérion ? Ils auraient fait rire la Grèce entière d'un de ces éclats de rire qu'Homère prête aux dieux de l'Olympe. On ne pouvait se tromper plus lourdement qu'en faisant des sophistes une secte de philosophes, une école dogmatique, un corps enseignant en possession de doctrines et de méthodes parfaitement définies. On ne croit plus qu'ils aient eu en propre une argumentation dialectique dont l'effet aurait été de démoraliser et de pervertir les Hellènes.

C'est presque uniquement Platon qui, dans ses dialogues, présente les sophistes sous un jour aussi peu favorable ; Xénophon ne l'a pas plus suivi ici qu'ailleurs. Platon, qui ne nomme pas une seule fois Démocrite, témoignait, à la manière de tant d'autres idéalistes, sa haine contre les doctrines en calomniant les personnes. Cet artiste incomparable ne comprit rien au génie de ces autres artistes pleins de finesse et de goût. Comme certains croyants, il n'admettait pas qu'on pût être de bonne foi en niant la vérité, la justice et les dieux. Avouer qu'on ne sait rien, et surtout qu'on ne peut rien savoir, lui semblait une mauvaise action. Cet aveu des sophistes nous paraît pourtant un exemple admirable de bon sens, de sincérité, d'esprit.

« Protagoras est le premier, a écrit A. Lange, qui partit, non plus de l'objet, de la nature extérieure, mais du sujet, de l'être spirituel de l'homme. » C'est un précurseur de Socrate ; c'est à lui, non à Socrate, qu'il convient de faire remonter l'origine de la réaction contre le naturalisme qui va commencer.

L'atome n'est plus, pour Protagoras, la chose en soi : la matière lui paraît, au contraire, quelque chose d'indéterminé, dans un flux et reflux perpétuel, en une sorte d'écoulement sans fin, comme s'exprime Héraclite ; bref, elle est ce qu'elle paraît être à chacun. *L'homme est la mesure de toutes choses, de l'être en tant qu'il est, du non-être en tant qu'il n'est pas.* Πάντων χρημάτων μέτρον ἄνθρωπος· τῶν μὲν ἐόντων ὡς ἔστι, τῶν δὲ οὐκ ἐόντων ὡς οὐκ ἔστι. A-t-on jamais mieux dit que les idées que nous nous formons des choses dépendent de nos sensations, et que nous ne pouvons connaître que celles-ci? Ainsi est écartée toute conception rationnelle *a priori* portant un caractère de nécessité et d'universalité. Rien n'est tel ou tel dans la nature que parce qu'il est senti d'une certaine manière. La même température paraît au même individu tantôt fraîche, tantôt étouffante : or les deux impressions qu'il éprouve sont également vraies.

Si toute pensée est vraie pour celui qui la pense, il n'y a point de proposition qui puisse être contredite. D'où cet axiome fameux : *on peut sur toute chose faire valoir le pour et le contre,* δύο λόγοι εἰσὶ περὶ παντὸς πράγματος ἀντικείμενοι ἀλλήλοις. Jusqu'où allait ce scepticisme élégant et léger, cette fine incrédulité aussi étrangère aux méthodes scientifiques qu'au lourd dogmatisme de quelques philosophes, on le voit par les premiers mots du traité sur les *Dieux* qu'avait composé Protagoras : « Quant aux dieux, je ne puis dire s'ils existent ou non ; bien des raisons m'en empêchent, entre autres l'obscurité de la question et la brièveté de la vie humaine. »

Si, pour l'homme, tout n'est qu'illusion et vaine apparence dans le monde, s'il ne connaît les choses que par la manière dont elles l'affectent, de sorte qu'elles ne sont rien de plus pour lui que ce qu'elles lui semblent être, ce n'est pas seulement la vérité qui, d'absolue, devient *relative*, qui, de vraie, devient *vraisemblable :* les idées morales, toujours subordonnées aux notions de l'entendement, comme la volonté l'est à l'intelligence, subissent la même transformation, et le juste, le bien, l'utile, ne sont plus que ce qui paraît tel à chacun. Ces conséquences éthiques du subjectivisme de Protagoras et des sophistes sont les principes mêmes d'Aristippe de Cyrène et de l'école cyrénaïque. On y soutient que rien n'est en soi juste, honnête ou honteux, et que ces distinctions ne viennent que des lois et de la coutume. Μηδέν τε εἶναι φύσει δίκαιον ἢ καλὸν ἢ αἰσχρόν, ἀλλὰ νόμῳ καὶ ἔθει[1]. Je ne pense pas que le sensualisme dût nécessairement enfanter cette philosophie. Épicure lui-même ne s'accorde pas plus que Démocrite avec Aristippe. Il n'est même pas certain que ce philosophe se rattache

1. Diog. Laert. II, 8.

avec pleine conscience à la tradition de Protagoras. Ce qui ne fait aucun doute, ce sont ses rapports avec Socrate.

Mais peut-être ne faut-il pas chercher bien loin l'origine de la philosophie du plaisir. Aristippe était sorti, lui aussi, de la bourgeoisie opulente et sceptique d'une des plus puissantes colonies du monde grec. Quand il vint de la côte d'Afrique à Athènes, il inclinait déjà, nous dit-on, à penser que le plaisir était la fin de l'homme. A la cour des Denys, en Sicile, où il rencontra Platon, il paraît tomber dans le matérialisme pratique qu'on suivait d'instinct à Corinthe aussi bien qu'à Syracuse, et qui n'a rien de commun avec l'austère doctrine du matérialisme théorique. Aristippe se flattait pourtant de n'être point l'esclave de la volupté tout en se livrant à elle. Ἔχω, οὐκ ἔχομαι, disait-il, en parlant de Laïs. Il était aussi trop éclairé pour ne distinguer point entre τὸ πάθος et τὸ ἐκτὸς ὑποκείμενον καὶ τοῦ πάθους ποιητικόν, entre nos impressions subjectives et la chose en soi, située hors de nous, qui les produit. Ce que nous sentons ou connaissons n'existe que dans notre conscience ; la chose en soi existe aussi, mais nous n'en pouvons rien dire de plus.

Aristippe croyait donc, à l'exemple de son maître Socrate, pouvoir négliger la recherche des causes physiques, sous prétexte que cette étude ne peut donner aucune certitude. Il distinguait deux modes de sentir, la douleur et le plaisir : celui-ci était un mouvement doux, l'autre un mouvement violent. Ainsi, loin de faire consister le bonheur dans le calme, le repos et la paix de l'âme, exempte de douleur et de crainte, les Cyrénaïques réduisaient presque toute félicité humaine au plaisir inséparable du mouvement. Ils déclaraient le plaisir un bien, quelle que fût son origine, et, comme les voluptés des sens excitent chez le vulgaire les sensations les plus vives, ils plaçaient les jouissances et les douleurs corporelles au-dessus de celles de l'âme.

Nous ne demandons pas mieux que de reconnaître qu'Aristippe est un moraliste d'une rare conséquence. Qui ne croit plus au vrai ne peut pas croire au bon, du moins au sens métaphysique de ce mot. Comparés aux Cyniques, les Cyrénaïques paraissent des gens lucides et de grand sens à côté de maniaques orgueilleux et stupides. Ils ont le mérite de n'avoir pas reculé. Depuis, on ne l'a plus osé. Ceux-là même qui ont confessé, avec le caractère relatif, purement humain, de nos connaissances, le néant de nos efforts pour étreindre cet univers qui nous fuit d'une fuite éternelle, ont planté sur les ruines de la science de l'absolu le drapeau de la conscience morale, et affirmé que si tout était apparence et duperie, le devoir, au moins, n'était pas une vanité.

CHAPITRE V

L'ÉCOLE D'ATHÈNES.

Trois grands noms, Socrate, Platon, Aristote, représentent la réaction contre le naturalisme et le sensualisme dans l'antiquité.

Le naturalisme avait considéré tous les phénomènes de la nature comme réductibles à des lois générales et nécessaires : les philosophes de l'école d'Athènes opposèrent à la Nécessité une Raison imaginée à la ressemblance de celle de l'homme, introduisirent dans le monde la lutte de ces deux principes, et brisèrent le fondement même de toute science de l'univers. Ainsi, dans le *Timée*, l'Intelligence (νοῦς) et la Nécessité (ἀνάγκη) sont à la fois les causes divine et naturelle du monde : « Supérieure à la Nécessité, l'Intelligence lui *persuada* de diriger au bien la plupart des choses qui naissaient, et c'est ainsi, parce que la Nécessité *se laissa persuader* aux conseils de la sagesse, que l'univers fut d'abord formé[1]. » Le naturalisme concevait la conformité au but, c'est-à-dire la capacité purement mécanique d'adaptation qui permet aux êtres d'exister, comme la fleur et l'épanouissement de la nature, sans rien sacrifier de l'unité de son principe d'explication ; la réaction combattit en faveur d'une téléologie qui dissimule mal un plat anthropomorphisme. Enfin le naturalisme avait surtout cultivé les mathématiques et la physique, seul domaine où l'homme pût acquérir des connaissances d'une valeur durable ; la réaction spiritualiste sacrifia l'étude de la nature à celle de la morale, et lorsque Aristote, dans son œuvre encyclopédique, reprit en critique tous les vieux problèmes de la physique ionienne, ce fut pour les fausser à jamais par l'intrusion de l'éthique dans la physique.

Avec Lange[2], nous estimons que « le pas en

---

[1]. *Tim.* 48 a. Νοῦ δὲ ἀνάγκης ἄρχοντος τῷ πείθειν αὐτὴν τῶν γιγνομένων τὰ πλεῖστα ἐπὶ τὸ βέλτιστον ἄγειν, ταύτῃ κατὰ ταῦτά τε δι' ἀνάγκης ἡττωμένης ὑπὸ πειθοῦς ἔμφρονος οὕτω κατ' ἀρχὰς ξυνίστατο τόδε τὸ πᾶν. Cf. 56 c. Le dualisme est encore plus expressément posé 68 e, où il est dit qu'il nous faut distinguer deux sortes de causes, l'une *nécessaire*, l'autre *divine*, δύ' αἰτίας εἴδη..., τὸ μὲν ἀναγκαῖον, τὸ δὲ θεῖον.

[2]. *Geschichte des Materialismus und Kritik seiner Bedeutung in der Gegenwart,* I, 38.

arrière » n'est point douteux ; ce qui l'est, ce sont les progrès dont on fait honneur à l'école d'Athènes. A Socrate, on doit l'illusion des définitions, qui supposent un accord chimérique entre les mots et les choses ; à Platon, la méthode qui étaie hypothèses sur hypothèses et qui ne croit atteindre la plus haute certitude, la plénitude de l'être même, que dans les abstractions les plus vides, c'est-à-dire dans le néant; à Aristote, enfin, la « fantasmagorie » de la chose en puissance et en acte et la construction artificielle d'un système clos et achevé une fois pour toutes, d'une encyclopédie renfermant en soi tout le savoir humain. On ne nie pas l'influence immense de l'école d'Athènes sur l'éducation de la plus grande partie de l'espèce humaine, du siècle d'Alexandre à l'époque de Hegel. Cette influence a-t-elle été heureuse ou funeste pour la raison de l'homme ? Voilà ce qu'il est permis de rechercher.

Athènes était une ville sainte, Socrate un homme du peuple. Pour émancipé qu'il fût, sa conception des choses n'en était pas moins essentiellement religieuse. D'ailleurs, point de figure plus étrange. Deux mille ans ont passé sur ce masque de Silène aux gros yeux de taureau, au rictus énorme, et pas une ride n'a été effacée par les siècles[1]. Nous le voyons toujours, comme au temps d'Alcibiade, dans les gymnases et sur les promenades d'Athènes, dès le matin, sous les platanes de l'Agora à l'heure où elle est pleine de monde, le reste de la journée aux endroits les plus fréquentés de la foule. Qui voulait l'entendre, écoutait, car il discourait sans cesse et prouvait aux gens qu'à tort ils s'étaient crus bons, justes, vertueux, sans savoir seulement ce qu'étaient bonté, justice, vertu. Sous le méchant manteau troué qui le couvrait hiver comme été, on voyait un corps robuste et sain, assoupli par les exercices du gymnase. C'était un bon hoplite et un excellent citoyen que ce sage en plein vent.

Souvent il s'arrêtait, immobile, au milieu du chemin, et semblait écouter des voix intérieures. Le bruit de la rue ou la fraîcheur du soir le tirait de son extase; il rentrait dans sa pauvre maison, prenait un peu d'eau dans une amphore d'argile posée à terre, mangeait quelques olives, s'enveloppait de son manteau et se couchait sur un coffre. Ces voix, ce démon, ce dieu, qu'écoutait Socrate, n'étaient

---

[1]. Plat., *Conviv.* xxxii. Cf. aussi le *Banquet* de Xénophon, ch. iv et v.

point sa conscience : la voix était réelle, et l'oreille seule pouvait l'entendre. En proie « à un mal divin, » à ces « extravagances démoniaques » dont parle le décret d'accusation, les sens et l'esprit de ce grand halluciné créaient des conceptions délirantes[1] qui ont eu plus d'action sur l'humanité que les graves et doctes enseignements d'un Démocrite ou d'un Épicure. C'est que, dans son ensemble, notre espèce est plus près de la folie que de la raison.

La croyance aux causes finales, la foi exaltée jusqu'au fanatisme en une constitution téléologique de la nature, voilà ce qui, bien mieux que la connaissance de soi-même, et la prétendue science des définitions, peut servir à caractériser dans Socrate l'adversaire des anciennes traditions de la philosophie grecque. On sait avec quelle amertume le Socrate du *Phédon*[2] raconte quelle fut sa désillusion lorsque, ouvrant les livres d'Anaxagore, « il vit un homme qui ne faisait aucun usage de l'intelligence, » τῷ μὲν νῷ οὐδὲν χρώμενον, qui ne donnait aucune raison du bel ordre de l'univers,

---

1. V. le savant et profond livre de L.-F. Lélut, *le Démon de Socrate* (Paris, 1856, 2ᵉ édit.), p. 218-20.
2. 97 c. — 99 d.

ou plutôt lui donnait pour causes des airs, des éthers, des eaux, et beaucoup d'autres choses aussi absurdes!

Il avait d'abord éprouvé une vive joie à l'idée qu'il allait lire dans Anaxagore que « l'Intelligence est la cause de tout, » τὸ τὸν νοῦν εἶναι πάντων αἴτιον. S'il en était ainsi, elle devait avoir ordonné et disposé toutes choses en vue du meilleur et du plus utile, et le but des investigations de l'homme dans la nature devait être de retrouver partout les traces de ce dessein. Après lui avoir dit que la terre est plate ou ronde, Anaxagore aurait dû lui en expliquer la cause et la nécessité, en lui prouvant que cette forme était celle qui convenait le mieux à la terre. De même, si Anaxagore lui enseignait qu'elle était au milieu du monde, il fallait qu'il lui montrât que cette place était pour elle la meilleure possible. Bref, les explications de la physique ne devaient tendre qu'à faire connaître ce qui est le mieux pour chaque chose et le bien de toutes en commun.

Rien ne montre mieux que la téléologie est d'origine *éthique* et se résout au fond en anthropomorphisme. L'architecte du monde est une personne intelligente et morale. L'univers est l'œuvre d'une intelligence conçue à la ressemblance de celle de l'homme. Le monde est expliqué par l'homme, et non pas l'homme par le monde. Socrate aperçoit dans les phénomènes naturels une pensée et des actions réfléchies, un plan et des intentions qui se réalisent, selon ce qu'il observe dans sa propre conscience [1]. D'abord un but ou une fin de chaque chose et de toutes choses, voilà la supposition nécessaire ; ensuite une matière et une force qui manifestent dans l'univers ce qui a été pensé et voulu. C'est déjà l'opposition aristotélicienne de la matière et de la forme avec la doctrine de la finalité. Sans s'occuper de physique, Socrate montre les voies où cette science entrera et demeurera si longtemps. Certes, la téléologie de Platon sera moins grossièrement anthropomorphique que celle de Socrate, qui croit que tout a été fait par une cause intelligente pour l'utilité de l'homme ;

1. On voit bien ici que la fameuse doctrine de l'identité de la pensée et de l'être plonge par ses racines dans la théologie : elle suppose que l'intelligence d'une âme du monde ou d'un dieu, — intelligence qui ne diffère qu'en degré de celle de l'homme, — a tout conçu et pensé selon une logique et des lois rationnelles identiques aux nôtres, si bien que, par un bon exercice de sa raison, l'homme peut concevoir et repenser l'œuvre divine.

chez Aristote, le progrès est plus sensible encore, bien que, comme l'a remarqué Lange, un grand nombre de notions éthiques, empruntées à la nature humaine, aient été introduites par lui dans l'étude et la conception du monde. Toutefois, à ces trois degrés de développement, la téléologie était également inconciliable avec la science véritable et désintéressée de la nature.

Jamais on n'a plus insisté que Socrate sur la distinction chimérique des choses divines et humaines. Il croyait que les dieux se révèlent à ceux qu'ils favorisent et il les interrogeait au moyen de la divination. Il va jusqu'à attribuer sa maladie (δαιμονᾶν) à ceux qui sont assez fous, dit-il, pour faire remonter à la prudence humaine, et non à la volonté des dieux, des événements comme ceux-ci : « L'homme qui épouse une belle femme pour être heureux, ignore si elle ne fera pas son tourment; celui qui s'allie aux puissants de la cité, ne sait pas s'ils ne le banniront pas un jour, » etc.[1]. Il discou-

---

1. Xénoph., *Memor.*, I, 1, § 8. M. Th.-H. Martin reconnaît aussi que « le domaine des sciences physiques avait été interdit par Socrate à ses disciples. » *Mém. sur l'hist. des Hypoth. astron. chez les Grecs et les Romains*, 1re P., ch. IV, sect. 1, § 3, p. 3.

rait sans cesse « de tout ce qui est de l'homme. » Les relations, les devoirs, les actions et les souffrances des hommes, voilà l'objet favori de ses éternelles interrogations, de ses subtilités dialectiques, infiniment moins instructives que celles de ces sophistes chez lesquels il prétend combattre l'apparence et l'opinion du savoir sans la réalité.

Et lui, que savait-il de la réalité ? Socrate avait commencé par bannir toute recherche sur la nature et l'origine de l'univers, sur les lois mêmes des phénomènes célestes : c'était là un domaine réservé aux dieux. Socrate faisait aux savants une objection qu'on entend encore tous les jours dans la bouche des paysans ignorants et grossiers : une fois instruits des lois des phénomènes, pouvaient-ils faire à leur gré les vents, la pluie, les saisons ? Que le savant fût satisfait de savoir comment se produisent les phénomènes sans prétendre les diriger, qu'il pût aimer la science pour la science, voilà ce que cet homme pratique n'imaginait même pas.

En général, Socrate envisage toutes les hautes questions scientifiques avec le bon sens étroit et borné des gens du peuple. Il approuvait l'étude de la géométrie jusqu'à ce qu'on fût capable de « mesurer exactement une terre; » cela pouvait servir à vendre, acheter, diviser ou labourer des terrains; pousser cette étude plus loin lui semblait un mal, car il n'en voyait pas « l'utilité. » L'astronomie ne lui paraissait bonne qu'à indiquer les divisions du temps; mais il tenait pour « inutile, » et même pour sacrilège, l'étude des révolutions des planètes et des étoiles fixes, les spéculations sur leur distance relative et sur les causes de leur formation. La raison véritable qui, selon Socrate, devait détourner les hommes de l'astronomie considérée comme une mécanique céleste, c'est que « ces secrets sont impénétrables aux hommes, et qu'on déplairait aux dieux en voulant sonder les mystères qu'ils n'ont pas voulu nous révéler [1]. » A ses yeux, Anaxagore était un grand fol d'avoir voulu expliquer les mécanismes des dieux, τὰς τῶν θεῶν μηχανάς.

Ainsi l'astronomie, la physique, toutes les sciences de la nature, n'importent qu'en tant qu'elles peuvent être appliquées aux arts et métiers. La science

---

1. Xenoph., *Memor.*, IV, vii, § 6.

pure, les théories abstraites, les hypothèses cosmologiques, bref, ce qu'on a appelé jusqu'ici la philosophie, Socrate dénonce tout cela comme autant d'entreprises impies contre les dieux ! Si l'homme veut sortir de sa sphère, s'élever au-dessus des connaissances de ses semblables, Socrate lui conseille de s'adonner purement et simplement aux pratiques surnaturelles, à la mantique, à la divination[1] ! On demeure confondu quand on songe que Socrate, contemporain de Démocrite, a été loué pour avoir pensé et parlé de la sorte. Voilà les textes mêmes qu'ont présents à l'esprit tous les historiens de la philosophie qui, depuis Cicéron, redisent à l'envi que Socrate a fait descendre la philosophie du ciel sur la terre.

Pour être juste envers Socrate, qui le fut si peu envers tant de grands et profonds esprits, il faut uniquement le considérer comme un homme d'une originalité puissante, surtout comme un réformateur religieux. S'il est vrai de dire qu'il a façonné ses dieux sur le modèle humain en contemplant le mirage des causes finales, il convient d'ajouter

---

1. *Ibid.*, § 10. Συμβούλωι μαντικῆς ἐπιμελεῖσθαι.

qu'il a trouvé dans sa téléologie les preuves de sa démonstration de l'existence et de la providence des dieux. Ainsi, celui qui dès l'origine *a fait* des hommes, ὁ ἐξ ἀρχῆς ποιῶν ἀνθρώπους[1], leur a donné, « dans une vue d'utilité, » des oreilles pour entendre, des yeux pour voir, des narines pour sentir les odeurs, une langue pour éprouver les saveurs, des paupières, des cils et des sourcils pour protéger l'œil, des incisives pour couper, des molaires pour broyer, etc. Les dieux, qui font briller la lumière du jour pour que nous puissions distinguer les choses, répandent les ombres sur la terre quand nous avons besoin de repos. Alors, au milieu des ténèbres, ils allument les astres qui nous indiquent les heures de la nuit; outre les divisions de la nuit, la lune nous indique aussi celles du mois. Les dieux font sortir de la terre notre nourriture; ils nous donnent l'eau, le feu, l'air, les animaux. Ils aiment et chérissent l'homme ; ils veillent sur lui avec la plus grande sollicitude. « J'en suis à me demander, dit Euthydème, si l'unique occupation des dieux ne serait pas de veiller sur l'homme[2]. » Voilà

---

1. Xenoph., *Memor.*, I, IV, § 5.
2. *Ibid.* IV, III, § 9.

l'œuvre des dieux ; c'est ainsi qu'ils se manifestent ; il suffit de contempler leur ouvrage pour les vénérer et les honorer sans attendre qu'ils se montrent à nous sous une forme sensible. « Quant à celui qui dispose et régit l'univers, dans lequel se réunissent toutes les beautés et tous les biens, et qui, pour notre usage, maintient à l'univers une vigueur et une jeunesse éternelles, qui le force à une obéissance infaillible et plus prompte que la pensée, ce dieu se manifeste dans l'accomplissement de ses œuvres les plus sublimes, οὗτος τὰ μέγιστα μὲν πράττων ὁρᾶται, tandis qu'il reste inaperçu (ἀέρατος) dans le gouvernement du monde [1]. »

On le voit, Socrate est déjà monothéiste. Si c'est un mérite, il l'a tout entier, car le νοῦς d'Anaxagore n'a en réalité rien de commun avec le dieu socratique dont la terre et les cieux racontent la gloire, et dont la foudre et les vents sont les ministres [2], ainsi que dans les *Psaumes*. Sans doute, le monothéisme de Socrate l'Athénien n'est pas exclusif comme l'a été celui des Juifs et des Arabes d'une certaine époque, puisqu'à côté de la divinité suprême

---

1. *Ibid.*, § 13.
2. *Ibid.*, § 14.

il admet l'existence d'autres dieux qu'il fait seulement descendre à un rang inférieur. Ceux qui croient qu'il est d'une plus haute philosophie d'adorer un seul dieu que plusieurs, ne sauraient, à cet égard, hésiter entre Socrate et les maigres enfants des déserts de l'Arabie : le dernier rabbi circoncis qui expliquait la *Thorah* dans les synagogues de Jérusalem l'emportait de beaucoup sur le maître de Platon. Qu'un tel homme ait néanmoins été accusé d'impiété, il n'y a rien là de très étonnant. Dans tous les siècles, on l'a dit souvent, ce sont les réformateurs religieux, non les libres penseurs, que l'orthodoxie a crucifiés ou brûlés. Or, le rationalisme religieux de Socrate qui, tout en conservant les pratiques extérieures du culte, interprétait à son sens les croyances antiques, constituait un attentat contre la religion nationale du peuple et contre les traditions sacrées des prêtres. Socrate était bien un réformateur religieux, un théologien hérétique : il devait périr comme périrent Jean Huss et Jérôme de Prague.

Peut-être avons-nous trop insisté sur Socrate : c'est que le fondateur de l'école d'Athènes laisse déjà nettement paraître, avec une vérité et une naïveté bien rares, le caractère et les principes de la philosophie nouvelle, qui devait porter à l'ancienne les plus rudes coups, et qui lui dispute encore, dans l'Europe moderne, l'empire du monde. Il suffira donc d'indiquer l'attitude de Platon dans la réaction contre le naturalisme antique. Ce sont surtout les germes d'erreur manifeste contenus dans la doctrine de Socrate qui devaient se développer chez Platon. Socrate est une manière de rationaliste; Platon passe, au contraire, pour un mystique et un enthousiaste. A ce propos, Lange s'est efforcé de concilier Zeller, qui tient Platon pour un poète, et Lewes, qui, dans son *Histoire de la philosophie*, a combattu d'une manière assez originale cette opinion traditionnelle [1].

[1]. Jeune, Platon a composé des vers, nous dit Lewes; plus tard il a écrit contre la poésie. A lire ses *Dialogues*, on ne se le représente point comme un rêveur, comme un idéaliste, au sens vulgaire du mot : c'est plutôt un dialecticien très fort, un penseur abstrait, un merveilleux sophiste. Sa métaphysique est à ce point subtile que les savants seuls n'en sont pas rebutés. Point de moraliste, de politique moins romantique. — Soit; mais Lewes rabaisse plus que de raison l'artiste, le poète incomparable. Zeller, au contraire, l'exalte outre mesure. Lange intervient et déclare les deux façons de voir également vraies en un sens. Ainsi, Platon est incontestablement un artiste; il n'est pas un mystique. L'âpreté de sa dialectique et l'inflexibilité de ses conceptions dogmatiques contrastent, il est vrai, avec la libre allure poétique de la pure spéculation. Il faut pourtant admettre chez Platon la

Aux sophistes qui, réduisant toute science aux impressions individuelles, déclaraient ne rien connaître en dehors du relatif et du particulier, Socrate avait opposé la notion du général déjà conçue dans un sens transcendant. Persuadé que les objets n'avaient point reçu arbitrairement leurs noms, il avait imaginé que les mots devaient répondre à la nature intime des choses. Or, Platon, tout pénétré d'abord de la philosophie d'Héraclite, de la doctrine de l'écoulement et de l'instabilité des phénomènes, associa cette doctrine avec l'idée du général, telle qu'elle se dégage des définitions socratiques[1]. Le général, présentant seul quelque chose

---

coexistence de la plus haute poésie avec la dialectique la plus abstraite et la logique la plus impitoyable. Cette confusion de la science et de la poésie produira les plus étranges aberrations dans la philosophie des âges suivants. Certes, le platonisme a été très souvent mêlé aux doctrines mystiques, et les néoplatoniciens, quelqu'éloignés qu'ils aient pu être du véritable esprit de Platon, n'en sont pas moins des représentants de la tradition platonicienne. Cependant la moyenne Académie, avec son bon sens sceptique, se rattachait à la même tradition.

1. Ainsi que *le grand Parménide*, comme il l'appelle, Platon ne pouvait croire sérieusement à la vérité des sciences de la nature. Elles n'étaient pour lui que des hypothèses vraisemblables. Sans aller jusqu'à nier l'objet des sciences physiques, à l'exemple de Parménide, pour qui les mouvements, les changements, bref tous les phénomènes sensibles n'étaient, on le sait, que de fausses et vaines apparences, Platon estimait seulement que cet objet ne pouvait être atteint avec certitude; qu'il fallait, dans ces préten-

de persistant et de stable, fut doué d'une existence réelle; au contraire le particulier, les phénomènes, emportés dans un perpétuel devenir, n'eurent plus à proprement parler d'existence. La séparation absolue du général et du particulier eut pour premier résultat de faire attribuer à celui-là une vie propre en dehors et au-dessus de celui-ci. Ainsi, ce n'est pas seulement dans les belles choses que réside le beau, ni le bien chez les hommes bons : le beau et le bien existent en soi, inaccessibles et éternels, au-dessus des êtres ou des choses qui passent en les reflétant un moment.

Ce n'est pas le lieu de parler de la doctrine platonicienne des idées. Il est trop évident que nous avons besoin du général et de l'abstraction pour construire la science et toute science. Pour être

dues sciences, se contenter de la vraisemblance (εἰκὼς), parce qu'elles n'appartenaient pas au domaine de l'Intellect (νοῦς), qui a pour objet les idées (εἴδη), mais au domaine des opinions (δόξαι), qui comprend les choses sensibles (αἰσθητά), choses essentiellement variables et changeantes suivant la doctrine d'Héraclite. Les mathématiques constituaient proprement pour Platon le domaine de la science, car ce domaine tenait le milieu entre celui de l'Intellect et celui de l'opinion. Ainsi, par son côté physique, l'astronomie appartenait au domaine de l'opinion et de la vraisemblance ; par son côté mathématique, elle participait à la certitude scientifique de la théorie des idées. V. Th.-H. Martin, *Hist. des hypoth. astron.* : *Hypothèse astron. de Platon*, p. 3.

connu, tout fait particulier doit être élevé au-dessus du sens individuel. La science est supérieure à l'opinion. Toutefois, Socrate, Platon et Aristote ont été dupes des mots; ils ont cru que l'existence d'un mot impliquait l'existence d'une chose, partant qu'un vocable général et abstrait, — beauté, vérité, etc., — correspondait nécessairement à quelque haute réalité. On est ainsi conduit dans le domaine des mythes et des symboles. L'individu se perd dans l'espèce et l'espèce dans un prototype imaginaire [1]. On peut bien concevoir un type idéal du lion ou de la rose, mais l'idée platonicienne de ces êtres est tout autre chose : elle n'est pas visible, car tout ce qui est visible appartient au monde instable des phénomènes; elle n'a point de forme dans l'espace, car elle ne saurait être étendue; on ne peut même l'appeler parfaite, pure, éternelle, car tous ces mots impliquent quelque notion sensible : on n'en peut donc rien dire, non plus que du néant.

Cette idée est pourtant perçue par la raison, comme les objets sensibles le sont par les sens.

---

1. A. Lange, *Geschichte des Materialismus*, I. 67.

Entre ceux-ci et celle-là l'abîme est insondable. Tandis que la raison conçoit ce qu'il y a de général et d'éternellement stable dans les choses, les sens n'atteignent que les apparences éphémères d'un monde qui fuit et s'écoule comme l'eau d'un fleuve. Aux noumènes on oppose les phénomènes. Or, a dit Lange, en faisant un triste retour sur la fortune de ces doctrines, l'homme n'a point de raison, il n'a aucune notion d'une faculté qui, sans le secours des sens, percevrait le général et le suprasensible; il ne saurait connaître quoi que ce soit sans les sensations et les impressions que celles-ci laissent dans les centres nerveux. Alors même qu'il soupçonne que l'espace avec ses trois dimensions, le temps avec son présent qui émerge du néant pour y retomber sans fin, ne sont rien de plus que des formes de son entendement, l'homme reconnaît qu'il n'est pas une seule des catégories de la raison qui ne soit l'œuvre de la sensibilité.

CHAPITRE VI

ARISTOTE

C'est chose reçue qu'à Platon on doit opposer Aristote, la spéculation *a priori* à l'expérience rationnelle. La vérité est que le système aristotélicien unit en soi, non sans contradiction, avec l'apparence de l'empirisme, tous les défauts de la philosophie de Socrate et de Platon. Telle est du moins l'opinion à laquelle nous sommes arrivé, après Lange, qui a emprunté ses principaux arguments au savant ouvrage d'Eucken[1] sur la méthode de l'investigation aristotélique. Nulle part, en effet, les vices de cette méthode ne sont mieux indiqués. Cependant si Aristote n'a guère fait de découvertes dans les sciences de la nature, Eucken

---

1. *Die Methode der aristotelischen Forschung in ihrem Zusammenhang mit den philosophischen Grundprincipien des Aristoteles.* (Berlin.)

l'attribue encore au manque d'instruments, comme si l'histoire ne nous montrait pas que le progrès des sciences dans les temps modernes a commencé, presque en tous les domaines de l'expérience, avec les mêmes moyens que possédaient déjà les anciens. Copernic n'avait point de télescope ; il osa seulement briser avec l'autorité d'Aristote, et ce fut le pas décisif en astronomie comme dans toutes les autres disciplines de l'esprit humain.

On répète aussi qu'Aristote a été un grand naturaliste : on parle ainsi en songeant au nombre considérable de faits et d'observations naturels qu'on rencontre en ses livres. Mais il ne faut pas oublier que ces livres ne sont rien de plus que les parties d'une vaste encyclopédie du savoir humain à l'époque d'Alexandre. Des milliers de traités et d'observations existaient alors en Grèce sur les sciences de la nature : Aristote se les est appropriés, non pas sans doute à la manière d'un compilateur de basse époque, mais en philosophe de génie qui se sert des principes des sciences particulières pour construire la science au point de vue spéculatif. Démocrite avait embrassé et dominé toutes les sciences de son temps, et sans doute avec plus d'originalité et de profondeur qu'Aristote : seulement rien n'indique qu'il ait ordonné en un système les diverses théories scientifiques du cinquième siècle. Aristote cite souvent les auteurs qu'il suit ou discute, mais, plus souvent encore, il ne les cite pas. Rien de plus conforme, d'ailleurs, aux habitudes générales de l'antiquité.

On serait tenté de croire quelquefois à des observations originales, à des expériences personnelles, si les faits qu'Aristote rapporte avaient jamais pu exister. Ainsi, à l'en croire, les mâles auraient plus de dents que les femelles; le crâne des femmes, contrairement à celui des hommes, aurait une suture circulaire et leur matrice serait bicorne; à l'occiput, l'homme aurait un espace vide et il ne posséderait que huit paires de côtes, etc., etc. Il semble pourtant qu'il n'eût pas été très difficile de vérifier ces prétendues observations et expériences avant de les croire véritables. Mais la grande curiosité scientifique n'était ni dans l'esprit du temps ni dans les traditions de l'école à laquelle appartenait Aristote. Il n'a vraisemblablement guère observé par lui-même; il a beaucoup affirmé sur la foi d'autrui[1]. Quoi qu'en dise Pascal, il faut se représenter le Stagirite comme un maître et docteur, très érudit, très sûr de lui-même, et ne doutant pas assez qu'il ne fût en état de répondre à toutes les questions sur la nature des choses.

Là est le secret de la grande fortune d'Aristote au moyen âge. Il considérait déjà la science comme faite. De même qu'en morale et en politique, il s'en tient au monde hellénique et ne prend même pas garde aux prodigieux changements qui s'accomplissaient alors dans le monde; il édifie son système, et en particulier sa philosophie zoologique, sur les faits et sur les observations des savants antérieurs, sans paraître très curieux de renouveler ou d'étendre ses connaissances à cet égard en profitant des conquêtes d'Alexandre. Non seulement il n'a pas suivi le héros macédonien : il n'a reçu d'Asie ni plantes ni animaux. Ce qu'on a dit à ce sujet est un conte. Alexandre de Humboldt déclare que les écrits zoologiques d'Aristote ne témoignent en rien d'une influence scientifique des campagnes d'Alexandre. Cuvier a très bien vu aussi que ce

---

1. Cf. pourtant, *Meteor.* II, III, § 35 et 38; *Phys.* IV, VIII, § 6 et 8; XII, § 2; XIII, § 4.

n'était point d'après une observation personnelle, quoiqu'on pût le croire à la lecture, mais uniquement d'après Hérodote, qu'Aristote a décrit les animaux de l'Égypte.

Le système du Stagirite, si grand par son unité, est tout pénétré de téléologie et d'anthropomorphisme. Chez l'homme qui veut construire une maison ou un vaisseau, l'idée, le but qui met en jeu son activité doit préexister à l'exécution. La nature, suivant le Stagirite, n'agit pas autrement : elle réalise toujours quelque fin par la matière, la forme et le mouvement. Nature ou Dieu, c'est toujours l'homme qui sert de modèle. Et de fait, l'homme ne possédant d'autre connaissance immédiate que celle de ses états subjectifs de pensée et de volonté, il incline toujours à croire que la finalité apparente des choses implique dans l'univers l'existence d'une pensée et d'une volonté immanentes, ou transcendantes. Cette grande ombre, ce fantôme qu'il projette dans l'infini, il l'imagine bon et sage : voilà sur quoi repose l'optimisme des philosophes en général et celui d'Aristote en particulier.

On parle beaucoup de la matière dans ce sysième, mais ce qu'Aristote entendait par ce mot (ὕλη) est fort différent de l'acception vulgaire. Pondérable ou impondérable, constituée ou non par des atomes, nous imaginons la matière comme quelque chose d'étendu, d'impénétrable, de nature identique au fond de toutes les transformations. Chez Aristote, cette notion est essentiellement relative : la matière n'est telle que par rapport à ce qui doit sortir de son union avec la forme. Sans la forme, les choses ne pourraient être ce qu'elles sont; grâce à la forme, elles deviennent ce qu'elles sont en réalité, en acte; leur possibilité seule est donnée par la matière. La forme que possède déjà la matière est inférieure, et, par rapport à ce qui doit être, indifférente. La matière n'est qu'en puissance (δυνάμει ὄν), la forme est en acte (ἐνεργείᾳ ὄν ou ἐντελεχείᾳ ὄν). Le passage du possible au réel, voilà le devenir ou l'être. Avec la possibilité de devenir toute chose, la matière n'est rien en réalité.

La théorie aristotélicienne de la substance pourrait aussi induire en erreur à la suite des nominalistes. Fort différent de Platon à cet égard, Aristote appelle substance tout être et toute chose en particulier. Ce qui résulte de l'union de la forme et de la matière est une chose concrète, et le philosophe s'exprime parfois comme si la pleine réalité n'appartenait qu'à celle-ci. Voilà bien le point de vue des nominalistes. Mais Aristote admet encore une autre sorte de substance dans la notion générale d'espèce. Ce pommier est une substance; l'idée des pommiers en tant qu'espèce en implique une seconde. Seulement la substance des pommiers en général ne réside plus au pays chimérique des idées, d'où elle rayonnait dans le monde phénoménal : l'être, la substance générale du pommier existe dans chaque pommier particulier. Ainsi le « général » n'est plus qu'un nom pour Aristote.

C'est la tendance, observée déjà chez Socrate et chez Platon, à évoquer des mots les êtres et les substances et à perdre de vue ce qui est réel et particulier dans la vision subjective des concepts généraux. On commence par admettre que l'être ou la substance des individus réside dans l'espèce; on infère ensuite que ce qu'il y a de plus essentiel dans l'espèce doit résider plus haut, dans le genre, et il n'y a plus de raison de s'arrêter. L'influence de Platon sur Aristote paraît ici avec une entière évidence. Partir de l'observation des phénomènes pour s'élever aux principes de la nature est une excellente méthode, qu'Aristote connaissait bien, mais qu'il n'a guère pratiquée. Quelques faits isolés lui suffisent pour s'élever aux propositions les plus générales, à de véritables dogmes. C'est ainsi qu'il démontre qu'il ne peut rien y avoir en dehors de notre monde, qu'une matière doit se transformer en une autre, que le mouvement est impossible dans le vide, etc. La science qui convient le mieux à cette philosophie, comme à presque toute la philosophie grecque, c'est la mathématique, avec ses vérités d'ordre logique et ses méthodes déductives.

L'erreur fondamentale d'Aristote, c'est d'avoir introduit dans les choses la notion toute sujective du possible, du δυνάμει ὄν. Or il n'y a point de possibilité dans la nature[1] ; il n'y a que des réalités et des nécessités. C'est toujours l'éternelle confusion des idées et des faits, des formes de la pensée et des formes de l'être. Même fausse conception des choses dans la théorie aristotélicienne de la substance et de l'accident. Il n'y a rien de fortuit dans la nature.

---

1. A. Lange, *Geschichte des Materialismus*, I, 64, 163,

Le grain de blé n'est pas un épi en puissance; ce n'est qu'un grain de blé. C'est seulement dans le domaine des abstractions qu'on peut opposer la substance à l'accident, le réel au possible, la forme à la matière. Dans l'investigation positive des choses on se trompera souvent si l'on oublie la valeur toute subjective de ces notions. Certains matérialistes tombent en sens contraire dans la même erreur qu'Aristote : ils considèrent la matière, qui pour nous n'est qu'une pure abstraction, comme la substance des choses, et ils tiennent la forme pour un simple accident.

La psychologie d'Aristote repose aussi sur l'erreur que nous avons appelée fondamentale, sur l'illusion de la possibilité et de la réalité de l'être. Il définit l'âme la réalisation d'un corps organisé qui a la vie en puissance : « L'âme, dit-il, est la première réalité parfaite d'un corps naturel ayant la vie en puissance, d'un corps qui a des organes », ψυχή ἐστιν ἐντελέχεια ἡ πρώτη σώματος φυσικοῦ ζωὴν ἔχοντος δυνάμει· τοιοῦτον δὲ ὃ ἂν ᾖ ὀργανικόν. Ainsi c'est du dehors que vient ce qui fait passer à l'acte ce qui n'était qu'en puissance dans le corps organisé. Ajoutez que, comme il n'y a dans la nature que des réalités, toute chose prise en soi est une entéléchie, si bien que parler d'une chose et de son entéléchie, c'est commettre une tautologie.

Au contraire c'est une théorie profonde que celle du Stagirite qui, considérant l'homme comme le terme le plus élevé de la série organique, voit réunie en lui la nature de tous les êtres inférieurs, des plantes (nutrition, âme et vie végétatives) et des animaux (sensation, mouvement, désir, âme et vie sensitives). Ce qui le distingue, c'est l'âme rationnelle, le νοῦς. Telle est l'origine de nos idées d'âme, d'esprit, de raison et de force vitale. La distinction des trois âmes de l'homme n'était évidemment que subjective chez Aristote. La forme de l'homme, qui réunit en lui toutes les formes inférieures de la vie, voilà l'âme. Mais la doctrine du νοῦς immortel et séparable, — du νοῦς ποιητικός, — est devenue une source intarissable de vaines et dangereuses imaginations, entre autres du monopsychisme des Averroïstes et de certaines doctrines scholastiques du moyen âge. On ne peut pourtant se flatter de connaître ici la pensée véritable d'Aristote. Les contradictions fort graves du Stagirite, dues certainement au mode de rédaction et de transmission de son œuvre, ont été relevées dès l'antiquité par tous les historiens critiques de la philosophie. Plus on connaît Aristote, mieux on se persuade que la doctrine d'une âme immortelle tient à peine au système : on l'en pourrait détacher sans léser l'unité organique de la philosophie d'Aristote.

Cette critique générale de la philosophie d'Aristote ne saurait nous dispenser de jeter un rapide regard sur les parties de ce système que revendique la conception mécanique du monde.

Dans l'histoire, comme dans la nature, rien ne se perd : tout se transforme et reparaît éternellement sous de nouveaux aspects. Alors même que les monuments écrits et figurés d'une civilisation disparaissent sans laisser de traces, comme cela a dû arriver déjà plusieurs fois sur cette planète[1], les idées, les formes de l'intelligence ne laissent pas de se transmettre aux descendants, qui, sans le savoir, continuent l'œuvre commencée, développent l'idée entrevue, la pensée laissée à l'état de germe par nos plus lointains aïeux. Ces réveils ata-

---

1. C'est là une idée qui se présente souvent chez Aristote. Voyez surtout *Metaphys.* XII, 8.

viques, ces réminiscences inconscientes ont lieu dans les idées scientifiques comme dans les idées morales. L'illusion de chaque génération qui entre dans la vie, illusion bienfaisante, est de croire qu'avec elle une ère nouvelle commence et que le monde va enfin apprendre ce qu'il avait jusqu'alors ignoré. C'est ainsi que la chimie date de Lavoisier.

Certes, il y a une grande part de vérité dans ces illusions juvéniles; le progrès, qui est une chimère si on l'étend au delà d'une certaine durée, est très réel dans des limites qu'on ne saurait d'ailleurs fixer, et qui reculent toujours. La division du travail et la différenciation de plus en plus compliquée des sujets qu'étudie l'homme découvrent de nouveaux aspects des choses, suscitent des méthodes, créent des théories inconnues aux anciens. L'attraction universelle et la théorie cellulaire, pour ne citer que ces deux grandes découvertes, et sans parler de la méthode expérimentale ni de nos instruments perfectionnés, semblent creuser un abîme entre la science moderne et la science antique. Mais il n'y a pas plus de solution de continuité dans le monde moral que dans ce qu'on nomme le monde physique, et l'œuvre de l'historien consiste à retrouver les formes intermédiaires et à marquer les transitions de la pensée. Les différences qui nous frappent aujourd'hui au point de nous aveugler s'évanouiront peu à peu quand on les regardera de plus loin ; avec les siècles, on finira même par les perdre de vue. Aussi, ce sont moins les différences que les ressemblances qu'il faut s'efforcer d'apercevoir dans les choses, leurs affinités cachées et leur secret accord.

Des extrémités de l'univers aux parties supérieures de l'atmosphère terrestre, se meut éternellement une substance incréée, impérissable, immuable, qui emporte dans son cours circulaire les étoiles, le soleil et les autres planètes. L'éther [1], pur impondérable, à l'abri de la vieillesse, de l'altération et de toute modification, sans commencement et sans fin, est la première essence des corps, l'élément antérieur aux corps simples qui composent notre monde, la substance qui est à la périphérie dernière de l'univers, au plus haut de l'espace, là où les hommes ont placé les dieux. Le ciel, ou le premier des éléments, ou l'éther, n'est pas

---

1. C'est le cinquième élément.

infini. Le mouvement éternel dont il est animé est nécessairement circulaire, car ce genre de mouvement est le seul parfait. L'univers a donc la forme d'une sphère. Le ciel, qui, comme tous les corps simples et élémentaires de la nature, a en soi et par soi le principe du mouvement, lequel n'a jamais commencé, le ciel est pour tous les autres mouvements de l'univers le principe d'où ils tirent leur origine, et la fin dans laquelle ils s'arrêtent. Les corps que renferme le premier élément, les étoiles fixes, se meuvent circulairement. Le mouvement du ciel règle tous les mouvements inférieurs, comme ceux du soleil et des planètes. Les mouvements des astres sont proportionnels à leur distance, les uns étant plus rapides et les autres plus lents, selon que l'astre est plus rapproché ou plus éloigné de la circonférence extrême du ciel. La distance des étoiles à la terre est beaucoup plus considérable que celle du soleil, de même que la distance du soleil à la terre est beaucoup plus grande que celle de la lune. La nuit, qui n'est que l'ombre de la terre, ne peut pas plus arriver aux étoiles que la lumière du soleil.

Lourds et froids, les deux éléments les plus

denses, la terre et l'eau, sorte de concrétion de l'univers, se trouvent au centre du monde. Autour de la terre et de l'eau s'étendent l'air et ce que, par habitude, nous appelons le feu, bien que ce ne soit pas du feu. Le monde entier de la terre se compose de ces quatre corps, — terre, eau, air et feu. Non seulement la terre, dont la circonférence a 440,000 stades [1], est beaucoup plus petite que le soleil et tant d'autres astres, mais, si on la compare au ciel tout entier, sa masse est nulle, absolument nulle. Aristote n'a pas assez de railleries pour les théologiens qui regardent comme considérable cette partie de l'univers où nous nous trouvons, et qui s'imaginent que le ciel tout entier n'existe qu'en faveur de ce point obscur et immobile autour duquel il tourne. La forme de la terre est nécessairement sphérique, comme le prouvent les phases de la lune et toutes les observations astronomiques.

Parmi les corps de notre monde terrestre, les uns sont simples et les autres sont composés de ceux-ci.

On appelle corps simples des substances incréées,

---

1. *De Cœlo*, II, xiv, § 16.

qui ont naturellement en soi le principe du mouvement, comme le feu et la terre, et leurs intermédiaires, l'air et l'eau. Le mouvement d'un corps composé dépend de l'élément prédominant qu'il contient. Quant au mouvement des corps simples qui constituent notre monde, il n'est pas circulaire comme le mouvement de l'éther, mais en ligne droite, de haut en bas et de bas en haut. Ainsi la terre et l'eau tendent au centre, tandis que l'air et le feu s'en éloignent. Les corps simples ne pouvant venir ni de quelque chose d'incorporel, ni d'un autre corps, il faut qu'ils viennent réciproquement les uns des autres, et que chacun d'eux soit en puissance dans chacun des autres, comme il arrive, d'ailleurs, pour toutes les choses qui ont un sujet un et identique dans lequel elles se résolvent en dernière analyse.

Les éléments changent et se métamorphosent plus ou moins vite les uns dans les autres, selon le degré d'affinité qu'ils ont entre eux. L'*air*, qui est chaud et liquide, viendra ainsi du *feu*, qui est sec et chaud, par l'unique changement de l'une des deux qualités de ces corps. Le sec est-il dominé par le liquide, il se produit de l'air. Le chaud vient-il à être dominé par le froid dans cet air, il se produit de l'*eau*, laquelle est froide et liquide. C'est encore d'une façon analogue que la *terre* vient de l'eau et que le feu vient de la terre. C'est de ces éléments et de leurs transformations que naissent tous les composés organiques et inorganiques, minéraux, plantes et animaux.

L'humanité n'a pas attendu le dernier siècle pour essayer de résoudre en des substances de plus en plus simples les différents corps de la nature. « L'opinion si répandue sur le jeune âge de la chimie est une erreur, a très bien dit Justus Liebig[1] ; cette science compte, au contraire, parmi les plus anciennes. » Il est bien certain que tous les anciens peuples civilisés, la Chaldée, la Phénicie, l'Égypte surtout, dont la pharmacologie était si compliquée, ont eu une chimie industrielle et médicale, ou, comme on disait naguère encore, une chimie minérale, animale et végétale. Sans parler des atomistes grecs, dont les idées sur la constitution de la matière sont encore celles de la plupart des chimistes contemporains, on doit rappeler, avec Aris-

---

1. *Chemische Briefe*, 6te Aufl. (Leipzig, 1878), p. 24.

tote, que tous les philosophes antérieurs à Socrate, « reconnaissant des corps simples pour éléments, en avaient admis tantôt un, tantôt deux, tantôt trois, tantôt quatre : ceux qui n'en admettaient qu'un seul faisaient naître tous les autres de la condensation ou de la raréfaction de cet élément [1] ». Ces corps simples, ces éléments premiers et irréductibles, étaient la matière de Thalès, d'Anaximène, d'Héraclite, d'Empédocle. Aristote luimême, dont les quatre ou cinq éléments composent tous les corps de l'univers en se transformant les uns dans les autres, paraît bien avoir admis qu'il n'existe qu'une seule matière, dont les corps simples sont de purs modes, hypothèse grandiose qui domine encore la philosophie chimique de notre temps.

Les substances qu'Aristote appelait corps simples, sans pourtant les croire absolument telles, ont été depuis décomposées en de plus simples, si bien que nos éléments ne sont plus ceux du Stagirite ; voilà toute la différence. Mais un temps viendra sûrement où nos corps simples, dissous à leur tour en

---

1. *De Gener. et corr.*, II, 3.

de plus simples, n'apparaîtront que comme des multiples de quelque matière première.

Par élément, Aristote entendait « la matière première qui entre dans la composition des corps et ne peut être réduite en parties hétérogènes[1]. » Ainsi les parties ultimes dans lesquelles se résolvent les corps, les particules qu'on ne peut plus résoudre par division en d'autres corps d'espèces différentes, voilà l'élément aristotélicien. Le Stagirite a insisté sur ce caractère d'indivisibilité ; quand même les éléments seraient encore mécaniquement divisibles, disait-il, leurs particules seraient toujours homogènes : toute particule d'eau serait toujours de l'eau. Pour Empédocle, la terre, l'eau, l'air et le feu étaient, on le sait, les principes, les « racines » des choses, les éléments dont tous les corps sont composés. « Cette hypothèse, a écrit Alexandre de Humboldt, qui peut-être a tiré son origine de l'Inde, est restée mêlée à tous les systèmes de philosophie naturelle depuis le poème didactique d'Empédocle : elle témoigne du besoin que l'homme a de tout temps éprouvé de tendre à la généralisation et à la simplification des idées,

1. *Metaphys.*, V. 3. *De Cœlo*, III, 3.

qu'il s'agisse de l'action des forces ou seulement de la nature des substances[1]. »

Ces éléments ou corps simples, auxquels Aristote ajoute quelquefois l'éther, constituaient donc les corps, pour les anciens comme pour les modernes, du moins jusqu'aux immortelles découvertes de Priestley, de Cavendish et de Lavoisier. Dans la chair, dans le bois et dans les autres corps analogues, disait Aristote, il y a de la terre et du feu : on rend ces deux éléments visibles en les isolant de ces corps; mais ni la chair, ni le bois, etc., ne préexistent dans le feu ou dans la terre; autrement on pourrait les en séparer[2]. De même que la trame des substances organiques est surtout constituée pour nous par du carbone, de l'oxygène, de l'hydrogène et de l'azote, Aristote reconnaissait que la substance des êtres organisés, que les « parties » des animaux et des plantes, loin d'avoir une existence indépendante, se résolvaient en terre, en feu et en air : c'était leur matière. L'accord relatif qu'on surprend ici entre notre conception actuelle de l'élément et celle d'Aristote, deviendrait plus frappant

1. *Cosmos*, III, 11.
2. *De Cœlo*, III, 3.

encore si nous examinions les passages où le Stagirite constate que le produit des éléments, le corps mixte ou composé, possède des propriétés tout à fait différentes de celles des éléments constituants. « Il y a unité dans le tout, dit Aristote ; il n'est pas une sorte de monceau ; il est un comme la syllabe. Or, la syllabe n'est pas seulement les lettres qui la composent ; elle n'est pas la même chose que A et B. La chair non plus n'est pas le feu et la terre seulement. Dans la dissolution, la chair, la syllabe, cessent d'exister, tandis que les lettres, le feu, la terre, existent encore. La syllabe est donc quelque chose qui n'est pas seulement les lettres, la voyelle et la consonne : elle est autre chose encore ; et la chair n'est pas seulement le feu et la terre, le chaud et le froid, mais encore autre chose[1]. »

Ajoutez que les éléments d'Aristote sont bien des substances matérielles, et non des « propriétés fondamentales » de la matière, comme l'a écrit Kopp[2]. Les causes premières, ou principes des choses, étaient pour Aristote la matière, la forme,

1. *Metaphys.*, VII, 17.
2. *Geschichte der Chemie*, I, 30. V. surtout l'excellent travail de J. Lorscheid, *Aristoteles Einfluss auf die Entwickelung der Chemie*, p. 14.

la cause motrice, et la fin ou le but. Ainsi, dans une statue, la matière est l'airain, la forme est l'idée de la statue; la cause motrice, le principe d'où part le mouvement est le sculpteur; le but, la statue réalisée. La matière première était, pour Aristote comme pour Platon, le substratum incréé et impérissable du *devenir*, de la production et de la dissolution des choses : le philosophe l'appelait l'indéterminé, l'illimité, l'infini; elle est inconnaissable en soi, car, avant que la forme s'y soit imprimée comme le cachet sur la cire, elle est vague et indifférente, et, pouvant devenir toute chose, elle n'est rien en réalité. Elle n'en existe pas moins alors en puissance, de même que les matériaux d'une maison, les briques et les poutres, existent avant que cette maison soit en acte.

Cette matière première, qui n'est qu'une puissance, une possibilité d'être ceci ou cela, jusqu'à ce qu'elle ait reçu la forme et devienne en acte, n'en est donc pas moins le « principe de tous les êtres matériels, » ce qui subsistait avant l'arrivée de la forme, ce qui persiste après la séparation. Le produit de l'union de la matière et de la forme, c'est la substance. « Supprimez de cette substance la longueur, la largeur, la profondeur, dit Aristote, il ne reste rien absolument, sinon ce qui était déterminé par ces propriétés. Sous ce point de vue, *la matière est nécessairement la seule substance;* et j'appelle matière ce qui n'a, de soi, ni forme, ni quantité, ni aucun des caractères qui déterminent l'être[1]. » Il est inutile de rappeler, comme je l'ai fait déjà, qu'il n'y a rien en puissance dans la nature, où tout est en acte, au contraire : on ne connaît que des réalités. L'animal n'est pas plus en puissance dans l'œuf que l'arbre dans la graine ou la statue dans le bloc de marbre.

Il reste toujours que ce qu'Aristote appelle substance, ce sont les éléments matériels, les corps simples, partant quelque chose de réel, qui existe en soi comme un sujet. « J'appelle substances, dit-il, des corps simples comme le feu et la terre, avec tous les corps de même ordre, et ceux qui en sont formés, comme par exemple le ciel tout entier et ses parties, et aussi les animaux, les plantes et leurs parties respectives. Les modifications et les actes de ces substances, les mouvements de chacun des corps que je viens de nommer, et de tous

---

1. *Metaphys.*, VII, 3.

les autres corps dont ces éléments sont la cause, suivant leur diverse puissance, enfin leurs altérations et leurs permutations les uns dans les autres, c'est là, évidemment, la meilleure partie de l'histoire de la nature, qui s'occupe de l'étude des corps, puisque *toutes les substances naturelles sont* ou *des corps* ou ne peuvent exister qu'à la condition des corps et des grandeurs[1]. »

Bien d'autres passages, qu'il serait long d'énumérer, attestent que les éléments d'Aristote sont bien des corps matériels. Toutefois, une importante distinction sépare l'élément aristotélicien du nôtre : le Stagirite croit que les éléments sont transmutables les uns dans les autres, que le feu, l'air, l'eau et la terre viennent les uns des autres, chacun d'eux étant en puissance dans chacun des autres, comme il en est, d'ailleurs, pour toutes les choses qui ont un sujet un et identique, dans lequel elles se résolvent en dernière analyse[2]. Les éléments ne sont donc pas immuables; car on observe que le feu, l'eau et chacun des corps simples peuvent se dissoudre; les éléments naissent et péris-

1. *De Cœlo*, III, 1.
2. *Meteor.*, I, 3.

sent. D'où viennent-ils ? Ils ne peuvent naître de quelque chose d'incorporel, car ils naîtraient du vide ; ils ne peuvent non plus venir de quelque corps, car il faudrait qu'il existât un corps antérieur aux éléments. « Puis donc, conclut Aristote, qu'il n'est possible ni que les éléments viennent de quelque chose d'incorporel ni qu'ils viennent d'un autre corps, il reste qu'ils viennent réciproquement les uns des autres[1]. » Ainsi, les quatre éléments sont comme des degrés de transformation d'une seule et même substance primordiale[2]. Ces degrés ou modes de transformation sont de véritables états allotropiques de la matière première. De même qu'une seule et même substance — le carbone, le phosphore rouge ou le soufre — peut se présenter sous des états différents dans lesquels elle manifeste des propriétés physiques tout à fait dissemblables, les quatre éléments sont comme autant d'états allotropiques, de propriétés dissemblables[3],

---

1. *De Cælo*, III, 6. Cf. III, 3. *De Gener. et corr.*, II, 4.
2. *De Gener. et corr.*, I, 1, etc.
3. Ce qu'Aristote nomme les « contraires » : « Tout ce qui vient à naître vient des contraires ; tout ce qui vient à se détruire se résout dans ses contraires ou dans les intermédiaires. Les intermédiaires eux-mêmes ne viennent que des contraires ; par exemple, la couleur vient du blanc et du noir. » *Phys.*, I, 5.

d'une seule et même matière qui est leur substratum commun.

Il est temps d'examiner comment Aristote se représentait la composition et la décomposition des différents corps naturels, leur production et leur dissolution. Les corps sont simples ou composés. Tous les corps mixtes sont formés des quatre éléments : dans tous, il y a de la terre et de l'eau ; il y a aussi de l'air et du feu, parce que ces éléments sont contraires à la terre et à l'eau, et que la production des choses vient des contraires. Considérons les corps organiques. Voici comment Aristote opère sur ce groupe de substances : il trouvait que les plantes et les animaux étaient composés de parties hétérogènes, — bois, feuilles, racines, mains, pieds, organes de toute sorte ; — puis, que ces parties étaient réductibles à des parties homogènes, c'est-à-dire qui ne pouvaient être mécaniquement divisées en parties de nature hétérogène, — nerfs, muscles, os, chair, peau, etc. ; — enfin, que ces parties homogènes elles-mêmes avaient pour éléments premiers la terre, l'eau, l'air et le feu.

Ces trois divisions correspondent assez bien

à ce qu'on appelle chimie animale, histologie et anatomie.

Mais ce sont surtout les idées du Stagirite sur la composition des métaux qu'il importe de connaître pour l'intelligence des progrès ultérieurs de la chimie. Aristote estimait que plus un corps se liquéfie facilement au feu, plus il est aqueux; il croyait donc que l'eau dominait dans la composition de l'or, de l'argent, du cuivre, de l'étain et du plomb[1]. Dans le fer, au contraire, prédominait la terre. Néanmoins, pour important que fût l'élément prédominant dans la composition d'un métal, on ne devait pas oublier qu'il ne pouvait être composé que d'un seul élément. Pour transmuter les métaux, il fallait ajouter à ceux-ci certaines qualités : le laiton, par exemple, naissait du cuivre par l'addition de l'étain. « L'étain, qui est comme une simple affection de l'airain sans matière, dit Aristote, disparaît presque complètement et s'évanouit dans le mélange auquel il ne fait que donner une certaine couleur, ainsi que cela arrive pour d'autres corps, lorsque l'un des deux corps qui se

---

1. *Meteor.*, IV, 4.

mêlent est seul à être passif, ou qu'il l'est beaucoup et que l'autre l'est fort peu[1]. »

L'étude des corps reposait alors sur la connaissance de leurs propriétés physiques, quels que fussent d'ailleurs les éléments constituants. Ainsi, tout ce qui était spécifiquement plus léger que l'eau, comme le bois, l'huile, etc., contenait surtout de l'air ; un bois qui, comme l'ébène, était plus lourd que l'eau, devait renfermer plus de terre et moins d'eau que les autres. Le degré de combustibilité d'un corps dépendait de la proportion d'air et de feu qu'il contenait : l'air prédominait dans la graisse, par exemple, ce qu'indiquait aussi la couleur blanche ; la terre, dans le suif, dans la matière des fibres[2], etc. Que le cerveau fût à la fois composé d'eau et de terre, voici ce qui le montrait : si on le fait bouillir, il se dessèche et durcit, et la partie terreuse reste seule ; l'humide, au contraire, est évaporée par la chaleur. C'est précisément ce qui arrive dans la cuisson de beaucoup de légumes, ces substances organiques contenant aussi beaucoup de terre. Chez les plantes, c'était la terre

1. *De Gener. et corr.*, I, 10.
2. *De Part. anim.*, II, 5, 6, 7.

qui prédominait ; l'eau, chez les animaux aquatiques ; l'air, chez les animaux qui marchent sur la terre ; le feu, chez d'autres animaux : ceux-ci doivent peut-être être cherchés dans la lune, qui serait capable de fournir pur ce quatrième élément [1].

Toutes les substances qu'on tire des mines et des carrières (fossiles, minéraux) naissent par l'*exhalaison sèche* qui brûle la matière : telles, toutes les diverses espèces de pierres qui ne se dissolvent pas dans l'eau, la sandaraque, l'ocre, le minium, le soufre, etc. ; l'*exhalaison vaporeuse* produit des métaux qui sont ou fusibles ou ductiles, comme le fer, l'or, l'airain : ils contiennent donc, nous l'avons dit, plus ou moins d'eau. En toutes ces productions de la nature inorganique, les éléments sont la cause matérielle, le froid et le chaud la cause motrice [2].

Il resterait à examiner si Aristote s'est élevé jusqu'à l'idée de la combinaison chimique. Mais

---

1. *De animal. Gener.*, III, 11. Cf. Alex. de Humboldt, *Cosmos*, III, 13 et ss.

2. Il faut savoir que la chaleur et la lumière que les astres nous envoient viennent du frottement de l'air déplacé et broyé par la translation de ces astres ; « car on sait, dit Aristote, que le mouvement peut aller jusqu'à enflammer et liquéfier les bois, les pierres et le fer. » (*De Cœlo*, II, 7.)

on connaît trop bien les écrits du Stagirite pour en douter encore. Le philosophe a expressément distingué le « mélange » de la « juxtaposition » des éléments. Et ce qu'il entendait par mélange, ce sont bien nos combinaisons chimiques. « Pour qu'il y ait un vrai mélange, dit-il, il faut que la chose mélangée soit composée de parties homogènes ; et de même qu'une partie d'eau est de l'eau, de même aussi doit être une partie quelconque du mélange. Mais si le mélange n'est qu'une juxtaposition de particules à particules, aucun des faits que nous venons d'analyser n'aura lieu, et ce sera seulement pour les yeux que les deux choses paraîtront mélangées[1]. » Les choses entre lesquelles il peut y avoir mélange proprement dit sont celles qui peuvent souffrir une action réciproque, qui sont facilement déterminables et facilement divisibles. Les substances de ce genre ne sont pas nécessairement détruites dans le mélange ; elles n'y demeurent pas non plus absolument les mêmes ; en tout cas, elles ne sont plus séparément perceptibles aux sens.

---

1. *De Gen. et corr.*, 1, 10.

En somme, les quatre éléments étaient, selon Aristote, des corps simples, des substances matérielles qui manifestaient certaines propriétés physiques et qui avaient pour fondement, pour substratum commun, une matière première. Cette matière avait en puissance immédiatement les éléments, médiatement les choses. Les éléments pouvaient se transformer les uns dans les autres par l'échange de leurs propriétés; les corps mixtes ou composés naissaient du mélange des éléments qui existaient ainsi en puissance dans les corps et pouvaient en être actuellement isolés. La destruction d'une chose était considérée comme la production d'une autre; ainsi se perpétuait la génération des êtres dans l'univers éternel.

La puissante synthèse scientifique, dans laquelle Aristote a fait entrer tous les travaux et toutes les idées des philosophes qui l'avaient précédé, a dominé, on peut le dire, tout le développement de l'esprit humain. L'action incomparable qu'a exercée ce « précepteur de l'humanité » sur la philosophie grecque postérieure, surtout à Alexandrie, sur la civilisation arabe et la culture scientifique des peuples de l'Europe chrétienne au moyen âge, apparaît dans l'histoire de la chimie comme dans celle de la zoologie, de la psychologie ou de la critique. Le développement de l'alchimie a suivi un mouvement parallèle à celui des progrès de la philosophie d'Aristote. Ce fut d'abord en Égypte que fleurirent, depuis le quatrième siècle jusqu'au milieu du septième, les études sur la composition des corps et la transmutation des métaux. A partir du milieu du huitième siècle, les Arabes reprirent avec ardeur les mêmes recherches, et la science de ces manipulations s'étendit bientôt, en même temps que les écrits du Stagirite sur la nature, de l'Espagne en France, en Angleterre, en Allemagne.

Geber, que Liebig a appelé le Pline du huitième siècle, modifia à peine chez les Arabes les anciennes idées d'Aristote sur la chimie, en considérant le soufre et le mercure comme les plus prochains éléments fondamentaux des métaux. Albert le Grand, Roger Bacon, Raymond Lulle demeurèrent dans les mêmes idées. Après Basile Valentin, Paracelse, au seizième siècle, ajouta le sel au mercure et au soufre comme élément fondamental. La rébellion de Van Helmont contre la doctrine aristotélicienne des éléments ne devait pas avoir le succès des attaques de l'Irlandais Robert Boyle (1627-91), qui a l'honneur d'avoir fait la première brèche dans le système dix fois séculaire du philosophe grec. Boyle démontra que, pour la chimie, l'hypothèse des quatre éléments aristotéliciens était aussi insuffisante que celle des trois éléments des alchimistes ; il donna la première définition exacte de l'élément chimique et prouva que dans la combinaison les éléments constituants subsistent.

Ces éléments consistaient au fond, pour lui comme pour Aristote, en une seule et même substance, en une matière première, mais les diverses propriétés qu'ils présentent devaient être ramenées aux différences de grandeur et de forme de leurs particules ultimes, c'est-à-dire des atomes. Les idées de Boyle sur la constitution de la matière, d'abord peu remarquées, contenaient en germe les principales doctrines de la chimie moderne. L'hypothèse de Leucippe et de Démocrite, qu'Aristote s'était efforcé de ruiner, reparaissait dans le monde pour de longs siècles. Mais la doctrine du Stagirite eut sur son déclin une sorte de renouveau dans la théorie du phlogistique. Avant Stahl, Becker avait repris, au dix-septième siècle, les travaux des alchimistes sur la transmutation des métaux. Jusqu'à la fin du dernier siècle, les principaux chimistes considérèrent comme des substances irréductibles, comme des corps simples, homogènes, inaltérables, et qu'aucun effort de l'art ne pourrait décomposer, les quatre éléments des anciens, la terre, l'eau, l'air et le feu[1].

Ainsi tomba pierre à pierre, après avoir bravé pendant plus de deux mille ans toutes les injures du temps, le vieil édifice de la philosophie natu-

[1]. C'est ce qu'enseignait Macquer, un contemporain de Lavoisier, dans son cours de chimie au Jardin des plantes. En son *Dictionnaire de chymie*, qui fut traduit en allemand et jouit d'une grande faveur, Macquer écrivait qu' « il est très possible que ces substances, quoique réputées simples, ne le soient pas, qu'elles soient même très composées, et résultent de l'union de plusieurs substances très simples ; mais, comme l'expérience n'apprend absolument rien sur cela, ajoutait ce chimiste, on peut sans inconvénient, on doit même regarder en chymie le feu, l'air, l'eau et la terre comme des corps simples *. » La découverte de l'oxygène par Priestley (1744) et les expériences de Lavoisier sur la combustion des corps montrèrent que le feu n'était pas un corps simple ; les recherches de Watt, de Cavendish et de Lavoisier établirent que l'eau est un corps composé ; en même temps s'évanouissait la propriété qu'Aristote lui avait attribuée de pouvoir se transformer en air et en terre, car on connut aussi que l'air est un mélange de divers corps.

* *Dictionnaire de chymie, contenant la théorie et la pratique de cette science, son application à la physique, à l'histoire naturelle, à la médecine et à l'économie animale.* (Paris, Lacombe, 1766.) T. Ier, p. 399, v° *Élémens*.

relle du Stagirite. Ruines imposantes, et qu'aucune doctrine plus jeune n'a le droit de dédaigner. On n'a pas eu assez de railleries pour l'alchimie et le phlogistique. Et pourtant, comme l'a écrit Liebig, l'alchimie ne fut guère autre chose que de la chimie; c'est à tort qu'on l'a souvent confondue avec les rêveries de certains alchimistes des derniers siècles sur l'or potable, les élixirs de vie et les panacées de toute sorte. Prise en soi, la théorie de la transmutation des métaux n'avait rien d'anti-scientifique, surtout dès qu'on admettait, avec Aristote, une sorte d'allotropisme de la matière première; lorsqu'il était reçu que l'hétérogénéité des éléments n'était qu'apparente et qu'ils pouvaient tous se transformer les uns dans les autres. C'étaient et ce sont là, en tout cas, de très graves problèmes de philosophie chimique, qu'on n'a pas encore résolus de nos jours. Quelque jugement qu'on porte sur la science grecque en général, et en particulier sur cette partie de l'encyclopédie aristotélique, on reconnaîtra de plus en plus que les erreurs des anciens ont souvent été plus fécondes que bien des « vérités » de la science moderne. On ne peut guère douter, en bonne philosophie, que les doctrines chimiques actuelles ne doivent avoir tôt ou tard le même sort que celles des anciens Grecs.

La production et la destruction des êtres sur la terre se rattachent indirectement au mouvement de translation circulaire du ciel, qui règle tous les mouvements inférieurs, et directement au mouvement de translation suivant le cercle oblique d'après lequel se meuvent le soleil et les planètes. Les différents états par lesquels passent tous les composés organiques et inorganiques sont donc produits par l'obliquité du cercle qui tantôt éloigne et tantôt rapproche le soleil de la terre. De là, en effet, les saisons qui reviennent périodiquement, et la chaleur dont le soleil est la source principale. Une autre source de chaleur pour la terre, c'est que le feu ambiant est déchiré continuellement par les vibrations de l'éther et projeté violemment en bas.

Si le mouvement de translation circulaire du ciel est la cause d'une éternelle uniformité dans l'univers, le mouvement de translation du soleil suivant le cercle oblique du zodiaque est la cause d'une éternelle diversité sur la terre. On voit ici-bas toute chose se transformer, s'altérer et changer. C'est en vain que tous les êtres ont le désir instinctif de

durer, de vivre et de participer autant que possible
de l'univers éternel et divin, au sein duquel ils n'apparaissent qu'un instant : tout ce qui est né doit
mourir, et l'individu ne survit que dans l'espèce.
Seul, le ciel d'où découlent pour les autres êtres
l'existence et la vie, le ciel qui enveloppe tous les
mouvements imparfaits qui ont une limite et un
point d'arrêt, le ciel au cours éternellement circulaire, ne connaît ni commencement ni fin, ni interruption ni repos, ni génération ni mort [1].

Parmi les composés organiques, nés spontanément de la rencontre des éléments terrestres, les
uns ont une organisation plus compliquée que les
autres, et partant des fonctions plus élevées et plus
parfaites. Le passage des êtres animés aux êtres
inanimés se fait dans la nature par une dégradation insensible. Des corps bruts aux plantes, et des
plantes aux animaux, la transition n'est ni brusque

---

1. Conf. *Physique*, les Livres V, VI et VII (VIII) surtout. — *De Cœlo*, I, 1; II, § 4, 5, 6, 13; VI, § 12; VIII, § 3, 5; IX, § 6, 10, 11; X et suiv.; II, 1, § 2, 4, 6; II, § 7; III, § 1; V, § 2; VI, § 2; X, § 2; XII, § 9; XIV, § 2, 8, 13, 14; III, I, II, III, § 2; VI, § 5. — *De gener. et corr.*, I. II, § 8 et 9; II, IV, § 3, 4; IX, X, § 1, 8, 9, 10; XI. — *Meteor.*, I, II, § 1; III, § 2, 7, 13, 14, 20, 21; VIII, § 6; XIV, § 19; II, 1, § 2, II, § 5; III, § 3 et suiv.; IV, § 3 et suiv.; VII, § 8, etc.

ni subite. Dans la mer, on trouve des corps, les éponges, par exemple, dont on douterait si ce sont des animaux ou des végétaux. Le genre entier des testacés, comparé aux animaux qui ont un mouvement de locomotion, ressemble aux plantes. Les uns n'offrent aucune trace de sensibilité, d'autres n'en donnent que des signes obscurs. Cette dégradation insensible, qui marque le passage de ce qui ne vit point à ce qui vit, se retrouve dans toute la série des êtres organisés. Certains êtres s'assimilent grossièrement la matière et se reproduisent simplement. D'autres, doués de sensibilité et de mouvement, pourvoient à la nourriture et veillent à la conservation de leurs petits, puis les quittent sans plus s'en souvenir. D'autres, enfin, plus intelligents, plus capables de conserver et d'associer les impressions internes, vivent réunis en familles, en tribus, en sociétés. Chez la plupart des animaux, à mesure que l'on s'élève des mollusques aux reptiles, des reptiles aux oiseaux et des oiseaux aux mammifères, on trouve des traces de ces affections et de ces sentiments qui se montrent dans l'homme d'une manière plus marquée, comme la douceur, la férocité, la générosité, la bassesse, la timidité, la confiance, la colère, la ruse, etc. On aperçoit même chez plusieurs quelque chose de la prudence réfléchie de l'homme.

« Entre certains Animaux et l'Homme, dit Aristote, et entre l'Homme et un grand nombre d'Animaux, il n'y a qu'une différence de plus ou de moins. Tantôt c'est dans l'Homme, tantôt c'est dans les autres Animaux que dominent ces sentiments dont nous avons parlé. Parfois il n'y a entre celui-là et ceux-ci qu'un rapport d'analogie. Si l'Homme a l'industrie, la science et le jugement, il y a chez quelques Animaux une autre faculté naturelle du même genre. Rien de plus clair pour qui considère l'enfance. On peut reconnaître, en effet, chez les enfants, des indices et comme des germes des habitudes futures. A cette époque de la vie, l'âme de l'enfant ne diffère en rien, pour ainsi dire, de l'âme des bêtes [1]. Il n'y a donc rien d'étrange si l'on retrouve chez les Animaux des facultés communes, des facultés semblables et des facultés analogues [2]. »

La nutrition, la sensibilité, la locomotion, la

1. « J'avoue, a dit Agassiz, que je ne saurais dire en quoi les facultés mentales d'un enfant diffèrent de celles d'un jeune chimpanzé. » — *Rev. scient.*, 19 sept. 1868.
2. Histoire des Animaux, l. VIII, ch. I.

pensée : voilà ce qui distingue l'être animé de l'être inanimé. Aucune de ces fonctions ne saurait exister sans un corps organisé. L'âme, ou plutôt toute espèce d'âme, étant inséparable du corps dont elle n'est que la forme, la perfection, l'achèvement, en un mot, l'*entéléchie*, l'âme se trouve définie par les fonctions de la vie. Entre toutes, la nutrition est la plus importante, car toutes les fonctions dépendent d'elle. Elle peut subsister seule et indépendamment de toutes les autres, comme dans le végétal, mais les autres ne peuvent subsister sans elle dans l'animal. La sensibilité est ce qui constitue avant tout l'animal, même privé de mouvement. L'âme est ce par quoi nous vivons, sentons et pensons. Chacune des facultés est-elle l'âme ou seulement une partie de l'âme? L'âme a-t-elle des parties distinctes et pouvant être séparées matériellement? Certains végétaux, par exemple, qui n'ont que l'âme nutritive, c'est-à-dire la faculté de s'assimiler les éléments du milieu où ils vivent, subsistent fort bien après qu'on les a séparés et divisés en parties, comme si l'âme était réellement et parfaitement dans chacune de ces parties. De même, si l'on coupe certains insectes en plusieurs parties, on voit la sensibilité, la locomotion et, par conséquent, l'imagination et le désir, persister encore dans chacune de ces parties. Si, parmi les êtres animés, les uns n'ont que quelques-unes de ces fonctions, ou même n'en ont qu'une seule, certains animaux les ont toutes. La cause de ces différences est dans l'organisation et la constitution du corps des êtres vivants. Toutes les fonctions de la vie sont rigoureusement subordonnées les unes aux autres. Ainsi, sans nutrition, point de sensibilité, ni de locomotion, ni de pensée. Les animaux qui, comme l'homme, ont la raison et la pensée, ont donc aussi toutes les autres facultés.

Dans toute substance, il faut considérer le sujet ou la matière, l'essence ou la forme, et le but ou la fin particulière de l'être. Ainsi, le but de la nutrition est la reproduction et la perpétuité des espèces. En tant qu'entéléchie d'un corps naturel ayant la vie en puissance, l'âme est la forme du corps, elle est sa vie en acte, elle fait de lui ce qu'il est. La matière pouvant être à l'origine toute chose indifféremment, il est clair que la forme est ce qui la détermine et fait d'elle tel ou tel être. La matière est à l'être réel et particulier ce que l'airain est à la statue. C'est la forme d'un être qui constitue son espèce. C'est d'après la forme qu'on le définit et qu'on le classe. En ce sens, il faut en convenir, la forme est bien plus que la matière la nature véritable des choses. Mais, qu'en conclure ? Que la forme est séparable de la matière, et qu'elle peut exister à part comme une substance véritable ? C'est là la doctrine de Platon, c'est ce qu'enseigne cette théorie des idées qu'Aristote a combattue partout et toujours ; en tout cas, c'est absolument le contraire de ce que nous lisons dans le *Traité de l'Ame*.

Oui, l'âme est la fin du corps, elle est le principe et le but de son activité, elle est ce en vue de quoi tout s'ordonne et s'organise dans ce petit monde qu'on appelle un être animé, mais elle est si peu séparable en réalité de la plante et de l'animal, quels qu'ils soient, qu'aucune des fonctions vitales par lesquelles elle a été définie, depuis la nutrition jusqu'à la pensée, ne se manifeste sans la matière.

Sans doute, penser est autre chose que sentir. Mais la pensée suppose nécessairement la sensation et l'imagination, au sens aristotélicien, lesquelles supposent à leur tour la sensibilité et la nutrition.

Qu'est-ce qui fait de l'homme le plus intelligent de tous les animaux, sinon la finesse de ses sensations et la délicatesse de son tact? Servie par une exquise sensibilité, son imagination fournit à l'esprit des sensations affaiblies d'où naissent les conceptions intellectuelles. Le souvenir, la mémoire s'expliquent par la persistance des impressions sensibles. Les images sont à l'âme ce que les sensations sont à la sensibilité. Sans images, sans représentations figurées des objets, l'âme intelligente ne saurait penser. Pour pouvoir penser, l'intelligence doit devenir les choses qu'elle pense.

De même que la sensibilité, avant d'être affectée par un objet sensible, est en quelque sorte comme si elle n'était pas, l'intelligence de l'âme, ce par quoi l'âme raisonne et conçoit, n'entre également en activité que sous l'influence d'un objet intelligible. Or, c'est dans les choses matérielles, dans les formes sensibles que sont en puissance toutes les choses intelligibles. Concevoir sans imaginer n'est pas dans la nature, et les images sont des espèces de sensations. Voilà pourquoi l'être, s'il ne sentait pas, ne pourrait absolument ni rien savoir ni rien comprendre. Il n'y a pas jusqu'aux êtres abstraits des mathématiques, jusqu'aux pensées premières de l'intelligence, jusqu'aux catégories de l'entendement qui, sans les images, ne sauraient exister.

Comme dans tous les êtres, Aristote distingue dans l'intelligence la matière et la forme, l'intelligence passive et l'intelligence active. L'intelligence passive, qui reçoit et souffre les impressions, fournit en quelque sorte à l'intelligence active les matériaux qu'elle met en œuvre. Celle-là venant à cesser d'être, sur quoi celle-ci exercerait-elle son activité? Or, l'intelligence passive est nécessairement périssable et s'évanouit avec les individus dans la mort. Il n'y a donc pas d'immortalité de l'âme dans le sens ordinaire du mot. La force qui fait que la plante végète, que l'animal éprouve peine et plaisir, que l'homme peut raisonner, cette force s'évanouit avec le composé organique dont elle était l'énergie, l'acte, la résultante. La forme, ce principe actif en toutes choses, n'a de réalité que dans son union avec la matière. Qu'est-ce donc que la forme, l'intelligence active, quand la matière qu'elle déterminait se désagrège? quand le corps, dont elle était l'achèvement et la perfection dernière, cesse d'être un petit monde organisé? quand l'être animé, vivant, sentant et pensant, dont elle était la suprême manifestation et comme la fleur, se dissout et tombe en poussière [1]?

Étudier la nature et les propriétés des éléments premiers et constitutifs de l'univers; rechercher quelles sont les substances incréées et impérissables, éternellement en mouvement, dont le ciel, la terre, les végétaux et les animaux sont composés; noter les modifications et les actes de ces substances, le mouvement particulier de chaque élément et de tous les corps dont ces éléments sont la cause, — voilà ce qu'Aristote lui-même a considéré comme la meilleure partie de l'histoire de la nature.

Ainsi, il y a un corps qui, par sa nature propre, est doué d'un mouvement de translation circulaire et qui est, pour tous les autres mouvements, le principe et le régulateur suprême, la cause de l'ordre et de l'harmonie universelle du monde. Ce corps, qu'Aristote appelle divin, c'est l'éther, c'est le ciel, c'est la substance de la périphérie dernière

---

1. V. le *Traité de l'Ame*, I, 1, § 5, 9, 10, 11; II, § 20; II, 1, § 4, 5, 6, 7, 11, 12; II, § 4, 6, 7, 8; III, § 7; IV, § 2; V, IX, 2; XI, XII; III, II, § 9; III, § 5, 11, 14, 15, IV, § 3, 6, 8, 12; V; VII, § 3; VIII, § 3; IX; X, § 2, 3, 9; XI, § 2 et suiv.

de l'univers. Et, en dehors de l'univers, il n'y a aucune réalité substantielle, dit encore Aristote lui-même [1]. Qu'est-ce que cette théorie d'un moteur immobile qui produirait le mouvement et en serait la cause dans tout le reste des choses [2]? Qu'est-ce que ce moteur, placé à la circonférence du monde, et qui serait à l'univers ce qu'un mobile est à une machine? C'est le premier ciel, c'est l'éther, ou ce n'est rien. Il est vrai que, venu au monde après Anaxagore et Platon, Aristote a pu subir l'influence de certaines idées qui auraient semblé bien étranges aux antiques penseurs de l'Ionie. Mais on aura beau subtiliser et torturer les textes, on ne parviendra pas à faire d'Aristote un déiste. Il ne peut être question dans ce système de la fameuse « chiquenaude », par cette raison bien simple que le mouvement est immanent et n'a jamais commencé. C'est par elle-même que la nature se meut, c'est par elle-même qu'elle vit et subsiste, et l'univers est le seul être éternel et divin [3].

1. *De Cælo*, I, IX, § 7, 8, 9, 10.
2. Cf. Plat., *Phædr.* XXIV, c. p. 711.
3. Les graves contradictions, inconciliables avec la doctrine

La métaphysique d'Aristote, dans ses parties authentiques, n'est pas moins fondée sur l'expérience que la physique. Aristote, en effet, n'est pas un de ces idéalistes de l'école d'Élée ou de l'école de Platon, qui poursuivaient par la logique pure la recherche des causes premières. Toute théorie qui ne repose pas sur la réalité, tout principe qui n'a pas son point de départ dans la nature, toute loi qui ne résulte pas d'un ensemble de faits, lui semblent être autant de chimères et d'illusions. C'est au défaut d'observation qu'il attribue tous les errements des philosophes. « Au contraire, dit-il, « ceux qui ont donné davantage à l'examen de la « nature sont mieux en état de découvrir ces prin-« cipes qui peuvent s'étendre ensuite à un si grand « nombre de faits. Mais ceux qui, se perdant dans « des théories compliquées, n'observent pas les « faits réels, n'ont les yeux fixés que sur un petit « nombre de phénomènes, et ils se prononcent « plus aisément. C'est encore ici qu'on peut bien « voir toute la différence qui sépare l'étude véri-« table de la nature d'une étude purement logi-

---

aristotélique, qu'on surprend dans le XIIe livre de la *Métaphysique*, ont frappé les anciens eux-mêmes. V. Cic., *De natura deor.* I, 13.

« que[1]. » Il n'est pas un seul ouvrage d'Aristote où l'on ne lise quelque recommandation de ce genre.

Ne pouvant parler de toutes les parties de l'encyclopédie aristotélique[2], nous avons dû choisir ce qui, dans l'œuvre immense d'Aristote, nous a paru être le plus important. Or, le degré d'importance des choses n'est nullement arbitraire. L'importance des choses est en raison directe de la place qu'elles occupent dans l'espace et dans le temps. La physique de l'univers, le système du monde, la constitution des corps inorganiques et organiques : voilà bien, en somme, les plus grands sujets d'étude et de méditation. Tous les phénomènes que nous observons rentrent nécessairement dans quelques lois

---

1. *De Gener. et Corr.*, I, II, § 8 et 9.
2. Parmi les écrits que donnent, comme étant d'Aristote, les catalogues de Diogène, d'Hésychius et de Ptolémée, beaucoup ont été attribués par fraude ou par erreur au philosophe.

Outre les livres savants, composés pour l'école et publiés par les disciples du maître, Aristote avait aussi écrit des traités populaires sous forme de *Dialogues*. Sans parler des livres de notes et d'extraits tirés des anciens auteurs, comme Archytas, Mélissos, Xénophane, etc., que le Stagirite devait certainement avoir rédigés pour son usage, l'humanité regrettera toujours la perte d'ouvrages aussi considérables que les traités sur les *Plantes*, sur l'*Anatomie des animaux*, et sur les *Constitutions* de cent cinquante huit États. V. Valentin Rose, *De Aristotelis librorum ordine et auctoritate*. Cf. E. Zeller, *Die Philosophie der Griechen*, II Th. 42-101.

de l'univers, depuis la mécanique céleste qui préside aux mouvements des astres dans l'espace, jusqu'à la mécanique cérébrale qui règle les mouvements moléculaires de l'écorce grise du cerveau. Aristote a vu dans la nature la cause intérieure du mouvement éternel, et il n'a vu dans l'univers qu'un fait unique, — des corps en mouvement.

Les théories de la physique moderne sont bien vieilles, on le voit. Sans parler de la théorie de l'éther, nos physiciens retrouveront chez Aristote nombre de leurs idées naturelles sur les couleurs, la vision, les sons et les odeurs. Aristote a fait plus que de pressentir la théorie des vibrations. Mais ce sont surtout les physiologistes contemporains, ce sont les savants, chaque jour plus nombreux, qui admettent que la psychologie n'est qu'un département de la biologie, qui doivent reconnaître Aristote pour un précurseur, et, à certains égards, comme un maître, dans l'étude comparative de l'intelligence et des mœurs de l'homme et des animaux. La sensibilité et la pensée, les passions et l'intelligence, étaient bien incontestablement, pour Aristote, du domaine des sciences biologiques. Il l'a dit expressément : l'étude de l'âme appartient au physiologiste. Toutes ses observations sont empruntées à la série entière des êtres organisés. Le *Traité de l'Ame* est un grand livre de psychologie comparée.

En rapprochant d'une *Physiologie* moderne quelconque les théories d'Aristote sur les sens et la sensation, sur l'imagination et l'intelligence, sur l'appétit et la volonté, on constate sans peine les progrès considérables des sciences naturelles; mais, peut-être, ne songe-t-on pas assez que, sans les principes et les méthodes enseignés à l'humanité par le philosophe, bien des hypothèses fécondes, bien des sciences admirables d'où est sortie notre civilisation, seraient encore dans l'inconnu. Il n'a presque tenu à rien que l'encyclopédie aristotélique ne pérît tout entière comme tant d'autres œuvres du génie grec. Les destinées de l'humanité dépendent de pareils hasards, et il ne faut pas trop s'en étonner. La nature, monstre aveugle et sourd, ne connaît pas les débiles parasites qui végètent à la surface des plaques rugueuses de sa carapace.

CHAPITRE VII

THÉORIES NATURALISTES EN GRÈCE ET A ROME. LES SUCCESSEURS D'ARISTOTE. ÉPICURE ET LUCRÈCE. L'ÉCOLE D'ALEXANDRIE.

C'est une loi de la nature et de l'histoire que toujours l'action soit suivie d'une réaction, et qu'un monde, une civilisation, une forme de pensée ne s'élèvent un moment comme la vague sur l'océan des choses, que pour retomber dans l'abîme sous l'écume de nouveaux flots. C'est dans le jeu éternel de ces vagues que l'homme a cru parfois découvrir une pensée, une harmonie, un progrès. Ces conceptions majestueuses n'ont jamais existé que dans son esprit. Les oscillations de l'histoire sont certainement soumises à des lois mécaniques comme celles de la nature. Ce n'est pas à réaliser la justice et le beau que *tendent* les choses; la *fin* du monde n'est pas plus l'avénement du « royaume de Dieu » que le règne de la raison et de la science. Il n'y a pas un seul de ces mots qui ne trahisse une origine purement humaine, qui ne soit né d'une illusion, et qui n'atteste, avec une sorte d'ironie, le néant de ce qu'il exprime. Quand une façon de penser, partant une philosophie, a dominé pendant une ou plusieurs générations humaines, elle disparaît pour faire place à une autre. Certains courants cachés apparaissent qui entraînent les esprits dans une direction contraire.

En Grèce, vers la fin du cinquième siècle, la réaction naissante du spiritualisme avait lutté contre le naturalisme expirant; au quatrième et au troisième siècle, le naturalisme renaît, et c'est de l'école même d'Aristote que sortent un Théophraste, qui incline déjà à résoudre par la doctrine de l'immanence certains problèmes que le maître était peut-être plus porté à expliquer dans un sens transcendant; un Aristoxène, qui réduisait l'âme à l'*harmonie* des éléments dont le corps est composé; un Dicéarque, pour qui l'âme n'était plus qu'un vain mot, ne répondant à aucune substance, car rien n'existe pour lui que la matière, dont les parties sont arrangées de telle sorte qu'elle a vie, sentiment et pensée chez certains êtres ; enfin un Straton de Lampsaque, avec qui le péripatétisme se transforme en un naturalisme à peine distinct du matérialisme.

Théophraste a fondé la botanique et la minéralogie, comme Aristote avait créé la zoologie. L'*Histoire des Plantes*, où le nombre des espèces mentionnées s'élève à près de quatre cents, est loin d'égaler l'*Histoire des Animaux*. Linné a effacé les classifications de Théophraste ; nul n'a encore pu faire oublier celles d'Aristote. En métaphysique et en psychologie, Théophraste incline à résoudre par la doctrine de l'immanence certains problèmes qu'Aristote, je le répète, était peut-être plus porté à expliquer dans un sens transcendant. L'auteur des *Caractères* paraît avoir partagé pleinement les doctrines morales de son maître. Le bonheur, avait dit Aristote, en citant l'inscription de Délos, est tout à la fois ce qu'il y a de meilleur, comme la santé, de plus beau, comme la justice, et de plus doux, comme la possession de ce qu'on aime. Avec le maître, il reconnaît que la félicité ne saurait être indépendante des biens extérieurs, tels que la richesse, la santé, la force, l'adresse, la beauté, etc., et que la vertu seule ne fait pas le bonheur.

Notre vie lui semblait dépendre bien plus de la fortune que de la prudence humaine [1]. Théophraste était de la famille de ces sages antiques, déjà rares au quatrième siècle, qui ont connu la grande curiosité scientifique, et qui, tout absorbés dans l'étude et la contemplation du cosmos, touchaient au terme de la vie sans s'être aperçus de la fuite des jours. Les dernières paroles qu'on lui prête respirent une douce mélancolie, qui n'est point exempte toutefois d'un peu d'amertume et de désillusion : « La vie promet dans l'acquisition de la gloire bien des plaisirs qu'elle ne donne pas, disait-il à ses disciples. Rien n'est plus stérile que l'amour de la gloire. Soyez heureux. Laissez là la philosophie, — car c'est un travail pénible, — ou bien faites-en une étude approfondie. S'il nous était accordé de plus longs jours, tous les arts pourraient être portés à leur perfection, la vie humaine serait réglée et ornée par toutes les sciences. Mais il faut mourir au moment où l'on commence de vivre. Il y a dans la vie plus de vide que de réalité [2]. »

1. *Vitam regit fortuna, non sapientia.* Cic., *Tuscul.* V, 9.
2. Diog. Laert. V, 40, 41 ; Cicer., *Tusc.* III, 28.

Aristoxène étudia l'acoustique et composa une théorie de la musique déduite tout entière, non de vaines spéculations philosophico-mathématiques, mais d'une étude approfondie du sens de l'ouïe. Il réduisait l'âme à *l'harmonie* des éléments dont le corps est composé [1]. Quant à Dicéarque, il poussa jusqu'au bout les conséquences de la doctrine péripatéticienne. L'âme n'était pour lui qu'un vain mot qui ne répondait à aucune réalité.

Dans un dialogue en trois livres que Dicéarque avait composé, un vieillard de Phthie, nommé Phérécrate, s'exprimait ainsi : « L'âme n'est rien, si ce n'est un mot vide de sens; c'est à tort qu'on parle d'êtres *animés* ou doués d'âme. Ni dans l'homme, ni dans la bête il n'existe une âme. Notre faculté d'agir et de sentir est également répandue dans tous les corps vivants, et elle n'est point séparable du corps, puisqu'elle n'est rien par elle-même. Ce qui est, c'est un corps unique et simple, fait de telle sorte que, par la constitution de sa nature, il a vie et sentiment [2]. »

1. Cicer., *Tusc.* I, 10, 18.
2. Cicer., *Tusc.* I, 10, 22, 31. Dicéarque avait encore composé trois livres appelés *Lesbiaques*, où il démontrait que l'âme ne survit pas au corps.

Ainsi, la sensation, la pensée, la raison sont des propriétés immanentes des êtres organisés. Ce par quoi nous agissons et nous sentons n'est pas séparable du corps. Ce qu'on appelle l'âme n'est que le corps organisé d'une certaine façon. Rien n'existe que la matière, dont les parties sont naturellement arrangées de telle sorte qu'elle a vie, sentiment et pensée dans l'animal.

Le successeur de Théophraste dans l'École fut Straton de Lampsaque. Pour le « Physicien », comme on l'appelait, le νοῦς n'est plus que la conscience née de la sensation ; il conçoit l'activité de l'âme comme un mouvement matériel et dérive toute vie des forces immanentes de la nature. La nature est le grand artiste qui a fait spontanément et continue à produire tout ce qui existe. Il voyait, avec le véritable Aristote, dans l'éther cosmique la cause suprême de tous les phénomènes de l'univers éternel. En physiologie comme en psychologie, comme dans la physique du monde, Straton était arrivé à des vues d'une admirable justesse. Loin de placer dans le cœur le principe de la sensibilité, c'est dans le cerveau, entre les sourcils, qu'il situait le siège de la sensation et de l'entendement : là persistent les traces des impressions et des représentations sensibles sur lesquelles opèrent la mémoire, l'imagination et le jugement. Tous les actes de l'entendement humain sont des *mouvements*.

Straton, qui ne considérait les pensées que comme des sensations transformées, établit parfaitement que, pour être perçues, les impressions de diverse nature, telles que la joie, la douleur, la crainte, la souffrance, etc., qui affectent nos sens, doivent être préalablement transmises à la « partie pensante », et que, « si l'intelligence faisait défaut, la sensation ne pourrait absolument exister. » De ce principe, il tira non seulement une théorie fort remarquable de l'*attention*; à ce sujet aussi il fit quelques observations touchant les illusions des sens qu'on dirait empruntées à un Manuel de physiologie moderne :

« Ce n'est pas au pied que nous avons mal, dit-il, quand nous nous le heurtons, ni à la tête quand nous nous la brisons, ni au doigt quand nous nous le coupons. Tout le reste de notre personne est insensible (ἀναίσθητα γὰρ τὰ λοιπά), à l'exception de la partie souveraine et maîtresse : c'est à elle que le coup va porter, avec promptitude, la sensation par nous appelée douleur. De même que la voix qui retentit dans nos oreilles mêmes, nous semble être en dehors, parce que nous confondons avec la sensation le temps qu'elle a mis pour parvenir de son point de départ jusqu'à la partie maîtresse, pareillement, s'il s'agit de la douleur résultant d'une blessure, au lieu de lui donner pour siège l'*endroit où a été éprouvée la sensation*, nous plaçons ce siège *là où la sensation a son principe*, l'âme étant entraînée vers ce point à l'instant qu'elle éprouve la douleur. C'est aussi pourquoi, quand nous nous sommes heurtés, nous fronçons les sourcils, attendu que la partie maîtresse transmet vivement la sensation à l'endroit frappé. Quelquefois nous retenons notre respiration, et si nous n'avons pas de liens pour serrer les parties qui souffrent, nous les comprimons fortement avec nos mains. Nous nous opposons ainsi à la *transmission* de l'effet produit; nous cherchons à resserrer le coup dans les parties insensibles (ἐν τοῖς ἀναισθήτοις), afin qu'il ne se propage pas de proche en proche jusqu'à la partie pensante (πρὸς τὸ φρονοῦν) et que la douleur ne se produise pas[1]. »

Telle est la voie royale où étaient entrés les successeurs d'Aristote. Si les circonstances extérieures l'avaient permis, si les temps avaient été moins mauvais, si l'abaissement des esprits et des caractères avait été moins rapide, quel magnifique développement scientifique il aurait été donné au monde de voir deux mille ans avant Bacon ! Certes, je m'associe pleinement pour ma part à ces paroles de Cuvier : « Si l'heureuse impulsion donnée par Aristote eut survécu plus longtemps à sa cause ; si l'on eut continué de recueillir, comme lui, des faits, et de les comparer pour en tirer des inductions, les sciences, sans aucun doute, auraient fait alors les progrès qu'elles ont accomplis depuis Bacon, sous l'influence de la méthode péripatéticienne enfin tirée de l'oubli[2]. »

Les plus célèbres péripatéticiens des siècles suivants n'ont guère été que des exégètes et des commentateurs d'Aristote. Au dernier siècle avant l'ère chrétienne, Andronicus de Rhodes entreprit de

---

1. Plut., *Utrum animæ an corporis sit libido et ægritudo*, 4.
2. *Histoire des sciences naturelles*, I, 100.

donner ce que nous appellerions une édition critique des œuvres du maître. Boëthus de Sidon, qui fut contemporain de César, et Nicolas de Damas, qui enseigna à Rome sous Auguste et sous Tibère, firent beaucoup par leurs commentaires et leurs paraphrases pour l'intelligence de l'antique doctrine qui se perdait de plus en plus, absorbée par le stoïcisme et le néo-platonisme.

Les stoïciens inclinaient très fort en physique vers la théorie matérialiste. Au premier abord, on serait tenté d'admirer la conséquence de leur matérialisme, car, à l'inverse de Platon, ils tenaient toute réalité pour un corps. Mais on reconnaît bientôt qu'il ne manque à ce matérialisme que d'admettre la nature purement matérielle de la matière, et la genèse de tous les phénomènes naturels par les lois générales du mouvement, c'est-à-dire le principe même du système. La matière des stoïciens ne devient telle que par son union avec la force. La force de toutes les forces est la divinité, qui rayonne dans l'univers et lui communique le mouvement. La force indéterminée et la divinité des stoïciens sont en présence comme la orme et le but suprême du monde et la simple possibilité du devenir chez Aristote, en d'autres termes, comme Dieu et la matière. Sans doute, les stoïciens n'ont point de Dieu transcendant, point d'âmes incorporelles et indestructibles; car, bien qu'elles survivent au corps, c'est pour périr bientôt si, en raison de leur méchanceté, elles sont d'une matière impure et caduque; et si, par leurs vertus, elles ont mérité d'entrer au séjour des bienheureux, ce n'est jamais que jusqu'au retour périodique du grand embrasement de l'univers.

La matière des stoïciens est animée, et non pas seulement mise en mouvement. Leur Dieu est identique avec le monde, qu'il pénètre comme l'haleine ou le souffle, qu'il parcourt comme le feu en prenant toutes les formes, mais il est plus que la matière : il est raison, intelligence, providence; il agit en vue de certaines fins et se détermine pour le meilleur. L'anthropomorphisme, la téléologie et l'optimisme dominent tout ce système, qui doit être défini un véritable panthéisme. Comme l'a dit Zeller, le stoïcisme n'est pas seulement une philosophie : c'est aussi une religion, et cela dès l'origine. Plus tard, à l'heure où les vieilles religions nationales sombrèrent avec le monde antique, le stoïcisme a satisfait, comme le platonisme, le besoin de croyance qui tourmentait les meilleures âmes, et donné un appui à leur vie morale.

Zénon, le fondateur de la doctrine du Portique, était de Kittion, antique cité phénicienne de Chypre. Désormais la plupart des philosophes grecs seront originaires de contrées où les Hellènes étaient mêlés aux étrangers, surtout aux populations sémitiques. La fin de l'indépendance politique de la Grèce n'a pas été moins favorable à la liberté individuelle qu'à l'affranchissement, ou, si l'on veut, à l'autonomie locale des villes et des états du monde hellénique. Jamais il n'y eut plus de penseurs, je ne dirai pas originaux, mais singulièrement éveillés et actifs. Avec les disciples d'Aristote, les sciences naturelles étaient nées une seconde fois; à Alexandrie elles vont être étendues et approfondies par les plus rares génies qui aient paru chez aucun peuple.

Toutefois la science de la nature commence à se séparer de la philosophie. Si l'antiquité n'a pas connu l'antagonisme qui a divisé ces deux sciences à notre époque, cependant les grands noms ne sont plus les mêmes dans les deux domaines. Les naturalistes se rattachent encore plus ou moins à une école philosophique ; les philosophes cessent d'être physiciens. Alors même qu'ils fondent leur doctrine, comme Épicure, sur les inductions scientifiques d'un Démocrite, ils ne s'occupent point de physique. Affranchir l'âme des doutes et des soucis qui la rongent, des angoisses et des folles terreurs qui l'épouvantent, l'élever au-dessus des superstitions populaires, procurer au sage qui contemple l'univers la sérénité et la paix bienheureuse, voilà l'unique but de cette philosophie morale, purement éthique, et qui au fond a tant d'affinité avec le quiétisme et l'ascétisme des religions bouddhique et chrétienne.

Le système et l'idéal d'Épicure représentent le côté pratique de la réaction contre l'antique École d'Athènes. La philosophie d'Épicure est une résurrection du matérialisme véritable, j'entends de la philosophie de Leucippe et de Démocrite, de la conception purement mécanique du monde. On sait que, s'il ne fut pas tout à fait autodidacte, Epicure ne s'attacha à aucune des écoles contemporaines, et fit de Démocrite et d'Aristippe sa principale étude. Thèbes était détruite, Démosthène banni, on criait dans les rues d'Athènes, si j'ose dire, les bulletins de victoire d'Alexandre. Après avoir enseigné quelque temps dans les villes ioniennes, à Colophon, à Mitylène, à Lampsaque, Épicure revint à Athènes, acheta un jardin et y vécut, au milieu de ses disciples, d'une existence simple et modeste, tout à la méditation et aux doux soins de l'amitié. Il n'y a point d'exemple, dans toute l'antiquité, d'une vie aussi pure et aussi innocente. La fin vers laquelle nous devons tendre pour échapper à l'inquiétude et à la douleur, la paix de l'âme, ce n'est pas le plaisir, la jouissance fugitive et vaine, les voluptés des sens, comme l'entendait Aristippe, qui peuvent nous la procurer. Les plaisirs de l'esprit, enseigne Épicure, valent mieux que ceux du corps, car l'âme ne jouit pas seulement dans le présent ; le passé et l'avenir lui font aussi goûter des joies sereines et élevées. Je crois, avec Lange, que, par l'importance capitale qu'il attribue à la vertu dans le bonheur, Épicure n'était pas très éloigné de ses grands adversaires, Zénon et Chrysippe. Il faisait découler toutes les vertus de la sagesse ; on ne pouvait être heureux sans être juste et sage, mais qui était juste et sage ne pouvait être malheureux.

Ces doctes loisirs, ce détachement du monde, des devoirs et des passions du citoyen, jamais Épicure ne les aurait trouvés dans les cités turbulentes, dévorées d'envie et de soupçons jaloux, oscillant sans cesse de la démagogie à la tyrannie, du monde grec antérieur à Alexandre et à Antipater. C'était le bon temps pour philosopher. Les républiques ont souvent été hostiles au naturalisme, à l'étude abstraite et désintéressée de la nature. Les doctrines spiritualistes, avec leurs aspirations généreuses, avec leur foi dans l'idéal et leur enthousiasme, sont bien plus du goût des foules. On oublie trop en France que, au témoignage même du baron d'Holbach, le matérialisme et l'athéisme « ne sont point faits pour le vulgaire ».

Épicure ne scandalisa même point les simples, qui croient si bien à leur manière. Il assistait sans affectation aucune aux cérémonies religieuses traditionnelles : c'était là une concession à ce qui avait existé de tout temps, et sans doute aussi un reste de douces habitudes d'enfance. D'ailleurs il n'était pas athée. Il lui fallait admettre, dans son système, que quelque chose d'objectif répondît à l'idée presque universelle des dieux que les hommes portent en eux. Ne sachant que faire de ces ombres dans une explication mécanique de l'univers, il les considérait volontiers comme des êtres éternels, heureux et beaux comme des éphèbes, que l'on doit honorer pour leur perfection sans les rabaisser au point de croire qu'ils ont cure de nous ou de ce monde. Je ne sais si l'on ne va pas bien loin quand, après avoir affirmé que ce culte des dieux était tout subjectif pour Épicure, on ajoute que ce qu'il vénérait c'était l'idée divine considérée comme un élément de noblesse humaine, et non les dieux eux-mêmes en tant qu'êtres extérieurs et réels. Voilà, en tout cas, une religion dont s'accommodaient nombre de « déistes » contemporains qui n'osent se dire athées.

La physique d'Épicure n'était autre que celle de Démocrite. Cette science ne fit aucun progrès dans son école; elle n'y fut que la servante de l'éthique. Le but de l'explication physique de la nature étant de nous délivrer de la crainte des dieux et des terreurs d'outre-tombe, toute recherche naturelle cesse dès qu'il est démontré que ce qui arrive dans l'univers est le résultat de lois générales et invariables. Entre les hypothèses que l'on propose pour l'interprétation des phénomènes, on peut choisir ; il n'importe, pourvu que l'explication soit *naturelle*. Il convient seulement de noter que les atomes d'Épicure, comme ceux de Démocrite, n'ont toujours point d'états internes que l'on puisse opposer à leurs mouvements et à leurs combinaisons externes. C'est le caractère propre de l'atomisme matérialiste, car admettre l'existence d'états internes dans ces éléments, c'est en faire des monades, ainsi que dans l'idéalisme et le naturalisme panthéiste. L'âme est pour Épicure un corps d'une rare ténuité, répandu dans tout le corps comme une chaude haleine : en un temps où l'on ne connaissait ni les propriétés des nerfs ni les fonctions du cerveau, l'âme matérielle d'Épicure était un véritable organe, apparaissant et se dissolvant avec les autres organes du corps.

Quand on songe au goût des Grecs pour la subtilité et la dialectique d'école, il faut louer le bon sens qui fit rejeter à Épicure la dialectique comme inutile et nuisible. Il n'usa d'aucun jargon scholastique et se servit de la langue des honnêtes gens. Il aimait la clarté en des matières où, je l'avoue, il est bien souvent permis d'être obscur. Lange, qui a toujours cultivé la logique, et qui l'a même choisie pour son dernier enseignement à Marbourg, a signalé comme un sujet d'étude trop dédaigné et assez mal compris, la logique d'Épicure ; il la considère comme étant strictement sensualiste et empirique, claire et conséquente. Le fondement de toute connaissance était pour Épicure la perception sensible ; en soi celle-ci est toujours vraie ; l'erreur ne consiste que dans le rapport du sujet percevant à l'objet perçu, partant dans le jugement. Le critérium de la vérité de toute proposition générale est sa confirmation par la perception. Les propositions générales sont donc des opinions nées du commerce de l'homme avec les choses. C'est ainsi qu'on raisonne encore aujourd'hui quand on invoque les « faits ». Or la perception témoigne seule de l'existence de ces faits, du moins en dernière analyse, le fait élémentaire ne pouvant jamais être pour nous qu'une sensation.

La philosophie grecque proprement dite (car le néo-platonisme alexandrin n'a de grec que la langue) finit avec Épicure et son école, comme elle avait commencé avec les philosophes naturalistes de l'Ionie. Les développements futurs du génie hellénique dans l'investigation des choses appartiennent aux sciences positives de la nature.

Ç'a été une sorte de mode, jusqu'en ces derniers temps, de ne voir dans les savants d'Alexandrie que des pédants d'école, des érudits routiniers, des professeurs au jugement subtil et faux, ou de beaux esprits ennemis de l'observation et de l'expérience. Rien n'est moins vrai, et l'on ne saurait trop insister, comme l'a fait Draper, sur l'importance capitale de l'école d'Alexandrie dans l'histoire des sciences. La philosophie grecque avait fini, nous le répétons, comme elle avait commencé, par le naturalisme. C'est ce qui a fait comparer son cours à celui d'un jour, qui monte de la nuit à l'aurore pour décliner bientôt vers le soir et s'éteindre dans les ombres. Naturellement c'est dans les sombres ténèbres de la nuit qu'on relègue les physiciens de l'Ionie et les disciples d'Épicure. Socrate, Platon et Aristote paraissent seuls en pleine lumière.

Il vaut mieux noter que la doctrine d'Épicure, qui ne s'attarda pas aux imaginations poétiques d'un Empédocle, a formé la transition naturelle entre l'ancienne philosophie spéculative des Hellènes et l'époque des recherches fructueuses sur le terrain solide des sciences de la nature[1]. C'est à Alexandrie qu'elles ont fleuri pour la première fois sur la terre; c'est d'Alexandrie qu'elles sont venues dans l'Europe moderne, comme des semences fécondes. Le grand présent que cette ville a fait au monde, c'est la *méthode scientifique*.

Ce progrès décisif dans l'histoire de la civilisation s'étend à toutes les sciences et au reste de l'hellénisme : il est le trait commun de la haute culture grecque après l'ère de la philosophie spéculative. On le constate avec Aristarque dans les études de grammaire et de critique, aussi bien qu'avec Polybe dans l'histoire, ou avec Euclide dans la géométrie. Archimède trouve dans la théorie du levier le fondement de toute la statique, et, de lui à Galilée, les sciences mécaniques n'ont point progressé. L'astronomie surtout qui, depuis les Thalès et les Anaximandre, avait été fort négligée, est proprement constituée par Hippar-

---

1. A. Lange, *Geschichte des Materialismus*, I, 86.

que : c'est ici le triomphe de la méthode inductive, reposant sur l'idée de l'existence de lois nécessaires dans la nature, notion féconde qui devait reparaître dans le monde avec Copernic et Képler avant que Bacon en tirât la philosophie moderne, mais dont Démocrite avait eu le premier une très claire conscience.

Le complément de la méthode inductive, l'expérience, fut aussi trouvée à Alexandrie. Avec Hérophile et Érasistrate, l'anatomie devint le fondement de la médecine; on pratiqua certainement des vivisections [1].

Ce n'est pas le lieu d'esquisser un tableau du magnifique essor que présentent toutes les sciences dans cette capitale intellectuelle du monde, quelques siècles avant le grand naufrage de la civilisation antique : ce qu'il est permis d'affirmer, c'est que la renaissance du seizième siècle ne fut en grande partie qu'une restauration des idées et des principes de la culture alexandrine. Il y a toujours quelque légèreté à médire de la science des anciens. Ne parlons pas de la gram-

1. Galien cite (*Des lieux affectés*, III, III) un traité de lui, perdu, *Sur la dissection des animaux vivants.*

maire, de la logique, de l'histoire et de la philologie, dont on ne conteste point les résultats solides et durables. Même dans les sciences de la nature, que les modernes ont portées à un si haut point de perfection, les fondements qui supportent tout l'édifice sont grecs.

Que l'on se souvienne d'où étaient partis les Hellènes, des conceptions naïves de la terre et du ciel qui survivent encore à l'époque des épopées, de la foi universelle aux apparitions des dieux que l'on imagine derrière tous les phénomènes naturels, si bien que pas une feuille d'arbre ne remue, pas un rayon de lumière ne brille, pas une nuée ne s'élève dans l'azur, sans qu'on y voie un signe divin. Il n'y avait certes alors ni astronomie ni météorologie, et pas plus de physique ou de physiologie que de chimie. Le monde était un miracle perpétuel, comme il le fut toujours en Judée ou en Arabie, et plus tard au temps de notre moyen âge. Le commencement et la fin de toute science, l'hypothèse, était inconnue. Après quelques générations cependant, on observe, on découvre des uniformités naturelles dans le cours des choses, et l'on s'élève à cette notion de lois nécessaires et universelles qui est l'unique fondement des sciences. Dès que celles-ci ont une méthode, que ce n'est plus le hasard, mais l'induction et l'hypothèse qui président à l'observation, elles se séparent de la philosophie spéculative qui, d'un coup d'aile, prétendait s'élever aux premiers principes des choses. Enfin les progrès de la mécanique, l'invention des instruments de précision et la pratique des expériences, donnent une portée et une solidité jusqu'alors inconnues à l'observation méthodique des phénomènes.

Le moyen de nier la haute perfection où parvinrent les mathématiques et la géométrie dans la patrie de Pythagore et de Platon, alors que les livres d'Euclide, après plus de deux mille ans, forment encore le fondement de cette discipline de l'esprit humain dans la patrie de Newton? Les observations astronomiques des Hellènes ont été infiniment plus exactes que celles des anciens contemplateurs du ciel en Babylonie et en Égypte. Il n'y a pas jusqu'au principe du système copernicien, la position centrale du soleil, qui ne se trouve dans Aristarque de Samos. Avant et après Aristote, que de descriptions exactes du monde, des plantes et des animaux, que d'investigations sagaces de la structure des corps organisés! C'est à Alexandrie que les résultats scientifiques des conquêtes du héros macédonien furent appréciés et utilisés pour les premiers essais d'une morphologie comparée, s'élevant des organismes les plus inférieurs à l'homme. Déjà Pline l'Ancien a pu jeter un regard singulièrement pénétrant sur la place de l'homme dans l'univers. La physique expérimentale des anciens comprend les principes de l'acoustique, de l'optique, de la statique, et ceux de la théorie des gaz et des vapeurs.

La médecine scientifique, qui trouva dans Galien de Pergame sa plus haute expression, avait déjà découvert le rôle et l'importance des nerfs. Le cerveau, si longtemps considéré comme une masse inerte, d'une utilité aussi problématique que l'était naguère encore la rate pour les modernes, fut élevé à la dignité de siège de l'âme et des fonctions de la sensibilité. Au siècle dernier, Sœmmering trouva la science du cerveau presque au même point où l'avait laissée Galien. On connaissait aussi dans l'antiquité le rôle de la moelle; des milliers d'années avant Magendie et Ch. Bell, on distinguait déjà les nerfs sensibles des nerfs moteurs, et Galien, au grand étonnement de ses contemporains, traitait une paralysie des doigts en agissant sur les régions de la moelle épinière où les nerfs des parties affectées ont leur origine.

Voici à quelle occasion. Un individu, que Galien nomme le sophiste Pausanias, originaire de Syrie, était venu à Rome. Depuis trente jours, il avait perdu le sentiment des deux petits doigts et de la moitié du doigt du milieu de la main gauche, le mouvement étant demeuré intact. Galien l'interrogea ; il apprit qu'étant tombé de son char, le malade avait reçu un coup à la naissance du dos. Galien conjectura qu'à l'endroit où le nerf sort, après la septième vertèbre cervicale, quelque partie enflammée par suite du coup avait contracté une diathèse squirrheuse. « La portion inférieure du dernier des nerfs sortis du cou, écrit Galien, va aux petits doigts (nerf cubital) en se distribuant au derme qui les entoure et de plus à la moitié du doigt médius. Ce qui semblait le plus étonnant aux médecins, c'est que la moitié du médius paraissait affectée. Ce fait même me confirma dans l'idée que cette partie-là seule du nerf avait souffert, qui, se détachant du tronc à l'avant-bras, aboutit aux doigts indiqués. Faisant donc enlever le médicament appliqué sur ses doigts, je le déposai précisément à cette partie de l'épine où se trouvait l'origine des nerfs affectés. Et ainsi il arriva — chose qui sembla étonnante et extraordinaire à ceux qui la virent — que les doigts de la main furent guéris par les médicaments appliqués sur le rachis[1]. »

Si vous connaissez le siège de la lésion anatomique, enseignait ce grand médecin, « vous ne tourmenterez plus les membres paralysés en négligeant le rachis, mais c'est en vous occupant de celui-ci que vous guérirez le lieu affecté. » Dans l'obervation que nous venons de rapporter, Galien témoigne que « la faculté sensitive ne découlait plus dans les doigts, l'origine du nerf étant lésée à sa sortie de la moelle. » La « dissection » lui avait aussi appris que, « dans toutes les parties de l'animal inférieures au cou qui sont mues volontairement, les *nerfs moteurs* tirent leur origine de la moelle dite dorsale (τὰ κινητικὰ νεῦρα τὴν ἔκφυσιν ἔχειν

---

1. Cf. Galien, *Des lieux affectés*, I, vi. Cf. III, ii, iii, xiv. V, v. *Opera*, éd. C. G. Kühn (Lipsiæ, 1824), et la trad. de ses *Œuvres anatomiques, physiologiques et médicales*, par le Dr Ch. Daremberg, II, 500.

ἐκ τοῦ καλουμένου νωτιαίου). Les incisions transversales qui coupent entièrement la moelle, privent de sensibilité et de mouvement toutes les parties du corps situées au-dessous, attendu que la moelle tire de l'encéphale la faculté de la sensation et celle du mouvement volontaire. »

Quelle part le naturalisme antique a-t-il eue dans ces conquêtes de la science et de la philosophie expérimentale? Au premier abord, la réponse ne laisse pas d'être paradoxale. Si l'on excepte Démocrite, c'est à peine si un seul de ces grands inventeurs appartient à l'école matérialiste. On rencontre, au contraire, parmi les noms les plus considérables de la science grecque, toute une lignée d'idéalistes et même d'enthousiastes. Platon est bien le père de ces puissants génies qui portèrent si haut la perfection des mathématiques. Tous ou presque tous les mathématiciens d'Alexandrie étaient de son école. Aristarque de Samos, le précurseur de Copernic, se rattachait aux vieilles traditions pythagoriciennes. Le grand Hipparque croyait à l'origine divine de l'âme humaine. Ératosthène s'en tint à la moyenne Académie. Pline, Ptolémée, Galien, sans avoir de système proprement dit, étaient attachés aux principes panthéistes.

Naturellement ce n'est point sans raison que le naturalisme a eu si peu de part à l'invention des sciences. Il paraît bien que les voies droites et claires ne conduisent guère aux découvertes. En maintes occasions, le vol capricieux de la fantaisie et les mille détours d'une libre imagination ont mené plus vite à quelque vérité nouvelle que tous les efforts appliqués et méthodiques de l'intelligence. Certes l'atomisme antique était loin d'être le dernier mot de la science : il se rapprochait pourtant beaucoup plus de l'essence des choses, autant qu'il nous est donné de la concevoir, que la doctrine pythagoricienne des nombres ou celle des idées de Platon. Mais ces idées étaient en harmonie avec le goût étrange qu'apporte tout homme en ce monde pour les formes pures, dans lesquelles il croit contempler les types ou les idées éternelles de tout ce qui passe et périt autour de lui. La tendance inconsciente et innée de l'âme vers l'ordre et la symétrie suscitait dans l'esprit les idées divinatrices des phénomènes. Dans l'histoire entière des découvertes et des inventions, on voit que c'est par son libre essor vers la sphère des rêves et des pressentiments que l'âme humaine a trouvé les lois principales qui régissent le monde.

Toutefois, cette divination subjective des lois et des raisons cachées des choses n'est qu'un succédané de l'instinct religieux qui créa les mythes. Il y a longtemps qu'on a constaté que la capacité scientifique d'une race est en raison directe de la richesse de sa mythologie. Sans les sévères méthodes de l'observation et de l'expérience, sans la vérification expérimentale, les hypothèses scientifiques ne seraient que de vaines fictions comme tant d'autres. C'est ici que le naturalisme reprend ses droits, et, par la méthode, agit indirectement, mais d'une manière toute-puissante, sur l'élaboration des synthèses supérieures de l'esprit humain. La méthode est distincte de l'invention, mais elle est la condition de tout savoir logique et systématique des choses.

Rien ne serait plus facile que de vérifier à cet égard l'action de la philosophie de Démocrite sur les théories en apparence les plus contraires. Ainsi, la matière dont Platon n'a pu se passer pour construire son univers, se résout en corpuscules élémentaires doués de mouvement. Aristote, quoiqu'il s'oppose de toute sa force à l'hypothèse du vide et qu'il établisse comme un dogme la continuité de la matière, est bien forcé aussi de prendre en considération les idées théoriques de Démocrite sur le mouvement. Aujourd'hui, depuis la constitution de la chimie, depuis la théorie des vibrations et la théorie mathématique des forces agissant dans les plus petites particules matérielles, l'atomisme est bien plus mêlé aux sciences positives. Pourtant, grâce à cette hypothèse scientifique, dès l'antiquité le monde se dégagea des nuages de la mythologie, et l'on vit les disciples d'un Pythagore et d'un Platon méditer sur les phénomènes naturels ou les soumettre à l'expérience sans confondre le monde des idées et des nombres mystiques avec les réalités de celui-ci. Cette confusion ne se produisit qu'assez tard, en pleine anarchie intellectuelle, quand la ruine de l'antique culture hellénique laissa le champ libre aux enthousiastes néo-platoniciens et néo-pythagoriciens.

Nous croyons, avec Lange, que le contrepoids qui avait retenu si longtemps les idéalistes grecs, qui les avait empêchés de tomber du côté où ils penchaient plus que de raison, ç'a été le naturalisme avec ses méthodes d'observation et de vérification. L'honneur en revient tout entier à Démocrite, car les épicuriens n'ont guère été que des moralistes. Si les idéalistes n'avaient pas assez le sentiment de la réalité et se détournaient trop vite de l'observation patiente des phénomènes, les matérialistes ont toujours été beaucoup trop enclins à s'en tenir aux vaines apparences des choses, et, au lieu de rien approfondir, à se contenter des explications les plus prochaines.

Ce qu'on peut reprocher à Épicure et à son école, c'est de n'avoir point fait progresser la science antique, c'est de s'être complus et attardés aux explications multiples des phénomènes de la nature, c'est d'avoir négligé la physique pour la morale. Mais Épicure n'est pas seul responsable de cette décadence. Ceux qui, en Grèce, ont arrêté le développement de la physique, de l'astronomie et de toutes les sciences inductives, s'appellent Socrate et Platon. Voilà ce qu'il ne faut jamais oublier. Ce qu'on prend d'ordinaire pour l'âge d'or de la philosophie est proprement le commencement de la scholastique.

Nous avons dit combien dans l'école d'Épicure, la plus fermée, la plus immobile de toutes, l'éthique l'avait emporté sur la physique. De même, quand Gassendi, au dix-septième siècle, remit en lumière le système du doux penseur des jardins d'Athènes et l'opposa à celui du Stagirite, ce fut l'éthique qu'il mit encore en avant. On ne peut nier, après tout, qu'elle n'ait été une manière de ferment dans le développement de l'esprit moderne. Mais elle disparaît presque à nos yeux devant l'importance capitale de la physique de Démocrite : transformée de diverses sortes par des hommes comme Descartes, Boyle et Newton, la doctrine des atomes et de l'origine de tous les phénomènes cosmiques par le mouvement de ces atomes, est devenue le fond même de toutes les sciences de la nature à notre époque.

Malheureusement l'œuvre du philosophe d'Abdère avait presque toute péri. Ce fut donc chez Épicure, mais surtout chez Lucrèce que, depuis la Renaissance, les peuples modernes ont dû puiser ce qu'ils savent des principes de la théorie atomiste.

Ç'a été la destinée du poème de la *Nature* d'être peu lu et surtout très peu compris. Dans l'antiquité, de très grands esprits l'ont seuls étudié, souvent même imité, mais sans nommer le poète. En dépit d'obscures et profondes sympathies, Virgile et Horace semblent éprouver une sorte de crainte religieuse devant le prodigieux génie de Lucrèce. L'un et l'autre ont redit, comme un écho harmonieux et doux, quelques vers sublimes du sombre poète romain. Un moment ils ont semblé tout pénétrés de sa mélancolie, mais ils ont passé vite devant cette grande ombre des anciens jours. Cicéron, qui avait la vue au moins aussi courte dans les choses de la philosophie que dans celles de la politique, n'a rien compris au poème de la *Nature*. Les écrivains du bel air, les poètes de la nouvelle école, tout entiers à l'imitation de leurs modèles alexandrins, n'avaient pas plus de penchant pour les vers de ce revenant du siècle d'Ennius[1]. Quintilien, enfin, l'entend à peine. Les critiques et les historiens de la littérature romaine, en reportant à l'époque d'Auguste l'âge d'or de la littérature latine, ont relégué Lucrèce dans son ombre séculaire.

1. Teuffel, Geschichte der rœmischen Literatur (2ᵉ édit. Leipzig, Teubner), § 202.

On admet pourtant aujourd'hui que, pour peu qu'on ait le sentiment de la poésie, sinon originale, du moins nationale, c'est Caton et Lucrèce, et non plus Cicéron ou Horace, que doit lire celui qui veut connaître le génie véritable des lettres romaines. Empédocle et Épicure ont été pour Lucrèce ce qu'Épicharme et Évhémère avaient été pour Ennius. Comme Ennius, Lucrèce parle une langue encore rude et peu polie, et, dans sa piété filiale pour les vieux Hellènes, il fait entrer volontiers des mots grecs en ses vers au cours lent et puissant, « semblable, dit Mommsen, à un fleuve d'or liquide [1]. » On connaît les beaux vers dans lesquels Lucrèce célèbre son précurseur Ennius, qui, « le premier, du riant Hélicon rapporta une couronne d'éternel feuillage pour s'en faire honneur et gloire parmi les hommes des nations italiennes. » (I, 117.)

Ce contemporain d'Hortensius et de Cicéron, qui nous paraît si archaïque, ce grave et voluptueux Romain qui vit Marius et Sylla, qui médita

---

[1]. *Gleich dem Strome flüssigen Goldes*. Rœmische Geschichte, (III° vol., p. 595, 6° édit). Berlin, 1875. Les pages que M. Mommsen a consacrées à Lucrèce sont les plus érudites et les plus brillantes que j'aie lues.

au milieu des massacres et des proscriptions, et, comme on sent venir l'orage, pressentit les guerres civiles, — sortit, à quarante-quatre ans, du banquet de la vie, fatigué et sans doute rassasié de ce monde, *ut plenus vitæ conviva*, comme le convive auquel en son poème s'adresse la Nature :

Quid tibi tanto operest, mortalis, quod nimis ægris
Luctibus indulges? Quid mortem congemis ac fles?
Nam gratisne fuit tibi vita ante acta priorque,
Et non omnia pertusum congesta quasi in vas
Commoda perfluxere atque ingrata interiere :
Cur non ut plenus vitæ conviva recedis,
Æquo animoque capis securam, stulte, quietem?...
Nam tibi præterea quod machiner inveniamque,
Quod placeat, nil est : eadem sunt omnia semper [1].

Eadem sunt omnia semper; eadem... omnia restant. « Toujours, toujours la même chose! » répète la Nature comme un glas funèbre. Quand on triompherait des ans, rien ne changerait dans l'existence monotone de l'homme. Aussi bien il faut céder la place à d'autres :

Cedit enim rerum novitate extrusa vetustas
Semper, et ex aliis aliud reparare necessest.
Nec quisquam in barathrum nec Tartara deditur atra.
Materies opus est, ut crescant postera sæcla,

1. *De R. N.*, III, 931-943.

Quæ tamen omnia te vita perfuncta sequentur ;
Nec minus ergo ante hæc quam tu cecidere, cadentque.
Sic aliud ex alio nunquam desistet oriri,
Vitaque mancipio nulli datur, omnibus usu.
Respice item quam nil ad nos ante acta vetustas
Temporis æterni fuerit, quam nascimur ante.
Hoc igitur speculum nobis natura futuri
Temporis exponit post mortem denique nostram.
Numquid ibi horribile apparet, num triste videtur
Quicquam, non omni somno securius exstat[1]?

L'ardent et sombre désir de la paix suprême, du calme inaltérable, plus sûr que tout sommeil, *omni somno securius*, voilà le fond même de l'âme du poète, si agitée à la surface, si houleuse et tumultueuse, mais si sereine en ses profondeurs. La doctrine d'Épicure, toute de renoncement et de quiétude, est comme un avant-goût de cet évanouissement voluptueux de la conscience dans l'éternel sommeil. Pour se plonger et se perdre en cette ivresse du néant, il fallait dissiper, ainsi que de mauvais rêves, toutes les vaines terreurs qui hantent les humains, d'abord la crainte des dieux envieux et redoutables, la peur de la mort et des destinées d'outre-tombe, puis les illusions de l'ambition, la vanité de nos rêves de bonheur

1. *De R. N.*, III, 962-975.

et de gloire, surtout le mensonge humiliant de l'amour. Pour atteindre la paix, l'indifférence et le repos du sage, exempt de crainte et de douleur, qui dès cette vie goûte à la mort bienheureuse, il fallait fouler aux pieds tous les épouvantements de l'humanité, oser lever les yeux vers le ciel désert et mépriser la vie. En d'autres termes, la nouvelle conception morale du monde était liée à une nouvelle conception physique de l'univers.

Qu'on se représente un Romain du temps de Sylla, un chevalier sans doute riche et élégant, fort répandu dans la société polie, et reçu dans les premières maisons patriciennes, mais atteint à l'âme d'on ne sait quelle blessure, en proie aux anxiétés d'un cœur troublé, aux paniques religieuses; d'ailleurs ignorant comme tous ses compatriotes dans les sciences de la nature, mais sachant parfaitement l'une et l'autre langue. Qui l'induisit à dérouler quelques traités d'Épicure? On ne sait; mais tous les auteurs inclinent à penser que cette lecture fut pour Lucrèce une révélation. Et en effet, il n'est guère érudit. Il imite la manière d'Empédocle et paraphrase le grec d'Épicure. Depuis que de nouveaux fragments de la physique du maître sont sortis des fouilles d'Herculanum, on voit mieux encore avec quelle fidélité de copiste Lucrèce a rendu la pensée, souvent les expressions mêmes, de ce grand Hellène. Il ne remonte pas aux enseignements du père de la doctrine atomistique, à Démocrite. Les manuels d'Épicure, avec leurs maximes précises et leurs formules d'école, ont passé dans ses vers. Il devint physicien comme on devient croyant. Épicure fut le grand prêtre qui, pour lui, écarta les voiles du tabernacle. Il contempla le dieu, c'est-à-dire la matière éternellement en mouvement dans l'espace infini, et tout son être, envahi par un secret effroi, frémit d'une divine et sainte volupté.

C'est un lieu commun que le peuple le plus ignorant et le plus grossier du monde classique, le plus fermé aux sciences et aux arts, le plus entiché de ses coutumes, de ses institutions, de ses mœurs et de sa religion sans poésie — le peuple romain — a été précisément le plus spiritualiste. Ce peuple n'a guère pu entendre que le stoïcisme et l'épicurisme, deux systèmes dont la tendance pratique et la forme dogmatique devaient lui plaire. En tout cas, les matérialistes pratiques étaient fort nombreux à Rome dès le temps de Marius et de Sylla, et il paraît bien que la théorie ne les touchait guère. La haine toute de flamme dont Lucrèce poursuit la religion n'est qu'à lui seul. Certes, délivrer l'homme de la crainte des dieux et des vengeances divines d'outre-tombe était bien aussi pour Épicure la fin de la doctrine matérialiste ; mais, avec quelle sérénité souriante et finement ironique, il s'inclina devant les grandes ombres lumineuses de ces immortels impuissants !

Lucrèce n'est pas seulement un contempteur des choses divines : il n'éprouve pas moins de dégoût devant les choses humaines, l'ambition, les vanités, les honneurs, les richesses, la gloire, l'amour. Lucrèce se passe des dieux ; mais il se passe aussi de patrie, de famille, de liberté. Dans la politique, il conseille l'abstention, le calme dédain du penseur, la contemplation presque ascétique du *Suave mari magno*.

Lucrèce ne montre de sérénité, d'apaisement, de résignation, que devant le cours éternel de la nature, et quand son regard s'abaisse sur les luttes éphémères de l'ambition et de la politique. Cette aversion, ce dédain à l'endroit de l'action en politique, est le caractère propre et général du matérialisme dans l'antiquité. *In Epicuro quiescere.* Cette doctrine fait volontiers l'éloge de l'obéissance passive : ce n'est pas le seul trait qu'elle ait en commun avec l'idéalisme, je ne dis pas avec le spiritualisme, dont les tendances généreuses et héroïques sont bien connues. En général on n'a pas assez remarqué que le plus grand poète matérialiste qui ait paru dans le monde a prêché une morale d'ascète, exhorté les hommes au renoncement et montré l'universelle vanité des choses. Ces vues morales sur la nature et sur l'homme ne sont pas nées de la fantaisie d'un penseur mélancolique : elles n'étaient qu'un reflet des théories physiques et physiologiques d'une doctrine que l'on considère, bien à tort, comme favorable aux goûts et aux appétits du vulgaire. La voie qui conduit à la paix suprême, *placidam pacem*, est âpre et abrupte comme le chemin de la Croix.

La doctrine que Lucrèce embrassa avec tant d'ardeur n'était point nouvelle à Rome; mais elle y avait été si altérée ou si peu comprise que Démocrite et Épicure eux-mêmes ne l'auraient guère reconnue. Le génie romain, foncièrement spiritualiste, répugnait absolument à une conception mécanique des choses. Point de peuple qui ait plus fortement gardé l'empreinte de la religion séculaire des ancêtres. Ce n'est pas qu'il fût pieux, au contraire : son imagination était trop pauvre. Il n'a point d'épopée, parce qu'il n'avait pas eu de grande mythologie. Mais il était formaliste, pratique, superstitieux, non moins attaché aux cérémonies du culte qu'à la fortune paternelle et à la dure administration des provinces.

L'Étrurie et Rome sont la terre classique des augures et des pontifes. Tous les monuments authentiques des cultes italiotes jusqu'ici retrouvés, ont un air de famille unique dans l'histoire des religions. Les inscriptions latines du temple des frères Arvales, près de Rome, ou les inscriptions ombriennes des frères Attidiens d'Iguvium [1], présentent presque les mêmes formules sacrées, les mêmes cérémonies, les mêmes prières, le même culte de divinités champêtres. Dans la vie du Romain, même incroyant, comme dans celle du

---

1. Les *Tables Eugubines*, texte, traduction et commentaire, avec une grammaire et une introduction historique, par Michel Bréal.

pieux Israélite de l'époque de Jésus, il n'y a pas un phénomène de la nature, pas une action dans la maison, sur le forum ou dans l'armée, qui n'éveille l'idée de quelque rite, de quelque cérémonie, de quelque prescription liturgique. La curiosité éveillée de l'Hellène, l'insatiable désir de connaître les causes de ce qui arrive dans le monde, ne sauraient naître chez des gens aussi profondément édifiés sur toute chose, et qui, volontiers, s'imaginent que toute science repose dans les formulaires.

Ce que le Romain comprenait bien, c'était l'épicurisme pratique, le matérialisme vulgaire, étranger et contraire, est-il besoin de le dire? aux doctrines scientifiques qui portaient ces noms dans l'antiquité. Certes, de tous les systèmes philosophiques de la Grèce, les Romains ne pouvaient guère entendre que les dogmes d'Épicure ou de Zénon. Encore ne s'attachèrent-ils qu'aux enseignements pratiques de ces doctrines, à la morale. Jusqu'à l'époque de Tibère et de Néron, où les stoïciens l'emportent définitivement, Épicure fut le maître principal. Mais, nous le répétons, l'austère et grave doctrine du sage des jardins d'Athènes, la douce mélancolie d'Épicure, son détachement du monde et ses doctes loisirs ne furent guère compris des épaisses cervelles romaines. Dès le temps de Marius et de Sylla, on confondait, comme aujourd'hui, le grossier matérialisme pratique, qui peut être le fait du plus ignorant, avec la doctrine très pure et très élevée, strictement scientifique, du matérialisme théorique. Le poème de Lucrèce est l'immortel témoin de ce que nous disons.

Horace n'est pas un épicurien : c'est un bon et naïf disciple de la philosophie d'Aristippe de Cyrène, un franc et sincère ami du plaisir plutôt qu'un voluptueux raffiné. C'est Horace, c'est Catulle et Properce qui nous convient à aimer, à nous couronner de myrtes et à jouir de l'heure qui s'envole. Mais Lucrèce, la lèvre gonflée de dédain, songeant à ces viveurs :

Tu quidem ut es leto sopitus, sic eris ævi
Quod super est cunctis privatu' doloribus ægris...
Hoc etiam faciunt ubi discubuere tenentque
Pocula sæpe homines et inumbrant ora coronis,
Ex animo ut dicant : « Brevis hic est fructus homullis;
Jam fuerit, neque post unquam revocare licebit. »
Tanquam in morte mali cum primis hoc sit eorum,
Quod sitis exurat miseros atque arida torres,
Aut aliæ cujus desiderium insideat rei [1].

1. *De R. N.* III, 902 et s.

Un autre mérite de Lucrèce, le plus grand à nos yeux, est d'avoir insisté sur la physique d'Épicure; c'est-à-dire, au sens antique du mot, sur le système du monde, sur la physiologie et la psychologie. Cette science au moins valait-elle les veilles et l'enthousiasme du poète? Les purs lettrés ont été jusqu'ici fort enclins à le nier.

Des générations de critiques, assez frivoles, il est vrai, en tout cas singulièrement étrangers aux choses de la science, se sont étonnés qu'entre tant de sujets Lucrèce eût choisi une matière aussi aride à mettre en vers latins. Il n'y avait d'aride que la cervelle de ces Aristarques. Ce n'est pas à notre époque qu'il est nécessaire de montrer que l'imagination des plus grands poètes pâlit et s'évanouit presque devant la moindre révélation des sciences de la nature, et qu'il y a plus de vraie poésie grandiose dans les théories de Kant, de Laplace et de Darwin qu'en toutes les épopées de l'Inde, de la Grèce et de Rome.

Les savants, au contraire, avouent que « dans leur ensemble, les idées de Lucrèce sur la nature sont celles que nous partageons encore aujourd'hui. » Ajoutons que, depuis Gassendi, et par

Descartes, Newton et Boyle, la théorie capitale de Démocrite — la doctrine des atomes ou corps simples et l'explication systématique de tous les phénomènes de l'univers par le mouvement de ces corps — est devenue le fondement même des sciences à notre époque. La chimie et la physique reposent encore sur l'atomisme ; aucune hypothèse nouvelle sur la constitution de la matière n'a pu remplacer l'ancienne. La théorie atomistique n'est pas un dogme : elle n'a pu conserver jusqu'ici l'autorité qu'on lui accorde que parce qu'elle explique le plus grand nombre de faits, et qu'en chimie comme en physique les résultats auxquels on arrive en l'employant, se correspondent et s'ordonnent en système. C'est une hypothèse légitime. Il est donc assez difficile de comprendre pourquoi l'on a dit tant de mal de la physique de notre poète et des théories atomistiques. C'est le prendre de trop haut, en vérité, avec ce qu'il y a de plus vénérable au monde, — la science grecque.

Toute la métaphysique du matérialisme antique est fondée sur cette affirmation : *Rien n'existe que les atomes et le vide.* On sait le rôle des atomes dans la science de notre temps. L'idée du vide n'a pas eu la même fortune. Toutefois, ce n'est rien objecter contre l'hypothèse que de soutenir qu'on ne connaît pas de vide absolu dans la nature. Connaît-on mieux les atomes ? Là où Lucrèce imaginait du vide, dans les interstices des corps ou dans les espaces infinis, on a découvert la présence d'une substance matérielle plus subtile que les corps pondérables, l'éther, qui remplit et feutre en quelque sorte l'étendue. Mais l'idée du vide n'est pas pour cela reléguée encore dans l'oubli où viennent dormir toutes les erreurs humaines. Ce que Démocrite disait du vide qu'il imaginait entre les atomes, on peut le dire du vide qui, par hypothèse, semble devoir exister entre les particules ultimes de l'éther. En tout cas, le mouvement, considéré par Démocrite comme un mode éternel de l'atome, est incompréhensible sans le vide.

On le voit, ce n'est pas seulement la physique, c'est la métaphysique du poëme de la *Nature* qui domine encore notre manière de penser. Quelques matérialistes n'admettent pourtant pas que Lucrèce ait eu une métaphysique. Mais il est trop évident qu'ils se trompent ou qu'ils ne parlent pas la même langue que nous. Il y a, on le sait, matérialistes et matérialistes. « Il est puéril, disent les uns, de mettre en doute l'existence des corps. » Soit, mais il est naïf de croire qu'on les connaît autrement que comme phénomènes. Ces phénomènes, que l'analyse résout en mouvements matériels, n'existent comme tels que dans l'esprit de l'homme. Ce sont de purs symboles d'une réalité inconnue et à jamais inconnaissable.

Les matérialistes naïfs se moquent du scepticisme de ceux qu'ils appellent « des matérialistes mystiques »; ils prétendent que Molière l'a pour toujours réduit en poudre, ce scepticisme, sur le dos de Marphorius. Voilà qui est bientôt dit; mais des coups de bâton ne sont point des raisons, et tout le bon sens du monde ne prévaudra pas contre une théorie de la connaissance qui a le rare mérite de réunir les idéalistes, les matérialistes et les savants, de Démocrite à Berkeley et à Kant.

Aux atomes subtils de l'air, de la vapeur et de la chaleur qui constituaient l'âme de l'ancienne théorie, matérialiste, Épicure, et avec lui Lucrèce, ont ajouté un quatrième élément sans nom d'une subtilité et d'une mobilité extrêmes, qui est en quelque sorte l'âme de l'âme. A ce propos, et contrairement à la théorie moderne de la conservation de l'énergie, Épicure paraît s'être figuré qu'en passant d'un corps plus léger à un corps plus lourd, l'énergie ou la puissance mécanique du choc augmentait, si bien que la somme du travail mécanique, au lieu de rester la même dans la nature, se multiplierait à l'infini. Ainsi, chez Lucrèce, l'élément le plus subtil de l'âme (le quatrième) met en jeu la chaleur, celle-ci le souffle vital, celui-ci l'air mêlé au sang, cet air le sang, et, enfin, le sang, les particules solides des corps. Cette innovation était bien inutile. La question demeure éternellement la même : comment, du mouvement d'atomes en soi insensibles, une sensation peut-elle naître ? Soutenir que ce qui n'était pas dans les parties apparaît dans le tout, dans l'organisme, n'est-ce pas créer, sans l'avouer, une entité métaphysique?

Touchant le mouvement des atomes, le matérialisme théorique de Lucrèce diffère aussi de celui de Démocrite. On sait que, d'après une loi de la nature, ces corpuscules étaient considérés comme entraînés dans une chute éternelle à travers l'infini du vide ; chez Démocrite, les plus lourds rebondissant sur les plus légers, produisent les mondes par leur rencontre. Mais Aristote avait démontré que ces collisions sont impossibles, parce que dans le vide tous les corps doivent tomber également vite; il niait d'ailleurs, avec le vide, la possibilité du mouvement dans le vide. Épicure, expliquant par la résistance du milieu la rapidité différente de la chute des corps dans l'air et dans l'eau, trouva au contraire que, dans le vide, le mouvement doit être d'autant plus rapide qu'il ne rencontre point de résistance.

Restait à montrer comment les atomes, tombant parallèlement dans le vide comme des gouttes de pluie, peuvent donner naissance à des tourbillons de matière cosmique capables de former éternellement des combinaisons nouvelles, c'est-à-dire des mondes. Sans doute, la plus petite déviation de la ligne parallèle doit, au cours des siècles, amener une rencontre, un choc d'atomes, et cela une fois accordé, on concevrait, avec la naissance des tourbillons, la possibilité de formations et de dissolutions de mondes. Mais nous ne voyons pas où est la *nécessité* que les atomes s'écartent de la ligne droite. *Paulum clinare necesse est corpora.* Voilà une des lacunes du système d'Épicure.

Lucrèce, en vrai Romain, tranche la difficulté :

il invoque et transporte aux atomes les mouvements *volontaires* de l'homme et des animaux ! Du même coup, il explique la liberté humaine par la déclinaison des atomes ! On ne saurait rêver un plus curieux contraste avec le matérialisme de nos jours, qui ramène tous les mouvements de l'âme, spontanés, réflexes ou volontaires, à des processus purement *mécaniques*.

CONCLUSION

Arrivé au terme de ces considérations sur l'origine et le développement des théories naturalistes chez les peuples de l'Asie occidentale et de la Grèce, il convient de jeter un rapide regard sur la nature de nos propres idées touchant les commencements du monde et de la vie, afin de déterminer, avec la valeur relative de ces antiques conceptions, le degré de parenté qui les unit à la pensée des hommes de notre siècle.

Les principes fondamentaux de notre théorie actuelle de l'évolution de l'univers, empruntés à l'*Exposition du système du monde* de Laplace, se trouvent déjà en grande partie formulés dans l'ouvrage publié par Kant, en 1755, sous le titre d'*Histoire générale de la Nature et théorie du Ciel*. Dans ce livre immortel, qui précède dans le temps les

Lettres cosmologiques de Lambert et les grandes conceptions scientifiques de Laplace et d'Herschel, Kant a cherché à expliquer l'origine toute mécanique de l'univers d'après les lois newtoniennes de l'attraction et de la répulsion. Mais le philosophe ne s'est point fait illusion sur la nouveauté apparente du système; il a très bien aperçu que sa théorie avait « beaucoup de ressemblance » avec celle de Leucippe, de Démocrite, d'Epicure et de Lucrèce [1]. La pesanteur, qui fait tomber les corps dans la physique d'Epicure, ne lui paraît pas trop différer de l'attraction de Newton; la déclinaison des atomes s'accorde assez bien, selon lui, avec les effets de la seconde grande force cosmique qui tend à écarter de leur position les molécules des corps, la répulsion; enfin, il n'y a pas jusqu'aux tourbillons de Leucippe et de Démocrite, nés de la confusion des atomes, qu'on ne retrouve dans les idées modernes sur l'origine nébulaire des mondes.

Sans doute, le philosophe de Kœnigsberg n'a eu

---

[1] Imm. Kant's *sämmtliche Werke* (ed. G. Hartenstein) I, Allgemeine Naturgeschichte und Theorie des Himmels (1755), p. 215. V. aussi l'excellent livre de M. F. Schultze, *Kant und Darwin*, ein Beitrag zur Geschichte der Entwicklungslehre (Iena, Dufft., 1875), p. 2-22.

garde de suivre jusqu'au bout les Épicuriens dans la voie périlleuse qu'ils avaient ouverte. Il s'est défendu très fort, comme il convenait à cette époque, contre le soupçon d'athéisme; il a même été jusqu'à fausser, sans le savoir assurément, la doctrine véritable des anciens atomistes, en les accusant d'avoir fait dériver du hasard l'ordre qu'on découvre dans l'univers. Cette notion du « hasard » n'est nulle part, je le répète, chez les Ioniens ni chez les atomistes grecs. Une autre différence entre la cosmogonie de Kant et celle des anciens, c'est qu'il a borné au monde inorganique sa théorie de l'évolution mécanique des choses. Qu'on pût dire : « Donnez moi de la matière et je vous ferai un monde », c'est-à-dire je vous montrerai comment un monde en peut sortir, Kant le trouvait tout naturel. Mais pouvait-on en dire autant de la production du moindre insecte, du plus humble végétal ? Le philosophe ne le pensait pas [1].

Kant est donc parti du « chaos », avec les plus vieux penseurs ; il a fait sortir les mondes d'un état

---

1. *Ibid.* p. 218-219.

chaotique de la matière répandue dans tout l'univers. C'est de cette matière élémentaire, éternelle, indéterminée, semée dans l'espace sans bornes, comme l'infini d'Anaximandre, que s'est formé notre système solaire; toutes les étoiles fixes sont des soleils, des centres de systèmes planétaires analogues au nôtre, formés de la même matière. Tous ces innombrables systèmes gravitent autour d'un centre commun, le « corps central », le premier-né de l'abîme. Le chaos est inépuisable : au delà des mondes organisés, de nouveaux mondes s'organisent sans cesse au sein de la matière chaotique. Dans cette mer incommensurable, les mondes et les systèmes de mondes sont encore comme de rares îlots. La création n'est pas l'œuvre d'un moment : elle n'est jamais terminée. Aussi bien, tout ce qui se fait devant tôt ou tard se défaire, les mondes n'apparaissent dans le temps que pour se dissoudre et rentrer bientôt dans le chaos. Que les planètes, avec les satellites et les comètes, se précipitent sur l'astre central d'un système, sur un soleil, une imminente conflagration aura lieu, et les éléments raréfiés retourneront à l'état de matière diffuse; puis, sous l'action des forces attractives et répulsives, un nouveau système solaire se formera, avec son cortège de planètes, des satellites et de comètes [1].

La matière est un phénix qui ne se consume que pour sortir rajeunie de ses cendres. Pour l'éternelle fécondité de la matière chaotique, un monde, une voie lactée composée d'innombrables soleils, sont ce qu'est une fleur ou un insecte pour la terre. C'est encore une idée antique, une conception familière aux vieux Ioniens et aux philosophes atomistes, que cette croyance à la génération et la fin des mondes, en regard de l'éternité et de l'indestructibilité de la substance même de l'univers. Aristote dit expressément qu'aucun des philosophes venus avant lui n'a tenu ce monde pour éternel, mais a seulement considéré ainsi la matière dont il est formé : elle seule subsiste, incréée et immuable ; les mondes passent, soumis comme tous les autres êtres à une alternative sans fin de génération et de destruction.

C'est là une loi générale à laquelle notre système solaire ne saurait échapper ; car, tout vaste qu'il

---

1. *Ibid.* p. 302-303.

nous semble, a dit Laplace, il n'est qu'un point insensible dans l'univers. L'auteur de l'*Exposition du système du monde*, aussi contraire que Kant l'a été à toute idée de hasard dans la nature, a calculé qu'il y a plus de deux cent mille milliards à parier contre un que les phénomènes de l'astronomie ne sont point l'effet du hasard; mais, comme l'avait déjà compris Démocrite, Laplace n'a vu dans l'économie de l'univers qu'un problème de mécanique. Lui aussi part du chaos dans sa genèse des mondes, d'une matière nébuleuse extrêmement diffuse, éparse en amas divers dans l'immensité des cieux [1].

La condensation progressive de cette matière chaotique, « répandue avec tant de profusion dans l'univers », voilà l'origine des différents systèmes solaires qui gravitent dans l'espace. Ainsi, les planètes de notre système ont été formées aux limites de l'atmosphère solaire par la condensation des zones de vapeurs que cette atmosphère, en se refroidissant, a dû successivement abandonner. Ces zones formaient alors des anneaux concentriques de vapeur qui circulaient autour du soleil. Puis chaque

[1]. *Exposition du système du monde*, ch. VI, p. 447 et suiv. Note VII, p. 470 et suiv.

anneau a dû se rompre en plusieurs masses qui, mues avec des vitesses très peu différentes, ont continué de circuler à la même distance autour du soleil. Les planètes passèrent par l'état qu'avait traversé ce corps à l'état nébulaire : au centre de chacune d'elles un noyau se forma par la condensation continue de son atmosphère, et, autour de chacune d'elles, circulèrent des anneaux et des satellites, comme on le voit encore autour de Saturne. « Car, ajoute Laplace, les anneaux de cette planète nous paraissent être des preuves toujours subsistantes de l'extension primitive de l'atmosphère de Saturne et de ses retraites successives. »

En somme, les trois *moments* d'évolution des grands amas de matière cosmique répandus dans l'univers, la phase des nébuleuses, la phase solaire, puis celle de l'extinction ou de la conflagration finale, voilà l'hypothèse scientifique devenue nécessaire. Quant aux innombrables systèmes d'astres ainsi formés, il s'est trouvé qu'ils n'occupaient qu'une partie de l'espace et de la durée, qu'ils naissaient et périssaient comme les individus, en dissipant dans l'abîme leur énergie, et que, comme tous les êtres, ils ne sauraient recommencer une évolution nouvelle qu'en entrant peut-être en conflit avec d'autres corps, source de nouvelles transformations et combinaisons mécaniques, physiques, chimiques et biologiques.

Depuis qu'on a pu compter, en ce coin d'univers, des milliers de soleils semblables au nôtre; qu'on en a vu défaillir et s'éteindre, semble-t-il, comme les étoiles du Cygne, du Serpentaire et de la Couronne [1]; que l'on sait, par le sort de notre satellite, quelle destinée attend la terre et les autres planètes de notre petit monde, quand notre père céleste, le plus vieux dieu peut-être de l'espèce humaine, le soleil, ne nous enverra plus à travers les vagues de l'Océan éthéré cette lumière et cette chaleur qui deviennent ici-bas vie, sensibilité, conscience; alors que le froid poussera le troupeau affolé des derniers êtres vers l'équateur; que les rayons lointains des étoiles éclaireront seuls nos mers de glace; que rien ne troublera plus ici le silence des espaces infinis; quand tout dormira dans les ténèbres, encore sillonnées par des pluies d'étoiles filantes, mais dont nul

1. Parmi les étoiles qui ont paru tout à coup et ont ensuite disparu après avoir brillé d'un vif éclat, Laplace rappelle l'étoile observée par Tycho-Brahé, en 1572, dans la constellation de Cassiopée. *Exposit. du syst. du monde*, p. 464.

œil ne percevra la lueur; — bref, depuis que l'antique notion héraclitéenne du *devenir* a remplacé, pour nous, celle de l'*être*, dans la nature comme dans l'histoire, il n'est plus possible de voir dans notre soleil qu'une étoile de la voie lactée, étoile variable à très longue période; dans la terre et son satellite, qu'une insignifiante partie du mince cortège planétaire de cette étoile, et dans l'homme enfin, comme dans les autres êtres des trois règnes des protistes, des plantes et des animaux, qu'un frêle organisme, d'une complexité et d'une délicatesse infinies, mais dont l'espèce n'aura fait qu'apparaître un moment sur la face de l'abîme, si l'on compare sa durée à celle des périodes géologiques de la planète, à celle surtout des diverses phases du système solaire tout entier.

Mais, après l'état de fluidité primitive des planètes, et de la terre en particulier, quand, grâce à l'abaissement de la température, les éléments purent s'unir et se combiner; qu'une mince couche solide se forma à la surface de notre globe en fusion, en même temps que de prodigieuses convulsions tordaient et contractaient le masque incandescent de la terre, l'eau qui avait flotté jusqu'alors à l'état de vapeur dans l'atmosphère se condensa en pluies diluviennes, combla les vallées et déposa ces énormes amas de limon qu'on nomme formations neptuniennes. C'est au sein de ces eaux primordiales que se formèrent spontanément les premiers êtres vivants. L'eau a vraiment été, comme le croyait Thalès, la mère de tous les organismes. Les protistes, les animaux et les plantes, constitués, on le sait, en très grande partie par de l'eau, témoignent toujours de cette descendance [1].

C'est à ces hautes époques que, dans des conditions de température, de pression et de constitution de milieux qu'on n'a pu encore reproduire artificiellement, certains éléments de la matière inorganique se transformèrent en matière vivante. Que cette transformation ait eu lieu, qu'elle se renouvelle peut-être encore tous les jours, il est aussi impossible d'en douter à notre époque qu'aux âges lointains où nous reportent les cosmogonies de l'Asie occidentale et de la Grèce. Même dans les pays bi-

---

[1]. Durant l'énorme durée des périodes laurentienne, cambrienne et silurienne, c'est-à-dire pendant une grande moitié de la vie organique sur la terre, toutes les plantes et tous les animaux ont été aquatiques. Les fossiles provenant des végétaux et des animaux terrestres n'apparaissent que dans les couches dévoniennes, au commencement du second âge géologique.

bliques, en Amérique par exemple, cette évolution de la matière inorganique en matière organique (fort mal nommée génération spontanée), ne paraît pas en désaccord avec les idées chrétiennes. Toute la différence entre le libre penseur et l'interprète littéral du chapitre II (v. 7) de la *Genèse*, c'est que le premier attribue à une production naturelle ce que le second attribue à un acte de création spécial, mais l'un et l'autre font sortir l'homme du limon de la terre [1].

C'est aussi un naturaliste qu'on peut bien appeler orthodoxe, Louis Agassiz, qui, avant Darwin même, et dans des travaux de paléontologie dignes de prendre place à côté de ceux de Cuvier, a découvert les lois générales de l'évolution organique. « C'est lui qui, le premier, au témoignage d'Haeckel, a bien fait ressortir le parallélisme si frappant entre l'évolution embryonnaire et l'évolution paléontologique, entre l'ontogénie et la phylogénie. » Personne n'a mieux montré qu'Agassiz qu'un reptile, avant de prendre le caractère propre de sa classe, res-

---

[1]. *Regeneration or the Preservation of organic molecules : a Contribution to the Doctrine of Evolution.* By L. Elsberg, of New-York. Dans les *Proceedings of the american Association for the advancement of science* (Salem, 1875), p. 87 et suiv.

semble à un poisson ; que les oiseaux et les mammifères, avant de manifester les traits propres à leurs classes, passent également par les formes des poissons et des reptiles ; et que l'embryon humain lui-même, au cours de son développement, traverse des phases morphologiques qui rappellent les types de tous ces êtres inférieurs [1].

L'évolution embryogénique de chaque mammifère présente donc comme le sommaire d'une histoire généalogique de sa race et de ses plus lointains ancêtres. En d'autres termes, la genèse individuelle, ou ontogénie, de chaque organisme, le fait repasser dans un temps fort court, et seulement pour les grandes lignes, par la série des formes qu'ont successivement traversées ses ancêtres pendant leur genèse séculaire, ou phylogénie. En outre, le rang que l'anatomie comparée assigne dans la classification aux poissons, aux amphibies, aux reptiles, aux oiseaux et aux mammifères, correspond à l'ordre suivant lequel ces animaux ont successivement apparu sur la terre. La théorie de l'évolution organique emprunte donc ses

1. The Method of creation. By Prof. Louis Agassiz (1873). Lect. XII.

preuves fondamentales à l'embryologie, à l'anatomie et à la paléontologie. « La parenté généalogique des formes organiques est aussi certaine, a écrit Naegeli, que la loi de la conservation de la force et de l'indestructibilité de la matière dans le monde inorganique : en fait, ce n'est pas autre chose que l'application de cette loi universelle à la nature vivante. »

La théorie de l'évolution, ou de la descendance, ou du transformisme, plus ou moins nettement entrevue, mais généralement admise dans les plus anciennes cosmogonies de l'Asie occidentale et de la Grèce, exposée par Lamarck et par Etienne Geoffroy Saint-Hilaire, conçue philosophiquement par Gœthe, réformée par Darwin et développée par Haeckel, n'est qu'un cas particulier de la plus vaste des hypothèses cosmiques, celle de la conservation et de la transformation des forces physiques. Rejeter cette théorie, c'est renoncer à expliquer l'origine et le développement des êtres vivants.

La plupart des naturalistes inclinent aujourd'hui à admettre l'évolution organique, mais ils diffèrent naturellement d'avis sur les causes de ce phénomène. L'adaptation progressive des organismes au monde ambiant, la transmission et la fixation par l'hérédité des modifications utiles acquises au cours des siècles par les plantes et les animaux, ont été considérées bien des milliers d'années avant Lamarck comme les causes principales de la perpétuité des espèces venues jusqu'à nous. Il en faut dire autant de la lutte pour l'existence, de la survivance des plus forts ou des plus habiles, principes exprimés en si beaux vers par Lucrèce. Quant au second principe fondamental de Darwin, celui de la sélection, le grand naturaliste anglais nous en a indiqué lui-même la première ébauche dans une page d'Aristote. Les effets du croisement, les variétés issues de l'accumulation des modifications organiques résultant de la sélection artificielle, ont été connus des plus anciens éleveurs, des pâtres et des chameliers des plaines de la Mésopotamie, de l'Aramée et de la Judée.

En ces matières comme en tant d'autres, on trouverait sûrement que les anciens ont eu une certaine intuition de presque tout ce que les modernes ont repensé depuis. Tout ce que les anciens pouvaient savoir de la nature sans l'aide de nos instruments, de nos méthodes et de quelques-unes de nos théories capitales, telles que la théorie cellulaire, par exemple, ou celle de l'attraction, ils l'ont saisi avec une sûreté d'instinct, et souvent avec une solidité de génie admirables. Mais s'ils ont tout entrevu, ils n'ont presque rien vu. Ils ont trop rarement soumis leurs hypothèses contradictoires à une vérification expérimentale. Au fond, ils cherchaient moins à savoir les choses qu'à se les expliquer.

Parmi ces explications, la plupart sont fausses, beaucoup sont superficielles, mais quelques-unes sont profondes. Que l'on se rappelle, par exemple, ce que nous avons rapporté des androgynes de Bérose, de Sanchoniathon, de la *Genèse*, du *Banquet* de Platon, et des hommes-poissons du philosophe grec Anaximandre. Il ne fait point doute pour les naturalistes que quelque ancêtre extrêmement reculé des vertébrés ait dû être hermaphrodite ou androgyne. Les recherches de Waldeyer ont établi que, à une certaine phase de leur développement embryonnaire, les vertébrés, y compris l'homme, sont hermaphrodites. Les glandes génératrices de l'embryon vertébré contiennent, à l'état

rudimentaire, les organes de l'un et de l'autre sexe [1].
C'est que l'hermaphrodisme qui, aussi bien, existe chez le plus grand nombre des plantes, est la première et la plus ancienne différenciation sexuelle : la séparation des sexes ne s'effectua que plus tard.

« Ce n'est pas seulement, dit Haeckel, chez les zoophytes inférieurs, chez les éponges et quantité de polypes hydroïdes que le même individu possède des cellules ovulaires et des cellules spermatiques : nombre de vers, beaucoup de limaçons et quantité d'autres invertébrés sont aussi hermaphrodites. Tous les antiques ancêtres invertébrés de l'homme, depuis les gastréades jusqu'aux chordoniens, ont été hermaphrodites. » Ajoutez que l'hermaphrodisme est la règle chez quelques vertébrés inférieurs, chez beaucoup de poissons et chez quelques amphibies. Enfin, entre autres particularités anatomiques, les mammifères mâles ont conservé des traces de mamelles, et quelques mar-

---

[1] V. les belles *Leçons* de M. Balbiani *sur la génération des vertébrés* (Paris, 1879), p. 11. « Waldeyer (*Eierstock und Ei*, Leipzig, 1870) a prouvé la réalité de cette hypothèse; il a démontré que l'embryon des vertébrés supérieurs présente, à une époque peu avancée de son développement, un état hermaphrodite, qu'il porte l'ébauche des deux sexes. »

supiaux mâles possèdent les rudiments d'un sac marsupial. Darwin incline pourtant à croire que ces organes sexuels secondaires pourraient avoir été transmis d'un sexe à l'autre, comme il en existe des exemples chez les oiseaux[1]. Mais on ne doit pas supposer que quelque mammifère fort ancien soit demeuré androgyne après avoir acquis les caractères propres de sa classe : on doit admettre, au contraire, suivant Darwin, que, quand les cinq classes de vertébrés ont divergé de leur ancêtre commun, les sexes étaient déjà séparés.

Quant aux hommes-poissons d'Anaximandre, le même naturaliste, en son livre sur *la Descendance de l'Homme*, estime aussi que les ancêtres de l'homme ont vécu dans l'eau. La morphologie, en effet, démontre clairement que nos poumons ne sont qu'une vessie natatoire modifiée, qui a d'abord servi de flotteur. « Les fentes du cou de l'embryon indiquent la place où les branchies existaient alors, dit Darwin. Ces premiers précurseurs de l'homme, que l'on entrevoit dans les profondeurs ténébreuses du temps, possédaient une

---

1. *La Descendance de l'Homme*, lire tout le chapitre VI.

organisation aussi basse que celle de l'amphioxus, peut-être même encore inférieure[1]. »

Tous les vertébrés sont les descendants de quelque animal aquatique, pisciforme. Les plus anciens représentants des cinq classes de vertébrés sont les poissons ; voilà un fait. Mais par l'intermédiaire de quels êtres peut-on faire dériver les trois classes supérieures des vertébrés, mammifères, oiseaux et reptiles, des deux classes inférieures, amphibies et poissons? On ne saurait encore le dire. Et cependant le commun ancêtre de ces trois classes supérieures (car personne ne songe à faire venir les mammifères des reptiles ou des oiseaux) n'a pu être qu'une sorte d'amphibie ou de sélacien ; sans avoir lui-même les caractères propres des mammifères ou ceux des reptiles et des oiseaux, cet ancêtre possédait une organisation qui permit à ses lointains descendants de les acquérir et d'évoluer en ces deux groupes d'animaux.

Quant au prototype commun des cinq classes de vertébrés, si l'amphioxus semble pouvoir en donner une idée, les rapports qu'on surprend

---

1. I, 228-9.

entre ces poissons acrâniens et les larves d'ascidies permettent de supposer qu'il a existé un groupe d'animaux analogues aux larves d'ascidies actuelles, invertébrés marins hermaphrodites, qui, divergeant en deux branches, forma d'un côté, par régression, la classe des ascidies, tandis que, dans l'autre direction, il se développa au point de donner naissance aux vertébrés.

On voit quelle complexité présentent ces questions primordiales de philosophie zoologique, et combien les naturalistes transformistes eux-mêmes sont éloignés de ces solutions simples et uniques qu'on leur a tant reprochées. Qu'un singe, un éléphant, un oiseau-mouche, un serpent, une grenouille et un poisson puissent descendre d'un même ancêtre, voilà, a écrit Darwin, qui étonnera longtemps encore les personnes étrangères aux récents progrès des sciences naturelles. Et cependant l'idée de la transformation des espèces est aussi ancienne que la philosophie[1]. Mais, sans la connaissance précise et systématique des faits de l'embryologie, de l'anatomie et de la paléontologie, la doctrine du transformisme devait demeurer chez les Grecs, comme

1. Plut., *De placitis philos.* V, 19.

celle de la rotation de la terre autour de son axe, à l'état de simple spéculation théorique.

Ce n'est que de nos jours, et même tout récemment, que, en dépit des énormes lacunes des documents paléontologiques, on a essayé de dresser, pour la première fois, les arbres généalogiques des trois règnes organiques, c'est-à-dire des protistes, des végétaux et des animaux. M. Haeckel n'a, d'ailleurs, jamais accordé à ces généralités d'autre valeur que celle qu'on accorde aux hypothèses scientifiques. Le célèbre naturaliste d'Iéna, qui, d'un coup d'aile, franchirait si facilement les abîmes qui séparent encore tant de formes organiques, n'hésite jamais, au contraire, à reconnaître ce qu'il y a d'incomplet et de forcément hypothétique dans le plus grand nombre des déductions généalogiques tirées de la paléontologie, de l'embryologie et de l'anatomie comparées. A ce sujet, il a souvent comparé avec beaucoup de bonheur et de justesse aux espèces disparues, dont nous ne connaissons que les descendants, les diverses langues éteintes qui, comme des aïeules, revivent dans leurs filles : leur postérité si variée témoigne pourtant d'une forme ancestrale commune, que l'on ne connaît pas, mais que le linguiste peut parfois reconstruire avec une probabilité voisine de la certitude. La science ne saurait faire davantage.

Voici le premier aperçu général qui, étendu aux trois grands règnes organiques, indique avec le plus de vraisemblance, d'après les dernières recherches dans le domaine de la morphologie[1], les divers degrés de parenté des êtres vivants entre eux, et l'unité ou la multiplicité originaire — les origines monogéniques ou polygéniques — des grandes familles ou classes de Protistes, d'Animaux et de Végétaux.

La vaste littérature du darwinisme et du transformisme ne renferme pas encore un aperçu général de ce genre, aucun examen général sur le degré de vraisemblance qui existe, dans chaque cas spécial, en faveur de l'origine monophylétique ou polyphylétique des formes organiques comparées. Ce que M. Haeckel a surtout voulu montrer, c'est que, pour beaucoup de groupes morphologiques, en particulier pour les plus inférieurs, pour les Monères par exemple, et les organismes unicellu-

[1] *Einstämmiger und vielstämmiger Ursprung*. Von Ernst Haeckel.

laires qui constituent en grande partie le règne des Protistes, une origine polyphylétique est vraisemblable, tandis qu'on doit plutôt admettre une origine monophylétique pour la plupart des classes de Végétaux et d'Animaux, surtout des classes supérieures.

I. Les êtres les plus simples, les plus élémentaires, et sans doute les premiers-nés de la terre, sont les Monères. Ces organismes sans organes, sans structure, homogènes en apparence comme des cristaux, dont le corps n'est qu'un grumeau amorphe de plasson, qu'une petite masse de substance albuminoïde, doivent être apparus spontanément, aux dépens des combinaisons de la matière inorganique, en plusieurs lieux et à toutes les époques, depuis que la vie a commencé sur cette planète. L'origine de ces communs ancêtres de tous les êtres vivants est donc multiple ou polyphylétique. Quelques Monères, ou un grand nombre d'entre elles, voilà la souche la plus antique des divers groupes de Protistes, d'Animaux et de Végétaux.

II. Les cellules organiques, éléments constitutifs des tissus des plantes et des animaux, ne peuvent qu'être sorties à l'origine des Monères. Qu'elle vive en société, comme dans les tissus, ou demeure isolée, comme chez beaucoup de protistes, toute cellule organique est formée au moins de deux éléments essentiels, d'une matière cellulaire externe appelée protoplasma et d'un noyau interne. La cellule représente déjà un degré de complexité morphologique supérieur à celui des Cytodes et des Monères, dont les substances plassiques ne sont pas encore différenciées. On répète donc à tort que les premiers organismes ont été des cellules. Ces êtres élémentaires étant la postérité des Monères, ils ont dû apparaître très souvent, et sur les points les plus divers de la terre, toutes les fois que le corps de plasson des Monères s'est différencié en noyau et en protoplasma : les cellules sont ainsi d'origine polyphylétique.

A leur tour, les cellules se différencièrent au cours des siècles en cellules animales et cellules végétales. Mais, entre les deux grands règnes organiques, il y a place pour un troisième règne : le règne neutre des Protistes.

III. Ces êtres cellulaires, les premiers habitants

de la terre en sa jeunesse, puisque les Monères en font partie, ne consistent qu'en une ou plusieurs cellules ; ils n'ont aucun organisme, même rudimentaire, qui soit l'équivalent des deux feuillets germinatifs des animaux ou du thallus des végétaux ; en outre, alors que la reproduction sexuée est la règle chez les végétaux et les animaux proprement dits, les Protistes se reproduisent asexuellement.

Ces considérations, et d'autres semblables, nous forcent à regarder le règne des protistes comme un groupe d'organismes inférieurs, réparti en trois grandes divisions différentes : 1° PROTISTES PHYTOGONES, comprenant les plus anciennes formes ancestrales du règne végétal ; 2° PROTISTES ZOOGONES, représentant les plus anciennes formes ancestrales du règne animal ; 3° PROTISTES NEUTRES, êtres cellulaires autonomes, ne possédant aucun lien généalogique de parenté avec les règnes animal et végétal, mais s'étant développés tout à fait indépendamment de ces deux règnes. C'est à ces derniers qu'appartiennent la grande majorité de tous les protistes.

Ainsi, entre les plus anciennes cellules végétales, ou Protistes phytogones, et les plus anciennes cellules animales, ou Protistes zoogones, s'étend, comme un territoire neutre, le règne des protistes. C'est à ce règne qu'appartiennent, avec les Monères et les Amibes, les Grégarines, les Flagellés, les Catallactes, les Ciliés, les Acinètes, les Champignons, les Myxomycètes, les Rhizopodes (Thalamophores, Héliozoaires, Radiolaires). L'origine polyphylétique paraît certaine pour ces différentes classes de protistes. Il est même probable, vu la simplicité de ces organismes, que deux protistes fort semblables d'une même classe ont pu naître indépendamment l'un de l'autre, que deux cellules d'origine différente ont pris des formes semblables en s'adaptant à des conditions d'existence analogues. Ce n'est que dans les classes supérieures des protistes, où apparaissent certains types organiques définis, — dans les classes des Radiolaires, des Ciliés, des Acinètes, — qu'il est possible de faire remonter à une commune origine la parenté des formes organiques. Il en est ainsi chez les végétaux et chez les animaux : l'unité d'origine paraît d'autant plus clairement que les groupes sont moins anciens et plus développés.

IV. Pour ce qui a trait au second règne organique, au règne végétal, les quinze à vingt groupes différents dont il se compose sont compris dans trois grands groupes ou sous-règnes : les Thallophytes, les plus inférieurs; les Prothallophytes, qui occupent un rang intermédiaire; et les Phanérogames, qui atteignent le plus haut degré de développement. Les Thallophytes et les Prothallophytes sont des Cryptogames : ils ne produisent pas de fleurs comme les Phanérogames. Quant à la généalogie, à la descendance de ces trois sous-règnes, les Phanérogames (apparus dans la période carbonifère) dérivent des Prothallophytes, comme ceux-ci (qui se montrent dans la période dévonienne) proviennent des plantes thalliques.

Cela résulte en toute sûreté de ce que nous apprennent à cet égard l'anatomie comparée, l'ontogénie et la paléontologie.

Durant les immenses périodes de l'*âge primordial*, lorsque les couches laurentienne, cambrienne, et silurienne se déposèrent, il n'exista ni Phanérogames ni Prothallophytes (Fougères et Mousses); c'étaient les plantes thalliques, surtout les Algues aquatiques, qui représentaient seules alors le règne végétal. Les Mousses et les Fougères (cryptogames vasculaires) se développèrent dans la période dévonienne, au commencement de l'*âge primaire* ou paléozoïque.

Dans les dépôts houillers de la période carbonifère se montrent les premiers restes fossiles des Phanérogames : pendant longtemps ces végétaux ne furent représentés que par les Gymnospermes inférieurs (Fougères palmiformes, Conifères, Meningos); plus tard, dans la période triasique, au commencement de l'*âge secondaire*, se rencontre pour la première fois la classe la plus élevée du règne, celle des Angiospermes (monocotylédones et dicotylédones). Pour les Angiospermes comme pour les Gymnospermes, l'origine monophylétique semble certaine. Il est plus difficile de dire si tous les Phanérogames descendent d'un seul groupe de Fougères, ou si les Angiospermes et les Gymnospermes dérivent de deux groupes de Fougères différents. D'après des travaux récents, l'arbre généalogique des Phanérogames serait diphylétique.

Quant au second sous-règne végétal, celui des Prothallophytes, les Fougères ne pouvant être sorties directement des Algues (Thallophytes) doivent avoir passé, au cours de leur développement historique, par une forme de Muscinées. Peut-être les Fougères sont-elles plusieurs fois issues des Mousses. Les deux classes que l'on distingue généralement dans le groupe principal des Mousses (Muscinæ), sont les Mousses foliacées (Frondosæ) et les Mousses hépatiques (Hepaticæ) : les premières, moins anciennes, d'une organisation plus élevée et plus parfaite; les secondes, plus anciennes, d'une structure moins élevée et plus rudimentaire. Très vraisemblablement, une partie des Mousses hépatiques forme le groupe ancestral de toutes les Mousses, groupe d'où se sont développées plus tard, d'un côté, les Mousses foliacées, de l'autre, les Fougères. Les Mousses foliacées paraissent apparentées de très près entre elles; pourtant il est toujours possible que les différents groupes principaux de Mousses foliacées soient nés, indépendamment les uns des autres, de plusieurs formes ancestrales différentes de Mousses hépatiques. De même, il est très possible, sinon vraisemblable, que la classe des Mousses hépatiques soit d'origine polyphylétique, c'est-à-dire que les Mousses hépatiques soient issues, plusieurs fois, de diverses formes ancestrales d'Algues.

L'origine polyphylétique de la plupart des classes du troisième sous-règne végétal, celui des Thallophytes, ne fait aucun doute. Des deux classes principales de ce groupe, les Algues aquatiques, nous l'avons dit, sont les plus antiques ancêtres du règne végétal. De nombreux groupes d'Algues doivent être nés à l'origine, d'une façon indépendante, de Monères phytogones : ces groupes d'Algues, en partie parallèles, en partie convergents, en partie divergents, furent la postérité modifiée de ces êtres unicellulaires, formés spontanément dans les eaux primordiales. Mais les Inophytes, issus des Algues, comprennent deux classes de végétaux d'une bien haute valeur pour la théorie de l'évolution : les Lichens et les Champignons.

Ces Champignons, comme tous les autres, ne sont pas proprement des végétaux. Les utricules ou cellules filiformes spéciales, appelées hyphes, dont est formé le corps de tous les Champignons, sont des cytodes sans noyau : ce ne sont point de vraies cellules. Or, le noyau cellulaire ne fait défaut dans aucune cellule animale ou végétale, au moins dans les premiers moments de l'évolution organique de la cellule fécondée. C'est donc dans une classe particulière de protistes neutres que, pour cette raison et pour d'autres encore, il conviendrait de placer les Champignons.

Les Lichens sont formés, on le sait, par une association d'Algues et de Champignons. Il y a là un fait extrêmement curieux de symbiose, de vie en commun, qui ne laisse pas de modifier profondément les individus associés, phénomène du même ordre que le parasitisme et le mutualisme. Sans insister sur la structure et l'économie des Lichens, rappelons, avec De Bary, que l'Algue est d'ordinaire considérablement transformée dès qu'elle s'unit au Champignon : « Les cellules des Algues deviennent, aussitôt après leur association avec le Champignon du Lichen, beaucoup plus grandes, plus riches en chlorophylle, plus fortes à tous égards, et il est hors de doute, quant à la structure des Lichens, que cet état persiste durant toute la vie du Lichen, quelquefois longue de plusieurs dizaines d'années... L'Algue est en général apte à exister seule. On peut non seulement l'isoler artificiellement et la voir croître et se propager seule : on la trouve fréquemment dans la nature sans qu'elle fasse partie d'un Lichen. Il en est autrement pour le Champignon des Lichens. Il ne peut pas se développer seul et périt bientôt s'il ne trouve pas une Algue, parce qu'il a besoin, pour sa croissance, de l'acide carbonique que celle-ci s'assimile. Mais le Champignon ne s'établit pas seulement sur ou dans l'Algue : il l'enveloppe de son corps et prend une telle extension que, dans la plupart des Lichens, il forme de beaucoup la plus grande partie de la masse commune. L'Algue n'en est qu'une petite fraction, un dixième, ou moins encore. D'après le volume, le Champignon serait donc l'hôte, l'Algue le locataire. Mais l'hôte dépend, pour vivre, du locataire — ce qui se voit souvent dans le monde. Le locataire est par conséquent traité avec beaucoup d'égards ; non seulement sa croissance n'est pas empêchée : elle est plus favorisée qu'à l'état d'isolement, elle demeure en accord avec celle du Champignon. Enfin, celui-ci se charge non seulement de fixer le corps au substratum, en pénétrant quelquefois profondément dans la pierre ; il procure encore à la communauté les éléments nécessaires pour former les axes. »

Considéré dans son ensemble, le règne végétal, on peut l'admettre, a une origine polyphylétique ; la plupart des classes de végétaux, au contraire, et en particulier toutes les classes supérieures, ont très vraisemblablement chacune une origine monophylétique.

V. Que le règne animal offre une variété d'organisation bien plus complexe que le règne végétal, on le voit déjà en opposant aux quinze à vingt classes de ce dernier règne les quarante à cinquante classes du premier. Au point de vue général de la morphologie comparée, le règne animal se divise aussi en trois grands groupes principaux. Les Zoophytes occupent le degré le plus inférieur ; les Vers, le degré intermédiaire ; les animaux types ou Typozoaires, le degré le plus élevé. Les trois sous-règnes des végétaux descendent généalogiquement les uns des autres : il en faut dire autant des trois sous-règnes des animaux. Historiquement aussi bien que morphologiquement, les Typozoaires dérivent des Vers, les Vers des Zoophytes. Mais, tandis que tous les Phanérogames ne présentaient guère qu'une seule forme typique d'organisation, deux tout au plus (celles des Angiospermes et des Gymnospermes), les êtres vivants du premier sous-règne animal offrent au moins quatre types d'organismes fondamentalement divers : les Vertébrés, les Arthropodes, les Échinodermes, les Mollusques.

Chacun de ces quatre groupes d'animaux dérive individuellement d'un groupe différent de Vers.

En dépit de nombreuses dissemblances externes, qui résultent de l'adaptation, les classes comprises dans ces grands groupes accusent, dans leur structure interne et dans leur évolution embryogénique, des ressemblances trop profondes, conséquences de l'hérédité, pour qu'on hésite à admettre pour presque chacune d'elles une origine monophylétique.

Chez les Vertébrés, cette origine est évidente. Tous les Vertébrés sans exception, de l'Amphioxus à l'Homme, sont sûrement la postérité d'un groupe unique d'ancêtres, du même groupe de Vers éteint dont proviennent aussi les Tuniciers. En outre, les rapports de consanguinité existant dans toutes les classes de Vertébrés sautent, pour ainsi dire, aux yeux. Tous les Mammifères, d'une part, et, de l'autre, tous les Reptiles et tous les Oiseaux, descendent de la classe des Amphibies qui, par les Dipneustes, se rattachent aux Poissons. La classe des Poissons est issue d'une classe de Vertébrés éteinte, dont les Cyclostomes actuels peuvent encore donner quelque idée; à leur tour, les Cyclostomes doivent provenir des Acrâniens, dont l'Amphioxus est le dernier survivant. Mais la proche parenté qu'on surprend entre les Amphioxus et une branche des Tuniciers, les Ascidies, indique que les uns et les autres ont eu pour commune origine un seul et même groupe de Vers.

L'origine monophylétique de tous les Arthropodes est moins sûre que celle des Vertébrés. Les deux grands groupes que comprend ce type, les Trachéates (Insectes, Arachnides, Myriapodes) et les Crustacés, descendent chacun indubitablement d'une seule forme ancestrale ; mais le groupe ancestral des Trachéates doit avoir appartenu à une autre branche de l'arbre généalogique des Vers que le groupe ancestral des Crustacés. Les Trachéates et les Crustacés se comportent à cet égard comme les Angiospermes et les Gymnospermes.

L'unité d'origine des Échinodermes semble tout à fait certaine. La structure si particulière de leur corps ne peut guère s'être produite qu'une fois. Des Étoiles de mer ou Astéries, première forme ancestrale du type, se sont développés, dans une direction, les Crinoïdes, dans une autre, les Échinides ; et de ceux-ci sont issues plus tard toutes les Holothuries. D'après Haeckel, les Astéries n'ont été à l'origine qu'un assemblage, un corme de Vers articulés.

Enfin, pour les Mollusques, on a récemment émis l'hypothèse d'une origine diphylétique. Une moitié des Gastéropodes et les Conchifères descendraient d'un autre groupe de Vers que l'autre moitié des Gastéropodes et les Céphalopodes. Mais l'ontogénie de ce type rend plus vraisemblable l'origine monophylétique de la classe des Gastéropodes, issue d'un groupe de Vers. Les Conchifères et les Céphalopodes seraient descendus de deux groupes de Gastéropodes, les premiers par voie régressive, les seconds par voie de développement.

La question d'origine est infiniment plus obscure pour les classes si variées et si nombreuses des Vers. Comme les Prothallophytes, les Vers occupent une situation intermédiaire dans le règne animal : ils relient à la fois les groupes morphologiques les plus élevés et les plus bas de ce règne. Il paraît bien qu'ils descendent d'un groupe de Zoophytes, les Gastréades. Mais, quant à savoir si cette origine a été une ou multiple dans le temps et dans l'espace, il est encore impossible de rien décider, quoique la seconde supposition soit plus vraisemblable que la première. On ne peut regarder comme assurées que ces deux importantes hypothèses : 1° l'hypothèse que les quatre à six formes ancestrales des quatre phyles d'animaux supérieurs typiques sont issues de différents groupes du phyle des Vers; 2° l'hypothèse que le phyle des Vers lui-même descend, d'une manière monophylétique ou polyphylétique, d'un groupe de Zoophytes, des Gastréades.

La généalogie des Zoophytes, qui comprennent les deux groupes des Acalèphes et des Éponges, ne présente pas moins de difficulté que la descendance des différentes classes de Vers. Les Acalèphes peuvent être considérés comme issus d'une souche unique, voisine de nos Polypes d'eau douce. Toutefois, il ne suit pas que chaque classe d'Acalèphes soit d'origine monophylétique; il est très probable, au contraire, que les Méduses descendent de deux ou de plusieurs groupes de Polypes hydroïdes; de même, les Siphonophores semblent être la postérité de plusieurs groupes différents de Méduses. Mais les deux classes des Cténophores et des Coraux seraient d'origine monophylétique. Les Éponges peuvent être également ramenées à un commun ancêtre, à l'Olynthus. Le corps de l'Olynthus, qui a la forme d'une outre, ressemble fort à celle de la *Gastræa*, forme ancestrale de tous les animaux ; il ne diffère de celle-ci que par ses pores cutanés. L'unité morphologique de cette classe paraît bien indiquer une origine monophylétique ; elle n'exclut pourtant pas toute origine polyphylétique, car, chez ces formes indécises et flottantes des Zoophytes inférieurs, de même que dans les classes des Vers les plus humbles, on se trouve en présence d'organisations si simples et si indifférentes, que l'une et l'autre origine demeurent possibles.

La forme primordiale du règne animal, nous venons de la voir apparaître dans une larve d'Éponge calcaire, dans la Gastrula, sorte de sac ou d'estomac primitif ouvert par un orifice buccal, et dont la paroi est formée de deux couches de cellules, l'entoderme et l'ectoderme, d'où se sont développés les deux feuillets germinatifs primaires qui, chez tous les animaux, évoluent en organes de la nutrition, de la sensation et du mouvement. Cette forme ancestrale typique du règne animal doit être issue du règne des protistes. Aujourd'hui encore, la façon dont les deux feuillets germinatifs primaires se développent dans la cellule ovulaire atteste clairement comment, il y a des millions et des millions d'années, les premiers animaux véritables, les Gastréades, possédant un estomac, une bouche et un corps à double paroi, sont descendus des protistes dénués d'intestins. La Gastrula est l'animal sous la forme la plus simple.

Les Zoophytes les plus inférieurs tels que les Éponges, les Vers les plus humbles aussi bien que les Astéries, les Articulés de même que les Mollusques et les Vertébrés inférieurs, passent tous, au premier stade de leur existence, par cette forme embryonnaire. Or, pas un seul protiste n'arrive à former ces feuillets. Si l'on essaie de se représenter les circonstances et les conditions au milieu desquelles les Gastréades ont apparu, on se persuade sans peine que cette évolution doit s'être répétée souvent et sur différents points du globe. La classe des Gastréades, commun ancêtre du règne animal, doit donc avoir été d'ori-

ORIGINES DES TROIS RÈGNES ORGANIQUES.

	RÈGNE VÉGÉTAL.	RÈGNE ANIMAL.	
Végétaux supérieurs (typiques) ANTHOPHYTA.	Dicotylédones. Monocotylédones. *Angiospermæ. Gymnospermæ.* Phanérogames.	Vertébrés. Arthropodes. Echinodermes. Mollusques. Phyles d'animaux typiques.	Animaux supérieurs (typiques). TYPOZOA.
Végétaux moyens (reliant les deux groupes). Cryptogames vasculaires. PROTHALLOTA.	Fougères. *Filicinæ.* Mousses. *Muscinæ.*	Vers. *Cœlomati.* *Acœlomi.*	Animaux moyens (reliant les deux groupes). Vers. HELMINTHES.
Végétaux inférieurs (atypiques). THALLOPHYTA.	Algæ. Lichenes. Fungi. Algues.	*Spongiæ. Acalephæ.* Olynthus. Hydra. Zoophytes.	Animaux inférieurs (atypiques). ZOOPHYTA.
« Végétaux primordiaux. »	Thallus.	Gastrula.	Animaux primordiaux.
Premier degré du règne végétal.	Protistes phytogones (« végétaux unicellulaires »).	Protistes zoogones (« animaux unicellulaires »).	Premier degré du règne animal.
	RÈGNE NEUTRE DES PROTISTES Monères.		

gine polyphylétique, comme les classes de Vers et de Zoophytes inférieurs qui en sont descendues.

On le voit : pour le règne animal comme pour le règne végétal on arrive, dès qu'on les considère dans leur ensemble, à une origine multiple ou polyphylétique, tandis que la plupart des classes particulières de plantes et d'animaux, surtout les plus élevées, doivent être tenues pour la postérité modifiée d'un seul ancêtre.

Ces origines de la vie et des êtres vivants, le plus magnifique poème dont s'enchante la raison de l'homme, subiront comme toute chose les outrages du temps ; mais, quel que soit le degré de rigueur scientifique auquel on porte jamais ces théories, elles sont et demeureront vraies dans l'infini. Qu'importe que, dans l'état actuel de la science, on tombe en plus d'une illusion lorsqu'on essaie de dresser l'arbre généalogique des trois règnes organiques ? Ce qui importe, c'est de découvrir ainsi quelques-unes des lois les plus générales de la vie, d'esquisser l'histoire des êtres vivants sur cette planète. « Un temps viendra» comme l'a si bien dit Sénèque, où ce qui est caché aujourd'hui se révèlera aux générations futures. L'avenir saura ce que nous ignorons, et s'étonnera que nous ayons ignoré ce qu'il sait. Il est des mystères qui ne soulèvent pas en un jour tous leurs voiles. Eleusis garde les révélations pour les fidèles qui viennent l'interroger. La nature ne livre pas à la fois tous ses secrets. La vérité ne vient pas s'offrir et se prodiguer à tous les regards; elle se cache et s'enferme au plus profond du sanctuaire; notre siècle en découvre un aspect; les siècles qui suivront contempleront les autres[1]. »

C'est la doctrine du progrès, implicitement contenue dans toute théorie évolutionniste, qui, au lieu de rêver l'âge d'or au commencement des choses et de placer le premier homme dans un paradis, nous le montre, faible et nu au sein d'une marâtre, la terre. Les vieux naturalistes de l'Ionie, qui admettaient, comme Anaximandre, que les formes organiques supérieures étaient sorties de formes inférieures, les hommes des poissons, par exemple, croyaient, ainsi que nous, à un perfectionnement

---

1. *Quæst. nat.*, VII. Cf. Lucret., *De Rerum natura*, V, 1452.

progressif des êtres vivants. Xénophane, dans des vers célèbres, s'écriait :

Non, les dieux n'ont pas tout donné aux mortels dans
[l'origine;
C'est l'homme qui, avec le temps et le travail, a amélioré
[sa destinée.

Les philosophes de l'école atomistique, les Épicuriens surtout, enseignent cette doctrine, qui est l'âme du cinquième livre de Lucrèce. Mais le poète qui a trouvé l'hymne le plus pénétrant et le plus fort pour chanter les œuvres de l'homme sur la terre, ses industries, ses arts, ses découvertes, sa science de la nature, cette fleur la plus haute et la plus brillante de la civilisation, ce poète est le même qui, dévoré du sombre et ardent désir de la paix suprême, a dit au monde le cantique le plus désolé ; qui a jeté le cri de désespoir le plus déchirant, et, dans des visions apocalyptiques, a entonné une sorte de *Dies iræ* au milieu du fracas des mondes en ruines s'écroulant dans l'abîme.

Comprise ainsi, la doctrine du progrès n'a rien de commun avec les utopies humanitaires qui prédisent que l'homme, par sa science et son industrie, transformera cette planète en une sorte de jardin d'Éden, où il fera bon vivre dans l'abondance et dans la paix. A en croire quelques-uns, l'homme, maître absolu de cette terre, affranchi de la maladie et vainqueur de la mort, étendra même sa puissance sur les autres planètes, et, quand ce soleil s'éteindra, en rallumera un autre ! Dans la théorie de l'évolution, telle qu'on peut l'exposer d'après Lucrèce et tant d'autres, cette apothéose de notre espèce n'est pas un seul instant admissible. La marche des choses n'est pas une marche constamment en avant, comme l'implique le mot « progrès. » Si elle avance ici, elle rétrograde là. Dans son évolution éternelle, la matière passe par toutes les métamorphoses possibles ; mais il est clair qu'elle ne revêt une forme nouvelle qu'en laissant derrière elle, comme le serpent dans la mue, les formes caduques qu'elle a traversées.

« Dans un sens général, dit Darwin, les espèces nouvelles deviennent supérieures à celles qui les ont précédées ; car elles ont, dans la lutte pour l'existence, à l'emporter sur toutes les formes antérieures avec lesquelles elles se trouvent en concurrence active. Nous pouvons donc conclure que, si l'on pouvait mettre en concurrence, dans des conditions de climat à peu près identiques, les habitants de l'époque éocène avec ceux du monde actuel, ceux-ci l'emporteraient sur les premiers et les extermineraient; de même aussi, les habitants de l'époque éocène l'emporteraient sur les formes de la période secondaire, et celles-ci sur les formes paléozoïques. De telle sorte que cette épreuve fondamentale de la victoire dans la lutte pour l'existence, aussi bien que le fait de la spécialisation des organes, tendent à prouver que les formes modernes doivent, d'après la théorie de la sélection naturelle, être plus élevées que les formes anciennes. En est-il ainsi? L'immense majorité des paléontologistes répondrait par l'affirmative, et leur réponse, bien que la preuve en soit difficile, doit être admise comme vraie. » Mais la théorie du grand naturaliste anglais n'implique pas comme une nécessité, il le dit lui-même, le progrès de l'organisation. « Une fois arrivés à un état donné, il n'y a, d'après la sélection naturelle, aucune nécessité pour que les organismes continuent à progresser davantage, bien que, dans chaque période successive, ils doivent se modifier légèrement, de manière à assurer leur place dans la nature, malgré de légers changements dans les conditions ambiantes[1]. »

L'apparition, au cours des périodes géologiques, de flores et de faunes de plus en plus complexes, le développement du règne animal et du règne végétal, l'évolution de l'embryon, qui repasse par presque tous les états de ses lointains ancêtres, la multiplication des effets engendrés par une seule cause dans un organisme vivant, etc., offrent des exemples propres à montrer le prodigieux accroissement d'hétérogénéité des productions naturelles. Les sociétés humaines et animales étant soumises aux mêmes lois que le reste du monde, la genèse des phénomènes sociaux, conformément à la loi de la multiplication des effets[2], présente un développement encore plus complexe de l'hétérogénéité progressive des choses. Comme tout organisme, comme l'univers entier, toute société fut d'abord homogène. La division du travail, la différenciation des fonctions, la spécialisation des aptitudes, qui sont en quelque sorte les tissus et les organes de la société, tout fait songer à une

---

1. *L'Origine des espèces*, p. 412-13 (Paris, 1870).
2. Herbert Spencer, *Premiers Principes*.

sorte de Leviathan humain dont les éléments histologiques, les cellules constituantes, seraient des millions et des millions d'hommes. Chez lui aussi une seule cause engendrerait des effets incalculables, et ceux-ci, se multipliant à l'infini, retentiraient tour à tour sur le squelette dermique du monstre, sur les muscles, sur les nerfs, sur les différents centres spinaux et céphaliques.

Limitée dans l'espace et dans le temps par certaines conditions de pression et de température, l'humanité, ainsi que les autres familles de plantes et d'animaux, ne doit que passer sur la terre. Il est douteux que l'homme existât à l'époque tertiaire; encore quelques milliers de siècles, et il se transformera en une autre espèce, à moins qu'il ne périsse. En tout cas, son existence dans le monde est nécessairement comprise entre quelques périodes géologiques. Ce qu'on sait de la mobilité et de l'instabilité extrême des substances organiques, qui n'ont pu apparaître que grâce à une température fort basse, montre assez combien la vie est chose relativement récente sur ce globe, bien que notre faible esprit ne puisse même en concevoir la durée. Mais, à coup sûr, comparée à celle de l'état igné de cette planète, cette durée est presque imperceptible.

Aussi, quand par la décroissance graduelle des mouvements planétaires, constamment ralentis par la résistance de l'éther et par celle des marées; quand, par la transformation du mouvement des masses en mouvements moléculaires, tous les corps de notre système solaire seront agrégés en un tout; lorsque depuis longtemps le soleil aura dispersé dans les froids espaces sa chaleur et sa lumière, et que les plantes et les animaux seront éteints sur cette planète déserte, envahie par le froid et la nuit, — alors, sous l'influence de quelque choc extérieur peut-être, ce cadavre d'un monde se désagrégera, et de ses éléments sortira une autre nébuleuse, grosse d'un nouvel univers.

Tel est le rhythme éternel de l'évolution. A une période de concentration, pendant laquelle prédominent les forces attractives de la matière, succède une période de diffusion où l'emportent les forces répulsives. Toute évolution aboutit à une dissolution; toute dissolution tire de son chaos fécond une nouvelle évolution. Dans l'avenir et dans le passé, on ne saurait concevoir ni commencement ni fin de ces évolutions cosmiques, dominées par les seules lois de la mécanique.

Devant une hypothèse aussi grandiose, quand ce soleil, avec son cortège planétaire, ne nous apparaît plus que comme une étoile de la voie lactée, comme un point presque imperceptible qui déjà pâlit et doit rentrer dans la poussière d'astres d'où l'a tiré une combinaison éphémère — un jeu de nature — que devient la théorie vulgaire du progrès humain, le progrès de nos mœurs et de nos sociétés, le progrès de nos arts et de nos sciences? N'y a-t-il pas une sorte d'ironie cruelle à mêler notre destinée au grand drame de l'univers?

FIN.

Vu et lu
à Paris en Sorbonne
le 26 janvier 1881
par le Doyen de la Faculté des lettres
de Paris,
H. WALLON.

Vu et permis d'imprimer,
Le Vice-Recteur de l'Académie de Paris,
GRÉARD.

TABLE DES MATIÈRES

Préface.. 7
Introduction... 21
Chap. 1er. — Théories cosmogoniques de l'Asie occidentale................................. 27
    II. — Théories cosmogoniques des Hellènes.... 61
    III. — Les physiciens de l'Ionie................. 105
    IV. — Démocrite et l'atomisme. — Les Sophistes et les Cyrénaïques........................ 175
    V. — L'École d'Athènes....................... 209
    VI. — Aristote............................... 229
    VII. — Théories naturalistes en Grèce et à Rome. — Les successeurs d'Aristote. — Les Stoïciens. — Épicure et Lucrèce. — L'École d'Alexandrie................. 279
Conclusion... 329

FIN DE LA TABLE DES MATIÈRES.

Paris. — Imp. E. Capiomont et V. Renault, rue des Poitevins, 6.

www.ingramcontent.com/pod-product-compliance
Lightning Source LLC
Chambersburg PA
CBHW050535170426
43201CB00011B/1442